李白 著

周代礼乐制度
与《诗经》农事诗

社会科学文献出版社
SOCIAL SCIENCES ACADEMIC PRESS (CHINA)

序

在古代文明的璀璨星河中，周代以其深邃的文化底蕴和严谨的礼乐制度独树一帜，为后世留下了宝贵的精神财富。而《诗经》，作为这一时期的文学瑰宝，不仅以其丰富的情感表达和独特的艺术魅力流传千古，更以其深植于社会生活的各个方面，成为我们窥探周代社会风貌、政治制度与文化精神的重要窗口。特别是其中的农事诗，不仅记录了古代农耕生活的点点滴滴，更映射出周代礼乐制度下的社会结构与价值观念。

然而，因《诗经》距离我们已经非常遥远，又历经秦火的劫难，后世的解诗者已无法完全恢复《诗经》主旨的本来面貌。为此，本书聚焦于周代礼乐制度与《诗经》农事诗之间的关联，通过以礼解诗，以诗明礼，诗礼互证，在更加全面地考察周代礼乐制度的基础上，深入考辨《诗经》农事诗的原始含义。

本书以扎实的文献考证为基础，结合甲骨文和金文等考古资料，运用历史学、考古学、天文学等多学科交叉的研究方法，不仅对周代有关郊天、籍田、祭祖、祭方社、祭田祖和祭司寒等礼乐制度进行系统的考求和梳理，更将《诗经》农事诗置于周代礼乐制度的大背景下，深入探讨了农事诗与祭祀、宴飨等礼乐活动之间的密切关系，揭示了农事诗的主旨及其所蕴含的丰富文化内涵和社会功能。

作为作者的导师，我见证了李白在这一研究课题上的辛勤付出与不懈努力。她在研究过程中所展现出的严谨治学态度、敏锐的学术洞察力以及勇于创新的精神，令我深感欣慰。我相信，本专著的出版不仅为周代礼乐制度和《诗经》农事诗的研究提供了宝贵的参考资料，更为古代文化研究领域注入新的活力。同时，我也期待着作者在未来的研究道路上能够继续精耕细作，不断取得更加丰硕的学术成果，为传承与弘扬中华优秀传统文化贡献更大的力量。

鲁洪生

2025 年 2 月

目 录

绪　论

一　选题的缘起和意义

本书以"周代礼乐制度与《诗经》农事诗"作为研究对象主要缘于以下两方面。

首先，以礼解诗，以诗明礼，诗礼互证，在更加全面深入地认识周代礼乐制度的基础上，更好地考辨《诗经》农事诗的原始含义。

任何作品都是特定时代的产物，并受到那个特定时代的影响。正如美国学者 M. H. 艾布拉姆斯所说："作品总得有一个直接或间接地导源于现实事物的主题——总会涉及、表现、反映某种客观状态或者与此有关的东西。"① 因此，要了解作品，"必须正确地设想他们所处的时代精神和风俗概况，这是决定一切的基本原因，……精神文明产物也只能用各自的环境来解释"②。亦如孟子所说的"知人论世"。《诗经》是在周代礼乐文化的背景下产生的，因此，要想考辨《诗经》农事诗的原始含义，就必须结合周代的礼乐制度，通过礼乐制度来认识《诗经》农事诗产生时的原始含义，以礼解诗。

既然任何作品都产生于一定的时代，那么作品必在不同程度上反映着这一时代，记录了这一时代的大量信息。"文章者，所以表天地万物之情状也。"③ 正因"文章"可以"表天地万物之情状"，所以"天子听政，使

---

① 〔美〕M. H. 艾布拉姆斯著，郦稚牛、张照进、童庆生译《镜与灯——浪漫主义文论及批评传统》，北京大学出版社，2004，第 4 页。

② 〔法〕丹纳著，曹园英编译《艺术哲学》，陕西人民出版社，2007，"编者的话"第 2 页。

③ 叶燮：《原诗》，转引自《中国美学史资料选编》下，中华书局，1981，第 306 页。

公卿至于列士献诗，瞽献曲，史献书，师箴，瞍赋，矇诵，百工谏，庶人传语"（《国语·周语上》），以此来审查时政。正因为"艺术必然表现生活"①，所以孔子才说"诗，可以兴，可以观，可以群，可以怨"（《论语·阳货》）。"诵《诗》三百，授之以政"（《论语·子路》），认识到了《诗经》反映社会的作用。《诗经》反映了周代社会的礼乐文化状况，《诗经》中的诗歌也记录了当时周代礼乐制度的大量信息。如《周颂·清庙》记录了庙祀文王时的情景，《周颂·思文》反映了郊祀时后稷配天的制度，等等。因此，通过研究《诗经》中的农事诗，可以更深入地认识周代有关农事方面的礼乐制度，以诗明礼。

匈牙利的文艺理论家乔治·卢卡契认为："艺术反映总是以与自然界处于物质交换中的社会为基础，并且只能在这个基础上以其特有的手段来把握和表现自然界。"又说："与自然界处于物质交换中的社会构成了全部反映的基础，只能以上述经过中介（笔者按，即视觉、词等）的直接方式来表现这一真实基础。"②可见，艺术创作以社会生活为基础，社会生活通过艺术创作来反映，二者相互依赖，互相依存。而《诗经》以周代礼乐文化为基础，周代礼乐文化通过《诗经》表现出来。因此，将周代礼乐制度与《诗经》农事诗结合起来研究，以礼解诗，以诗明礼，诗礼互证，在更加全面深入地认识周代礼乐制度的基础上，更好地考辨《诗经》农事诗的原始含义。

其次，周代礼乐制度与《诗经》农事诗的研究还存在不足之处。

一是《诗经》农事诗中的诗句解读、名物、主旨等问题还存在众多分歧。《诗经》研究的历史虽有两千多年之久，但《诗经》众多诗歌包括农事诗的研究仍然存在较多问题。如《噫嘻》《臣工》等篇的主旨，以及一些诗句的解读等问题还没有形成较为一致的意见。因此，在考证字词、名物的基础上，结合周代礼乐制度来考察诗歌的主旨，就显得尤为重要。

二是周代礼乐制度与《诗经》农事诗的研究缺乏整体性和系统性。回顾《诗经》农事诗研究的历史，不难发现，经学时代对于周代礼乐制

---

① 〔法〕丹纳著，曹园英编译《艺术哲学》，陕西人民出版社，2007，第91页。
② 〔匈〕乔治·卢卡契著，徐恒醇译《审美特性》第一卷，中国社会科学出版社，1986，第189~190页。

度与《诗经》农事诗的研究限于传笺注疏的体例而无法深入展开，缺乏整体性和系统性。二十世纪以来，新理论、新方法的引入及出土文献的运用，虽使得周代礼乐制度与《诗经》农事诗的研究取得一定成绩，但往往集中在个别篇目上，缺乏微观考证上的系统性的整体研究，更少专门性的研究。因此，将"周代礼乐制度与《诗经》农事诗"作为研究课题十分必要，希望利用古代典籍，结合出土文献，在微观考证的基础上，进行整体系统的研究，通过对周代礼乐制度的相关问题进行考辨，勾勒出周代有关农事的礼乐制度的概貌。再结合周代礼乐制度考证《诗经》农事诗的主旨。

二　周代礼乐制度与《诗经》农事诗研究现状综述

（一）农事诗的定义及研究范围的界定

从现存的资料来看，在《诗经》研究史上，郑玄最早使用"农事"一词。他在阐释《小雅·甫田》"曾孙来止，以其妇子"一章时说："成王来止，谓出观农事也。亲与后、世子行，使知稼穑之艰难也。"① 这里的"农事"指的是农业劳动。尚没有对"农事诗"进行探索。

农事诗的简单定义最早见于朱熹的《诗集传》，他认为："则《雅》《颂》之中，凡为农事而作者，皆可冠以'豳'号。"② 他从诗歌所表现的主题角度，将"为农事而作者"归为一类，并第一次给出了具体的篇目（见表1），开了农事诗研究的先河。

首次使用"农事诗"这一概念的是郭沫若，他在1944年发表了《由周代农事诗论到周代社会》一文，将农事诗定义为"纯粹关于农事的诗"③。郭沫若先生运用马克思的历史唯物史观，对《诗经》农事诗进行研究，具有开拓性的意义，从而引发了对《诗经》农事诗研究的热潮。

---

① 毛亨撰，郑玄笺，陆德明音义，孔颖达疏，阮元校勘《附释音毛诗注疏》卷十四，清嘉庆南昌府学重刊宋《十三经注疏》本。
② 朱熹：《诗集传》卷八，民国二十四年至二十五年上海商务印书馆《四部丛刊三编》影宋本。
③ 郭沫若：《由周代农事诗论到周代社会》，《青铜时代》，中国人民大学出版社，2005，第72页。

自从朱熹将"《雅》《颂》之中，凡为农事而作者"都"冠以'豳'号"，并指出具体的十一首有关农事的诗之后，纷纷有学者对于农事诗的具体篇目提出不同的意见，详见表1：

表1　关于农事诗篇目的不同观点 *

学者	朱熹	张西堂	郑振铎	郭预衡	鲁洪生	郭杰	刘毓庆
名称	豳	农业的歌	农歌	农事诗	农事诗	农事的歌	
篇目 《七月》	√	√	√	√	√	√	√
《楚茨》	√				√	√	
《信南山》	√	√		√	√	√	
《甫田》	√	√	√	√	√	√	√
《大田》	√	√		√	√	√	
《思文》						√	
《臣工》	√			√	√	√	
《噫嘻》	√	√		√	√	√	
《丰年》	√				√	√	
《载芟》	√			√		√	√
《良耜》	√			√		√	√
			《行苇》	《芣苢》		《芣苢》	《芣苢》
			《既醉》	《十亩之间》		《十亩之间》	《葛覃》
			《无羊》			《伐檀》	《摽有梅》
						《硕鼠》	
						《生民》	

　　* 《行苇》一般被认为是周统治者和族人宴会、比附的诗。《既醉》是祭祀祖先时，工祝代表神尸对主祭者周王所致的祝词。《葛覃》是描写女子准备回家探望爹娘的诗。《摽有梅》是女子待嫁的诗。这几首诗的主题基本与农事无关。本表征引材料出处如下。

朱熹：《诗集传》，民国二十四年至二十五年上海商务印书馆《四部丛刊三编》影宋本。

张西堂：《诗经六论》，商务印书馆，1957。

郑振铎：《插图本中国文学史》，北京出版社，1998。

郭预衡主编《中国古代文学史长编》，上海古籍出版社，2007。

鲁洪生：《诗经学概论》，辽海出版社，1998。

郭杰：《先秦诗歌史论》，吉林教育出版社，1995。

刘毓庆、杨文娟：《诗经讲读》，华东师范大学出版社，2008。

从表 1 可以看出，学者们对《豳风》中的《七月》，《小雅》中的《楚茨》《信南山》《甫田》《大田》和《周颂》中的《臣工》《噫嘻》《丰年》《载芟》《良耜》这十篇诗被认定为农事诗的观点较为一致。但是，也有学者认为除这十首外，《思文》《芣苢》《十亩之间》《伐檀》和《生民》等诗也是农事诗，出现这种分歧的原因主要是对"农事诗"这一概念的理解和界定不同，分类的标准不统一。

《诗经》中的农事诗有广义和狭义之分。广义的农事诗是指《诗经》中凡是与农事活动有关的篇章。从这个角度上说，上述郑振铎、郭杰和刘毓庆所列举的《行苇》《芣苢》《十亩之间》《伐檀》和《生民》等诗属于广义的农事诗。狭义的农事诗"主要是指《诗经》中描述农业生产生活的以及与农事直接相关的政治、宗教活动的诗歌"。① 表 1 中朱熹、张西堂和鲁洪生所列篇目就是狭义的农事诗。

本书在研究《诗经》农事诗时，因采取以礼解诗，以诗明礼，诗礼互证的方法和角度来研究诗歌，所以主要研究十一首与周代礼乐制度、祭祀制度紧密相关的诗，即《豳风》中的《七月》，《小雅》中的《楚茨》《信南山》《甫田》《大田》和《周颂》中的《思文》《臣工》《噫嘻》《丰年》《载芟》《良耜》，其他从略。

（二）研究史回顾

《诗经》中的农事诗一直颇受重视，历经两千余年，其研究大致经历了以下阶段。

1. 二十世纪以前的研究

（1）汉唐阶段

汉唐时期，学者们过分强调《诗经》的政教功用，对农事诗的研究也是如此。

《诗经》在汉代成为国家钦定的经典，汉代的经学家多从政治用诗的角度来理解诗歌。用诗有三种情况：一是用于各种典礼，这是诗歌的最初用途，也往往是诗歌的原始含义；二是用于外交专对，赋诗言志，断章取

---

① 鲁洪生：《诗经学概论》，辽海出版社，1998，第 229 页。

义，经常与原始含义不符；三是用于政治讽谏，"主文而谲谏"，将诗歌服务于政治伦理，有些诗歌已脱离了原始含义。汉代的经学家多采用第三种用诗情况，以儒家的"美刺"标准来解《诗》，并附会史事，以《毛诗序》的作者为代表。《毛诗序》将《小雅》中的四首诗（按，被后世学者认定为用于祭祀）蒙上了一层"美刺"的面纱。如《楚茨》，《毛诗序》云："刺幽王也。政烦赋重，田莱多荒，饥馑降丧，民卒流亡，祭祀不飨，故君子思古焉。"① 虽然他们认识到了《楚茨》诗中有祭祀的成分，但却将此诗定性为"刺幽王也"，并没有说明诗歌的原始含义，其最终目的是为讽谏服务。

汉代，首开"以礼笺诗"诠释方法先河的是经学家郑玄。他"以礼笺《诗》"、以《诗》证礼，在阐释《诗经》以及《诗经》农事诗时，首次结合了周代的礼乐制度，这对于深入理解产生于礼乐文化制度下的诗歌是十分必要的。如《七月》"二之日凿冰冲冲，三之日纳于凌阴。四之日其蚤，献羔祭韭"句，毛《传》只解释为"冰盛水腹，则命取冰于山林"。② 对于取冰和"献羔祭韭"的缘由和目的并没有诠释。郑《笺》则给予补充，"古者，日在北陆而藏冰，西陆朝觌而出之。祭司寒而藏之，献羔而启之。其出之也，朝之禄位，宾、食、丧、祭，于是乎用之。《月令》'仲春，天子乃献羔开冰，先荐寝庙'"。③ 这样，就将毛《传》没有解释清楚的地方加以阐明，便于读者理解和把握诗意。正如他自己所说："注诗宗毛为主，毛义若隐略则更表明"（《毛诗正义》引郑玄《六义论》），郑玄《笺》诗虽以毛为主，但"如有不同，即下己意，使可识别"（《毛诗正义》引郑玄《六义论》），所下己意，即有合理之意，也有不合理之意。如《七月》"亟其乘屋"，毛《传》解"乘"为"升"，郑《笺》释"乘"为"治"较为合理，而《楚茨》"苾芬孝祀"之"孝祀"，郑《笺》释为

---

① 毛亨撰，郑玄笺，陆德明音义，孔颖达疏，阮元校勘《附释音毛诗注疏》卷十三，清嘉庆南昌府学重刊宋《十三经注疏》本。
② 毛亨撰，郑玄笺，陆德明音义，孔颖达疏，阮元校勘《附释音毛诗注疏》卷八，清嘉庆南昌府学重刊宋《十三经注疏》本。
③ 毛亨撰，郑玄笺，陆德明音义，孔颖达疏，阮元校勘《附释音毛诗注疏》卷八，清嘉庆南昌府学重刊宋《十三经注疏》本。

"女之以孝敬享祀也"，则比较牵强，如马瑞辰所说："《尔雅·释诂》：'享，孝也。'享训为孝，故享祀亦谓之孝祀。'苾芬孝祀'，犹《鲁颂》'享祀不忒'也。《论语》'而致孝乎鬼神'，犹言致享乎鬼神也。《笺》谓'以孝敬享祀'，失之。"①

　　郑玄"以礼笺《诗》"虽然使《诗经》农事诗的研究向前迈进一步，但也存在着问题。其一，过度诠释，"失之迂拙"②。欧阳修曾批评其虽"长于礼学"但"其以礼家之说曲为附会"③。黄震也曾指出"郑氏虽以《礼》说《诗》，于人情或不通"（《读诗一得自序》）④。如笺《七月》"其始播百谷"句云："其始播百谷，谓祈来年百谷于公社"⑤。胡承珙指出其牵强附会，"毛无传者，自不过谓经冬入春，农事方兴，故当急治其屋耳"⑥。引用《荀子·大略》中子贡和孔子引用此句诗的对话，说明"此亦第以播百谷为耕事"⑦。其二，自相矛盾，含混不清。郑玄在为《周礼·籥章》作注和为《豳风·七月》作笺时曾首次提出了"豳诗""豳雅""豳颂"与《七月》的关系，即三分《七月》之诗，但因其两次说法稍有差异，所以引起了后世学者们的论争。又如对"田畯"一词的诠释，在《诗经》农事诗中解为"田大夫"，而在《周礼》中却释为"古之先教田者"，自相矛盾。

　　唐代《诗经》研究的集大成之作是以孔颖达为首的诸儒撰定的《毛诗正义》。因此书为注疏体例，所以其总的原则为"注不驳经，疏不驳注"，在这一总原则的指导下，此书优点与弊端同时存在。

　　优点在于，其一，"疏不破注"。"疏不破注"这一原则在阐发《诗经》时可保留毛《传》和郑《笺》的原貌，为后世学者提供了真实的文字资料。其二，资料翔实。其书"融贯群言，包罗古义"⑧可谓汉魏六朝

①　马瑞辰：《毛诗传笺通释》卷二十一，清光绪十四年南菁书院刊《皇清经解续编》本。
②　黄焯：《毛诗郑笺平议·序》，上海古籍出版社，1985，第2页。
③　欧阳修：《诗本义》卷九，民国二十四年至二十五年上海商务印书馆《四部丛刊三编》影宋本。
④　转引自黄焯《毛诗郑笺平议·序》，上海古籍出版社，1985，第2页。
⑤　毛亨撰，郑玄笺，陆德明音义，孔颖达疏，阮元校勘《附释音毛诗注疏》卷八，清嘉庆南昌府学重刊宋《十三经注疏》本。
⑥　胡承珙：《毛诗后笺》卷十五，清光绪十四年南菁书院刊《皇清经解续编》本。
⑦　胡承珙：《毛诗后笺》卷十五，清光绪十四年南菁书院刊《皇清经解续编》本。
⑧　黄焯撰《诗疏平议·序》，上海古籍出版社，1985，第1页。

毛诗学的资料库。其中，对毛《传》、郑《笺》在依礼阐释农事诗时的未明和隐略部分，征引大量文献资料加以申说和补充，对于更充分地了解和认识农事诗所产生的礼乐文化背景有很大帮助。在依据礼乐制度来阐释农事诗方面，也发现一些问题并提出新的解释。如对于《楚茨》三章的"献酬""笑语"，《毛诗正义》认为"事在祭末，当处嘏辞'工祝致告'之下。文在先者，以献酬是宾客之事，因说群臣助祭而言之耳"①。

弊端在于，其一，"强毛从郑，依《笺》改经"②。因"疏不破注"的原则，除限制了对一些问题的新见的提出，更导致了此书"强毛从郑，依《笺》改经"的弊病。如《信南山》"曾孙之稼，以为酒食。畀我尸宾，寿考万年"，《笺》云："成王以黍稷之税为酒食，至祭祀斋戒则以赐尸与宾。"《毛诗正义》曰："《笺》以为斋戒则以赐尸宾者，以此诗陈事而有次序，五章、卒章始言祭时之事，……则此未祭而言'畀我尸宾'，明祭前矣。"③ 但胡承珙则指出："以经文核之，此'畀我尸宾'不过言稼穑之为酒食，用于祭祀之尸宾，乃统祭事始终用酒食言之，不必泥前后次序，专指为斋戒之时。"④ 胡说极是，则孔颖达《毛诗正义》"强毛从郑"可见一斑。其二，"彼此互异，学者莫知所从"⑤。此书在疏解《传》《笺》时，对二者意见相同的内容加以遵从，但对于二者意见分歧的内容，则分别加以疏解，而其疏解彼此互异，自相矛盾。如《七月》"亟其乘屋"，毛《传》解"乘"为"升"，郑《笺》释为"治"，《毛诗正义》曰："乘车是升其上，其乘屋亦升其上，故为升也。"⑥ 而申《笺》义时又云："以民治屋，不应直言升上而已，故易传以乘为治。"⑦ 两种意见，各不相同，使

① 毛亨撰，郑玄笺，陆德明音义，孔颖达疏，阮元校勘《附释音毛诗注疏》卷十三，清嘉庆南昌府学重刊宋《十三经注疏》本。
② 洪湛侯：《诗经学史》，中华书局，2002，第247页。
③ 毛亨撰，郑玄笺，陆德明音义，孔颖达疏，阮元校勘《附释音毛诗注疏》卷十三，清嘉庆南昌府学重刊宋《十三经注疏》本。
④ 胡承珙：《毛诗后笺》卷十五，清光绪十四年南菁书院刊《皇清经解续编》本。
⑤ 皮锡瑞：《经学历史》，中华书局，1959，第201页。
⑥ 毛亨撰，郑玄笺，陆德明音义，孔颖达疏，阮元校勘《附释音毛诗注疏》卷八，清嘉庆南昌府学重刊宋《十三经注疏》本。
⑦ 毛亨撰，郑玄笺，陆德明音义，孔颖达疏，阮元校勘《附释音毛诗注疏》卷八，清嘉庆南昌府学重刊宋《十三经注疏》本。

学者莫知所从。

（2）宋代阶段

宋代，疑古之风盛行，疑经改经蔚成风气。学者们摒弃汉唐旧说，不信《诗序》，从诗歌文本求解，着意探求新义，从而使得周代礼乐制度与《诗经》农事诗方面的研究出现了新的气象，新观点也不断涌现。

最先质疑《诗经》汉学的是欧阳修。清代《四库全书总目提要》说："自唐以来，说《诗》者莫敢议毛、郑，虽老师宿儒，亦谨守《小序》，至宋而新义日增，旧说俱废，推原所始，实发于修。"在周代礼乐制度与农事诗方面的研究中，欧阳修所提出的新见主要是"豳风""豳雅""豳颂"与《七月》的关系问题，他指出郑玄之说自相抵牾："经以为《风》，而郑氏以为《雅》《颂》，岂不戾哉。"① 由此提出《周礼》所谓豳诗、豳雅、豳颂都已经亡佚，与《七月》无关。王质则从文学角度入手，用性情体察诗义，带来了新的气息。比如他第一次提出了田畯是田神的观点，认为"豳诗，豳歌曲也。豳雅、豳颂，皆豳乐器也。合篪而吹之不同，击鼓而节之则同也"②；又将《楚茨》和《信南山》进行比较，得出"《楚茨》，烝尝之祭也，其仪差详；《信南山》，荐新之祭也，其仪差略"③ 的结论；又提出《臣工》是籍田之礼的观点；等等。这些新见对后世学者的启发较大，有些观点已被大多数学者所接受。

除欧阳修、王质外，王安石、苏辙和范处义等也纷纷提出新说，如王安石认为《丰年》一诗是祭上帝。苏辙主张《载芟》《诗序》"春籍田而祈社稷"的社稷是王社，"王社在籍田中"④。范处义提出《甫田》是省耕之诗。上述所提新见是否正确还有待于进一步论证，但不管怎样，宋代的学者们脱离了汉唐经学的影响，摒弃了以讽谏说诗的标准，向正确理解诗歌本义的目标又前进了一大步。

"诗经宋学"的代表人物是朱熹，其所著《诗集传》自成一家之言，

---

① 欧阳修：《诗本义》卷十四，民国二十四年至二十五年上海商务印书馆《四部丛刊三编》影宋本。
② 王质：《诗总闻》卷十三，清道光二十六年钱氏刊本。
③ 王质：《诗总闻》卷十三，清道光二十六年钱氏刊本。
④ 苏辙：《诗集传》卷十八，《文渊阁四库全书》本。

可谓"诗经宋学"的权威著作。朱熹后期反对部分《诗序》，弃《序》言《诗》，将周代礼乐制度与农事诗结合，提出《楚茨》《信南山》《甫田》《大田》皆为用于祭祀的农事诗，并非为讽刺幽王而作，其说贴近诗意，很有见地。他首次将《诗经》中"凡为农事而作者"归为一类，并冠以"豳"这一农事诗的简单定义，这就使得《周礼》中"豳诗""豳雅"和"豳颂"的说法与十一首农事诗联系在一起。朱熹从礼乐制度的角度出发，对农事诗中的部分字词进行了新的诠释。比如，他认为《臣工》是籍田礼中"戒农官之诗"①，则将"臣工"释为"群臣百官"。但其不足之处在于阐释过于简略，缺乏对周代礼乐制度与农事诗关系的深入论证。

（3）元明阶段

朱熹《诗集传》在元代被奉为科举取士的科目之一，因此在元代盛极一时。《诗经》研究者皆以朱熹《诗集传》为准则，墨守成规，少有发挥，如许谦《诗集传名物钞》、刘瑾《诗传通释》和刘玉汝《诗缵绪》皆是演述朱说之作。正如《四库全书总目提要》所说："有元一代之说诗者，无非朱传之笺疏，至延祐行科举法，遂定为功令，而明制因之。"

明代早期和晚期的《诗经》学研究是宋学的余绪，学者们的研究仍以株守和阐发朱说为主。明代中期，《诗经》学研究出现了复古的倾向，朱谋㙔《诗故》、郝敬《诗经原解》、何楷《诗经世本古义》等多尊《序》宗毛。当然对于周代礼乐制度与农事诗方面的研究也提出一些新的观点，如朱谋㙔认为《臣工》写"王者春省耕"。"臣工"是"农官，若《周礼》司嫁之属"②。又如何楷主张《载芟》是"孟冬腊先祖五祀"③。其观点虽有待考证，但却是打破宋学一统局面的例证。另有少数杂采汉宋、无所专主、自成一家的《诗经》研究学者，在周代礼乐制度与农事诗研究上提出了新的看法，如朱朝瑛认为《臣工》是"祈谷而戒农事"④；陆化熙提出《甫田》"相沿以祭方社田祖为主，其说终未免牵合。予以为不过逐节叙述

① 朱熹：《诗集传》卷十九，民国二十四年至二十五年上海商务印书馆《四部丛刊三编》影宋本。

② 朱谋㙔：《诗故》卷十，民国四年南昌豫章丛书编刻局刊《豫章丛书》本。

③ 何楷：《诗经世本古义》卷一，《文渊阁四库全书》本。

④ 朱朝瑛：《读诗略记》卷六，《文渊阁四库全书》本。

公卿为农如此耳"①。这些新见不论正确与否，着实给沉寂的明代《诗经》研究带来了一股新的气息。

（4）清代阶段

清代《诗经》学研究空前繁荣，经历了《诗经》宋学过渡到《诗经》清学的转折期、《诗经》清学形成和发展期、今文三家诗派逐渐复兴等三个时期。先后出现了宋学、汉学（古文经学）、今文经学和"独立思考"②派四个学派。这期间，名家辈出，成果斐然。学者们运用文字训诂、音律声训、名物考证、辨伪辑佚等治学方法，从典章制度、天文历法、历史地理角度来研究，对于《诗经》农事诗的主旨、涉及的礼乐制度等研究得更为深入。

清代前期，《诗经》宋学式微，汉学复兴。研究者们多杂采汉宋，吸取精华，如朱鹤龄《诗经通义》、陈启源《毛诗稽古编》等代表人物和代表著作。如朱鹤龄解"维莫之春"句时，从朱熹之说，以为夏正季春，而不从郑玄周正季春之说。但在解"亦有高廪"之"亦"时却说："郑俱训大。《集传》于此云助语辞。详其文义，郑解为优。"③ 不盲目遵从，比较公允。

清代中期，也即乾嘉时期，是清代《诗经》古文经学的全盛时期，今文经学的复萌时期。此时，考证文字、音韵、训诂、名物和古代典章制度的考据学极其发达。代表人物、著作有胡承珙的《毛诗后笺》、马瑞辰的《毛诗传笺通释》和陈奂的《诗毛氏传疏》等。马瑞辰的《毛诗传笺通释》通过运用音韵的转变、字义的引申和假借、训诂、名物考古及列举三家遗说等论证方法，对农事诗涉及的礼制、名物等问题提出新见。如其对"工祝"一词的论证："《少牢馈食礼》'皇尸命工祝'，郑注：'工，官也。'《周颂》'嗟嗟臣工'，毛《传》：'工，官也。'《皋陶谟》'百工'即百官。'工祝'正对'皇尸'为君尸言之，犹《书》言'官占'也。"④

---

① 陆化熙：《诗通》卷二，明书林李少泉刻本。
② 鲁洪生：《诗经学概论》，辽海出版社，1998，第203页。
③ 朱鹤龄：《诗经通义》卷十一，《文渊阁四库全书》本。
④ 马瑞辰：《毛诗传笺通释》卷二十九，清光绪十四年南菁书院刊《皇清经解续编》本。

并认为"《传》谓'善其事曰工'，失之"。言之有理有据。胡承珙《毛诗后笺》能吸取宋元学者的正确疏释，具有一定求实精神。陈奂的《诗毛氏传疏》专崇古文毛诗，是一部很有功力的著作。

清代末期，《诗经》古文经学日渐衰微，今文经学兴盛。此时，三家诗遗说的搜集研究盛极一时，其代表人物及著作为范家相的《三家诗拾遗》、陈乔枞的《三家诗遗说考》、冯登府的《三家诗异文疏证》、王先谦的《诗三家义集疏》等。其中，王先谦《诗三家义集疏》为集大成之作。三家诗的辑佚通过钩稽疑说不仅能比核异同，也对研究《毛诗》、农事诗提供了资料上的参照与补充。如《楚茨》"祝祭于祊"，毛《传》："祊，门内也。"未明言是哪一个门内。王先谦《诗三家义集疏》云："鲁'祊'作'閍'，齐、韩'祊'作'祘'。""'鲁祊作閍'者，'《礼·礼器》《正义》引《释宫》：'庙门谓之閍。'""'齐、韩祊作祘者'，《说文》'祘'下云：'门内祭先祖所以彷徨。《诗》曰：祝祭于祘。''祊'下云：'祘或体。'"① 经过三家诗的补充，可知，祊应指庙门内。

除《诗经》宋学、古文经学和今文经学外，在整个清代《诗经》学的发展过程中，还存在着一个自由研究、不带宗派门户偏见的"独立思考"派。代表人物和著作是姚际恒《诗经通论》、崔述《读风偶识》、方玉润《诗经原始》和牟庭《诗切》等。学者们在"惟知体会经文，即词以求其意"② 的同时，也结合礼乐制度来阐释农事诗，可备一说。如姚际恒对"朋酒斯飨"的解释，"毛《传》曰，'两樽曰朋'。以《乡饮酒礼》云，'尊两壶于房户间，有玄酒'，是用两樽也。按，殷世质朴，不知已有此礼否？而邠民尤处田野，亦未必备设两樽。其云'朋酒'，当是朋侪为酒，乃'岁时伏腊，田家作苦'之意耳"③。

另外，包世荣的《毛诗礼征》是清代专门以礼解诗的一部著作。其书将《诗经》中所涉及的关于礼的内容分类编目，征引大量的文献材料，其中以毛《传》和郑《笺》为主，并辑录"三礼"等文献加以补充说明，

---

① 王先谦：《诗三家义集疏》卷十八，民国四年虚受堂刻本。

② 崔述：《读风偶识》，清光绪五年定州王氏谦德堂刊《畿辅丛书》本。

③ 姚际恒：《诗经通论》卷八，成都书局据道光十七年韩城王笃刻本重刊本，1927。

可谓周代礼乐制度与《诗经》研究的资料库。但其不足之处在于少有新见，甚至沿袭前人的错误。如对《七月》"其始播百谷"句的解说，郑《笺》"谓祈来年于公社"，对此胡承珙已经给予批驳，但包世荣仍征引《毛诗正义》和《周礼》来补充论证郑《笺》。

此外，吴懋清从祭祀功能的角度来解释《七月》，认为此诗是祭报社稷的乐歌，观点比较独特。他说："周公之营东部也，作祭报社稷之乐章。……先作豳雅、豳颂等篇，继作《七月》篇，为孟春送寒迎暑，孟秋送暑迎寒之乐。其礼宗伯掌之，祭于大祠，时值秋令，因自七月孟秋序起。"① 此种观点显然是受到了《周礼·春官·籥章》中关于"豳风""豳雅""豳颂"说法的影响。

2. 二十世纪以来的研究

（1）二十世纪初至五十年代的研究

二十世纪初，西方学术思想的引进，现代科学研究方法的引入以及"五四"新文化运动的爆发，推动《诗经》由经学研究转变为文学研究。研究者们从文学角度对《诗经》的内容重新分类，农事诗得以成为单独的一类。如郑振铎在《插图本中国文学史》（创作于 1932 年）中就将《七月》《甫田》《大田》等诗称为"农歌"，并对这些农歌给予了较高的评价："民间的农歌，在《诗经》里有许多极好的。"② "又像《甫田》那样的祷歌，更不是平庸的骈四俪六的祭神文、青词、黄表之类可比。"③ 傅斯年的《诗经讲义稿》（创作于 1936 年）也将《七月》《楚茨》《信南山》等视为农事诗，他主张《七月》是"封建制下农民之岁歌"④。《小雅》中的《楚茨》等四首为"称福"之作，并说"以上恰是《雅》中之对待《七月》者"⑤，又"《载芟》是耕耘，《良耜》乃收获，《丝衣》则收获后燕享。三篇合起来有如《七月》"⑥。可见，他不仅将这几首诗视为农事

---

① 吴懋清：《毛诗复古录》卷四，清光绪二十年广州学署刻本。
② 郑振铎：《插图本中国文学史》，北京出版社，1999，第51页。
③ 郑振铎：《插图本中国文学史》，北京出版社，1999，第52页。
④ 傅斯年：《诗经讲义稿》，中国人民大学出版社，2004，第70页。
⑤ 傅斯年：《诗经讲义稿》，中国人民大学出版社，2004，第42页。
⑥ 傅斯年：《诗经讲义稿》，中国人民大学出版社，2004，第17页。

诗，而且是全部为祭祀而作的农事诗，并提及有关礼制问题，如"称福"。

1944年，郭沫若发表《由周代农事诗论到周代社会》一文，可谓农事诗研究史上里程碑式的作品。郭沫若将农事诗作为一个整体，运用唯物史观从全新的视角来重新考察和研究，引发了后来学者研究农事诗的热潮。但因其将农事诗作为文献资料来研究周代社会的性质，所以对礼乐制度问题几乎没有涉及，只是提到《楚茨》的"祭神的仪节和《少牢馈食礼》相近"①，以此来断定《楚茨》产生年代较晚而已。可见，这一时期，结合周代礼乐制度来研究农事诗的学者较少。

（2）五十年代至八十年代

新中国成立四十年来，尤其是五六十年代，学术研究风气因政治经济的原因而改变。由于受到马克思主义的影响，学者们多运用唯物史观、辩证法和阶级分析的方法来研究《诗经》，研究农事诗。如张西堂在评《甫田》时说："他们是毫不知耻的叙述他们压榨农民，剥削农民。这些虽是农业诗，实际对于农民生活是丝毫没有触及的。"② 并认为"这十篇农业诗，就思想内容来看，也是《颂》不如《雅》，《雅》不如《风》，十篇之中，以《七月》最具有坚强的人民性"③。

正因如此，《七月》一诗受到极高的重视，研究的热点主要集中在用历、作者、作年、社会背景等方面。而《雅》《颂》中的农事诗除《噫嘻》和《臣工》外，其他诗则备受冷落。《噫嘻》《臣工》未被冷落的原因在于郭沫若的论文《由周代农事诗论到周代社会》的影响。一些学者对于郭沫若的阐释有所疑义，于是纷纷撰写论文发表自己的意见，如憩之的《关于周颂噫嘻篇的解释》、李晔的《试论〈周颂·噫嘻篇〉的制作时代》、胡毓寰的《从"诗经"噫嘻篇的一些词义说到西周社会性质》和江逢僧《关于〈周颂·噫嘻篇〉解释的我见》等。其讨论的焦点：一是成王是否生谥？二是《噫嘻》篇中"昭假"一词是否用于祭祀？三是"十千维耦"为三十里的面积上有二万奴隶耕作，这样解释是否合乎史实？虽然

① 郭沫若：《由周代农事诗论到周代社会》，《青铜时代》，中国人民大学出版社，2005，第83页。

② 张西堂：《诗经六论》，商务印书馆，1957，第24页。

③ 张西堂：《诗经六论》，商务印书馆，1957，第22页。

其目的是讨论西周社会的性质，但却无意间涉及了周代的礼乐制度问题。

后来，憩之又撰文《"周颂臣工"篇发微》主张《臣工》是"周公到成周之后为麦收督造农具的诗"[①]。涉及农事制度问题，但却没有产生较大影响。

1966年，孙作云的《诗经与周代社会研究》一书出版，其中《读噫嘻（附论〈臣工〉）》一文对这两首诗的主旨提出了新的看法。孙作云认为《噫嘻》"是周成王在举行耤田典礼时，乐工们所唱的一首歌"[②]。而《臣工》则是"周成王到耤田里观麦，举行典礼时，乐工们所唱的歌"[③]。并提出"《诗经·周颂》及《大、小雅》中凡言农事祭祀的，这农事之所在地，皆指周天子的耤田；因为《周颂》和《大、小雅》中的祭祀歌、典礼歌，都是周天子的乐歌，无一例外"[④]。相较学者们多以农事诗作为文献资料来研究西周社会性质而言，孙作云研究周代礼乐制度与农事诗的关系问题，可谓独树一帜。

另外，钱钟书先生在《管锥编》中曾提出《楚茨》中"神保"是尸之"一身而二任"[⑤]，观点新颖。

总之，这一时期以周代礼乐制度为基础对农事诗进行的研究，虽有萌芽，但未能全面展开。

（3）八十年代至今

八十年代以来，西方理论和新的视角再度被引入学术研究中，学术研究出现了多元化的新局面。《诗经》农事诗的研究取得了很大进展，研究者们不仅在各种今译、今注、鉴赏集和文学史中讨论农事诗，更大量撰写单篇论文从各种角度来研究农事诗，主要表现在以下几个方面。

首先，农事诗文化价值和文化精神的研究。如鲁洪生在《诗经学概论》中曾论及农事祭祀诗和农事生活诗的认识价值、社会价值以及艺术价值。赵敏俐在《周汉诗歌综论》中从"植根于农业生产的乡土情韵""浓

---

① 憩之：《"周颂臣工"篇发微》，《文学遗产增刊》（四辑），作家出版社，1957，第48页。
② 孙作云：《诗经与周代社会研究》，中华书局，1966，第166页。
③ 孙作云：《诗经与周代社会研究》，中华书局，1966，第180页。
④ 孙作云：《诗经与周代社会研究》，中华书局，1966，第174页。
⑤ 钱钟书：《管锥编》，中华书局，1979，第156页。

厚的宗族伦理情味和宗国情感""以人为本的人文精神"等几方面论述了农事诗的文化精神。另有陈开梅的《论〈诗经〉二雅农事诗的社会历史意义》、欧阳勤的《论〈诗经〉雅、颂中农事诗及其价值》、刘刚的《〈诗经〉农事诗的礼乐文化价值分析》等论文也从礼乐文化价值方面来研究农事诗。

其次，诗歌主旨、功用的考察。对于农事诗的主旨和功用这个问题，一直以来争论不休，难成定论，除注释、今译中的解释外，还有以单篇论文的形式进行论述的。如赵大威、李正芳的《〈诗·豳·七月〉主题新探》、姜文举的《读〈诗经·周颂·噫嘻〉篇》、应桦的《〈良耜〉不是祭祀诗》等。马银琴在《两周诗史》探究部分农事诗的时代时，也论及了诗歌的主旨和功用，如《臣工》一诗，"应是在行耤礼时祈谷劝农、敕戒诸侯百官之辞"。① 其结论贴近诗意。

再次，诗歌词语、名物的考证。这期间"田畯"一词是研究者们研究的焦点之一。姚小鸥在《诗经三颂与先秦礼乐文化》的附录《田畯农神考》中对"田畯"一词进行了考察，认为"田畯"就是农神。后张希峰著文《田畯后稷考》进一步论证"田畯"是农神后稷。而杨庆鹏在《〈诗经〉之"田畯至喜"句再考》中指出"田畯"是农神或者兼有传授农技职责的主祭人。又如于省吾先生在《泽螺居诗经新证》中提出《载芟》"侯主侯伯侯亚侯旅"皆是"略举当时自天子以下卿大夫之禄食公田者"②，这一观点得到大部分学者的赞同。再如扬之水在《诗经名物新证》中对《大田》"公田""禋祀""骍黑"等的考证等。

最后，周代礼乐制度与农事诗之间的关系问题也引起了一些学者的关注，以姚小鸥和李山的研究影响较大。

姚小鸥在《田畯农神考》中指出，"同我妇子，馌彼南亩，田畯至喜"三句所描写的是"农人及其全家春耕开始时在'南亩'举行祭祀农神的野祭礼的情况"③。进而提出"馌礼"的概念，可谓新见。其后，姚小鸥又在

---

① 马银琴：《两周诗史》，社会科学文献出版社，2006，第138页。
② 于省吾：《泽螺居诗经新证》，中华书局，2003，第61页。
③ 姚小鸥：《诗经三颂与先秦礼乐文化的演变》，东北师范大学博士学位论文，1993，第57页。

其书《诗经三颂与先秦礼乐文化》第四章中探讨了"《周颂》农事诗与周代礼乐制度"。不仅提出"'馌礼'是'籍礼'的一个必不可少的组成部分",还认为"思媚其妇"的"媚"是"一个表述先秦时代'和合'哲学思想的重要词语"①。姚小鸥研究《周颂》中的农事诗与周代礼乐制度,以"馌礼"为中心,角度新颖,对本书的写作启发很大。

李山在《诗经的文化精神》一书中,将籍田典礼与《雅》《颂》中的农事诗篇进行了关系的认证,显然受到了孙作云的影响。但他认为:"属于《周颂》部分的篇章,是典礼上诗、乐、舞三者合一的诗,即'美盛德之形容,以其成功告于神明者'的歌词;而《小雅》中的农事篇章,则是对各种典礼的描述与说明。"② 如他指出《楚茨》一诗是"对《周颂》《丰年》《载芟》'为酒为醴,烝畀祖妣。以洽百礼'祭祀过程的描述"③。李山以籍田典礼为中心来研究《雅》《颂》中的农事诗,显示出籍田典礼在周代农事中的重要性。

此后,越来越多的研究者开始注意并研究周代礼乐制度与《诗经》农事诗的关系,如陈建国《〈诗经〉农事诗中的祭礼初探》、夏德靠的《论藉礼仪式兼及〈良耜〉等几首诗与藉礼过程之关系》、韩高年的《周初藉田礼仪乐歌考》等。但其研究侧重籍田礼仪,仍然缺乏全面而深入的研究。

回顾整个农事诗研究的历史,不难发现,经学时代对于周代礼乐制度与《诗经》农事诗的研究限于传笺注疏的体例而无法深入展开,缺乏整体性和系统性。二十世纪以来,新理论、新方法的引入和出土文献的运用,虽使得周代礼乐制度与《诗经》农事诗结合的研究取得一定成绩,但往往集中在个别篇目上,缺乏在微观考证上的系统性的整体研究。因此,将"周代礼乐制度与《诗经》农事诗"作为研究课题十分必要,希望利用古籍文献,结合出土文献,在微观考证的基础上,进行整体系统的研究,将周代礼乐制度与《诗经》农事诗相互印证,通过考证周代的礼乐制度,勾

---

① 姚小鸥:《〈周颂·载芟〉与周代礼乐制度》,《河南大学学报》(社会科学版)2000年第4期,第47页。
② 李山:《诗经的文化精神》,东方出版社,1997,第42页。
③ 李山:《诗经的文化精神》,东方出版社,1997,第47页。

勒一个周代有关农事的礼乐制度概貌，结合周代礼乐制度来考察《诗经》农事诗的原始含义。

三 本论题的研究方法

第一，文献考证与理论分析相结合。

在本书写作之前，笔者从基础工作做起，将本书研究的十一首《诗经》农事诗逐首进行集注、集评的整理，并从目录学、文献学入手，搜集资料，建立一个尽可能全的资料库。在此基础上，全面掌握目前研究的现状、存在的焦点和主要分歧，以及尚未解决的问题，主要集中在诗旨、名物等方面，进行系统的分析。

因《诗经》距离我们已经非常遥远，又历经秦火的劫难，后世的解诗者已无法完全恢复《诗经》主旨的本来面貌，为弥补现有典籍的不足，本书借鉴甲骨文、金文等考古方面的研究成果，运用训诂学、文字学、音韵学等传统方法，又借鉴哲学、历史学、考古学、民俗学、文化人类学等领域的研究方法和研究成果，立足文本，通过文献内证，力求解决诗歌字词、名物、主旨等问题，以求还原诗歌的本来面目。

第二，以礼解诗，以诗明礼，诗礼互证法。以礼解诗、以诗明礼，是《诗经》研究中的两个传统方法。早在汉代，经学大师郑玄就已经开始运用这些方法，但因其处在以政治讽谏为标准来解诗的汉代，加之"笺"诗体例的局限而缺乏系统性的研究，因而具有一定的局限性。二十世纪以来，出土文物的大量出现，以及文化人类学方法的引入，增强了以礼解诗，以诗明礼，诗礼互证方法的优势。

第三，自然科学与人文科学相结合。将天文学、气候学、植物学、动物学、农业学等自然科学的研究成果与历史学、考古学结合来考察农事诗中的历法、名物、社会制度等问题。

第一章　周代郊祀配天礼与《诗经》祈农诗

“夫国之大事，在祀与农。”（《晋书·礼志》）周代以农业立国，农业和祭祀在周代都是头等大事，因农事而施行的祭祀则是重中之重，这其中，郊天之祭则是最高级别的祭祀。本章重点讨论郊祀配天礼的时间、对象、目的和意义等问题，并在此基础上辨析《诗经》中的郊祀后稷之诗——《周颂·思文》的主旨。

第一节　周代郊祀配天礼考论

周代郊祀配天礼是指周人在郊天时以始祖为配之礼。郊祀配天与郊天礼密切相关，因此，在考证郊祀配天礼之前，先将郊天礼的相关问题加以厘清。

一　周代郊天礼的起源、命名及用牲考辨

（一）郊天礼的起源

《礼记·礼运》云：“祭帝于郊，所以定天位也。”郊天，是祭祀上帝（天）的大典。《礼记·祭法》载：“有虞氏禘黄帝而郊喾。”可知，在虞舜时期，郊天礼就可能已存在。据出土文献和现存典籍，卜辞和周代金文中并无“郊”字，“郊”最早出现在《尚书·召诰》中：“用牲于郊，牛二。”据此可知，在西周初年郊天礼就已经实行了。

那么，郊天之祭是如何产生的呢？一些学者认为其产生于烄祭，如

傅亚庶，他说："远古焚巫以祭天的风俗，在后来的文献记载中，被称为'郊'。甲骨文中，字又作'烄'，从火从交，字形像人交叉双足立于火上，表示焚人以祭神之义。后来，烄成为一种祭天的礼仪（虽然不再以人为牺牲）。"①

傅亚庶其说有一定道理，但有欠完备，郊天之祭并不完全来源于烄祭。首先，"烄"是"焚巫求雨祭"②如：

贞：今丙戌烄奻，有从雨（9177 正）（按，奻，是人牲。）

焚巫求雨只是祭祀上帝的目的之一。据陈梦家《殷墟卜辞综述》，上帝有令雨、降菓（唐兰释为叹，即"旱"）、降祸、降若（即顺、祥）、受又（即授佑）、受年岂年、保王、作邑等权力。那么，祭祀上帝就不仅仅是为了祈求风雨，还有祈求丰年、祈求福祐、制止灾祸等目的，如：

桒年于帝（库 1738）

"桒"是"祈求之祭"。③"桒年于帝"即向上帝祈求丰年的祭祀。

于𥄂𤲞（14225），岛邦男释为"祭祀于帝，祈求止风"④，祈求停止风祸。

因此，不应视烄祭为郊天之祭的唯一来源。

其次，周代的郊天之祭不仅是为了求雨，还在于"定天位"、"明天道"、报答上天等。如《礼记·礼运》云："故先王患礼之不达于下也。故祭帝于郊，所以定天位也；……故礼行于郊，而百神受职焉。"先王担忧礼教不能普及于天下的民众，所以祭祀天帝于郊，以此来确定天的至尊地位。如果礼施行于郊祭，天上众神也就会各司其职了。又《礼记·郊特牲》曰："天垂象，圣人则之，郊所以明天道也。"天子依据天

---

① 傅亚庶：《中国上古祭祀文化》，高等教育出版社，2005，第 184 页。
② 陈年福：《甲骨文词义论稿》，上海古籍出版社，2007，第 75 页。
③ 陈年福：《甲骨文词义论稿》，上海古籍出版社，2007，第 75 页。
④ 〔日〕岛邦男著，濮茅左、顾伟良译《殷墟卜辞研究》，上海古籍出版社，2006，第 365 页。

象来治理天下，举行郊祀，是为了发扬天道。《礼记·祭义》载："郊之祭，大报天，而主日，配以月。"郊天之祭，是为了报答天上的众神，以日神为主，以月神为配。西周成王时期的《何尊》铭文载："佳珷王既克大邑商，则廷告于天。"①　武王战胜商后祭天，以报答上天的恩惠。可见，郊天之祭的内涵要远远大于烓祭，因此，不能简单地认为郊天是烓祭。

最后，"郊"与"烓"二字并无同源关系。郊，《说文》云："距国百里为郊。从邑，交声。"②　烓，《说文》曰："交木然也。从火，交声。"③　二字一从邑，一从火，声符"交"相同。交，"甲骨文作⚠，与小篆同，将大的两腿交叉，故交有交叉义"④。可知，"交"不仅有声符的作用，也有意符的功能。傅亚庶解"烓"字像人交叉双脚站在火上，而郊的字形象人交叉双足立于距国百里之处，所立之处为郊，抑或距国百里之处有交叉路口，所以此处为郊。一为焚人祭神之烓，一为处所之郊，二者并无字源同源关系。因此，烓祭不是郊天之祭。

目前，在没有明确资料来说明卜辞中祭祀上帝是如何演变为郊天之祭的情况下，本书推测，周代郊天之祭来源于卜辞中以各种具体目的对上帝进行的祭祀。

人们祭祀天、祭祀上帝源于对天、上帝的崇拜。在生产力极其低下的原始社会，人们对自然界的变化寻求不到科学合理的解释，便认为万事万物都有灵魂，而在这些灵魂之上的至上神便是上帝（天）。上帝具有很大的权威，能主宰自然与人事，因此，为求得至上神的保护，人们就想尽办法取悦上帝，祭祀上帝。卜辞中祭祀上帝为了求得风调雨顺，制止灾祸，其最终目的是祈求一个好的年景，所以周代郊天之祭才会有年初的祈年之祭，仲冬的报天之祭，二者都围绕丰年这一个目的而进行。

（二）郊天礼的命名

郊天何以称为"郊"？《礼记·郊特牲》云："于郊，故谓之郊。"指

---

①　马承源主编《商周青铜器铭文选》卷三，文物出版社，1988，第20~21页。
②　许慎：《说文解字》卷六下，毛氏汲古阁本。
③　许慎：《说文解字》卷十上，毛氏汲古阁本。
④　尹黎云：《汉字字源系统研究》，中国人民大学出版社，1998，第30页。

祭祀地点在国郊，所以称为郊。而杨天宇不同意此种观点，他认为："'郊'字原文即'高'字，故郊字本含高义，实由就高地祭天而得'郊'名，非因于国郊祭天而得斯名也。"①

杨天宇的观点并不合理。第一，他认为郊字原文是高字，所以郊字含有高义，但并没有举出具有说服力的实例来加以证明。第二，他认为《武成》《逸周书·世俘》以及《何尊》《大盂鼎》（按，《大盂鼎》中并无"王祀于天室"的铭文，此句铭文实出于《天亡簋》）铭文中的"所谓天位、廷、或天室，是否在郊？已无可考"②。于是断定"所谓周代行郊礼于国郊之说，是很难站住脚"③ 这一结论以偏概全，并不具有说服力。其一，《天亡簋》所记是明堂祭祀而非郊天，因此不能作为讨论郊天的论据。其文云："王祀于天室，降。天亡又（佑）王，衣（殷）祀于王不（丕）显考文王，事喜（糦）上帝。"④《商周青铜器铭文选》注云："天室，古制明堂中的重屋。……亦即周人祭天以文王为配之处。"⑤ 此正与"昔者周公郊祀后稷以配天，宗祀文王于明堂，以配上帝"（《孝经》）句相符，说明"王祀于天室"非郊天而是明堂祭祀。其二，《武成》（按，是否伪书暂且不论）、《逸周书·世俘》及《何尊》所记"天位""廷"是郊的可能性大。从礼制文化具有传承性来看，周代祭天是在郊外进行（下文将进行论述），如《逸周书·作雒》载周公"设丘兆于南郊"，虽然"天位"与"廷"已无法考证，但从继承性的角度推测，则武王时祭天也很可能是在郊外进行。

"于郊，故谓之郊。"此言甚有道理。周代祭祀命名有着多种方式，有按祭祀对象命名的，如高禖、社祀；有按祭祀目的命名的，如雩祭、祈谷；也有按祭祀方式来命名的，如祫。而郊天则得名于祭祀的地点——"郊"。

---

① 杨天宇：《关于周代郊天的地点、时间与用牲——与张鹤泉同志商榷》，《史学月刊》1991年第5期，第8页。
② 杨天宇：《关于周代郊天的地点、时间与用牲——与张鹤泉同志商榷》，《史学月刊》1991年第5期，第8页。
③ 杨天宇：《关于周代郊天的地点、时间与用牲——与张鹤泉同志商榷》，《史学月刊》1991年第5期，第8页。
④ 马承源主编《商周青铜器铭文选》卷三，文物出版社，1988，第14页。
⑤ 马承源主编《商周青铜器铭文选》卷三，文物出版社，1988，第15页。

首先，周代的郊天之祭来源于殷商的祭祀上帝，由于文化传统与宗教祭祀仪式的传承性，卜辞中祭祀上帝的处所大都与"郊"有关，所以周代祭祀地点也在郊。卜辞中祭祀上帝多在野外，如：

于周其焚（30793）
戊戌卜：焚雨／于凡焚雨／于舟焚雨（34483）[1]

"周""凡"可能是野外某地。周，甲骨文作 ▦▦，田中加点画，"表示田间布满禾稼的形态"[2]。既是田间，应在野外。凡，甲骨文作 𠙵，是槃的象形。"槃子的特点是面积大，容物多，是最括众物的形象。"[3]"于凡焚雨"，是说在面积大的地方举行焚祭，这面积大的地方很可能就是野外。又如：

　　𡥀𥄂于𦣞方（14295）
　　𡥀𥄂于𠂤方（14295）
　　𡥀𥄂于宣（英1239）
　　𥄂于𡆥田（京969）

上引卜辞均为"𥄂祀"卜辞，𥄂祀，岛邦男认为是"祭祀至神上帝"，[4]祭祀的地点除东、南、西、北外，还有宣地、𡆥田等，这些地点很可能是野外或国郊，正如岛邦男所说："𥄂祀的特点是在东、南、西、北四方及其地方举行，故称为'方𥄂'，后世称'郊祀'。"[5]

其次，从周代典籍中的记载来看，祭祀上帝（天）的地点为"郊"。《尚书·召诰》云："越三日丁巳，用牲于郊，牛二。越翼日戊午，乃社于新邑，牛一，羊一，豕一。"此句中"郊"既指郊祭之事，又指祭祀之地点。"郊"与"社"相对，一是祭天，一是祭地。"郊"与"新邑"相对，

① 胡厚宣主编《甲骨文合集释文》，中国社会科学出版社，1999。
② 尹黎云：《汉字字源系统研究》，中国人民大学出版社，1998，第278页。
③ 尹黎云：《汉字字源系统研究》，中国人民大学出版社，1998，第161页。
④ 〔日〕岛邦男著，濮茅左、顾伟良译《殷墟卜辞研究》，上海古籍出版社，2006，第369页。
⑤ 〔日〕岛邦男著，濮茅左、顾伟良译《殷墟卜辞研究》，上海古籍出版社，2006，第372页。

一是国郊，一是国都洛邑。可见，郊天之祭应在国郊，因在国郊，故名为"郊"，得名于祭祀的地点。

（三）郊天礼的用牲

关于周代郊天礼用牲的数量，据现有文献记载，主要有三种说法：一，用两头牛，如《尚书·召诰》曰："用牲于郊，牛二。"二，卜牲，如《春秋》宣公三年、成公七年、定公十五年、哀公元年都记载了卜牲的情形。三，用一头牛，如《礼记·郊特牲》曰："郊特牲"。

以上三种说法，除《召诰》确切地记载了郊天礼用两头牛外，其他两种说法都引起了后人的质疑。关于《春秋》所载卜牲一事，无论是占卜用牲的种类、毛色、牝牡，还是数量，并无具体的说明。实际上，由于史料的缺乏，用牲的数量和种类已无法详考。但我们可以根据现有的资料作大胆合理的推测。

杨天宇根据郭沫若对甲骨文"小宰"的解释，认为"至于所用牢数的多少，我们推想不外用两种方式来确定。其一，依据对于祭祀对象的尊重程度而定，那么周人最重视郊天大礼，其所用牲至少不应少于七牢。其二，用占卜来决定，那么用牲的多少，就无定数了"[①]。

杨天宇所说并不合理。首先，虽然周人最重视郊天大礼，但所用牲未必一定不少于七牢。《尚书·召诰》所用"牛二"就是一个很好的说明。此外，《春秋》多次提到卜牛，可见郊天用牲以牛为主，或者说很可能只用牛。《礼记·礼器》云："（礼）有以少为贵者。天子无介，祭天特牲。"又《礼记·郊特牲》："帝牛不吉，以为稷牛。"可作为旁证。其次，周人占卜用牲时，主要关注毛色牝牡等特征，较少占卜用牲数量。即使占卜数量，也并非无定数，而是依据礼制规定，数量通常较少。其一，从《春秋》宣公三年、成公七年、定公十五年、哀公元年所记郊牛口受伤、鼠类食牛角则卜牛，牛死则免牛，或不举行郊祀的情形来看，郊牛的数量应该很少，或许只一头。如数量很多的话，则不可能所有的郊牛都受伤，都被鼠类所侵害。其二，春秋战国时期，牛耕已经出现，人们已经逐渐地认

---

① 杨天宇：《关于周代郊天的地点、时间与用牲——与张鹤泉同志商榷》，《史学月刊》1991年第5期，第11页。

识到牛在农业生产中的重要性。《国语·晋语》曰："夫范、中行氏不恤庶难，而欲擅晋国，今其子孙将耕于齐，宗庙之牺为畎亩之勤。"本应用于宗庙祭祀的牛，却忙碌于农田之上，可以看出当时人们对农业生产的重视。既然意识到了牛在农业生产中的重要性，那么当祭祀用牛时，就不应不考虑到数量的问题了。因此，笔者推测，郊天时所用之牺以牛为主，数量不会过多，很可能只有一头。

关于"郊特牲"的问题，一些学者们也予以质疑，如秦蕙田，他说："《特牲》疏云天神尊贵，故止一特。愚谓天神对地祇、人鬼，特牲当对羊、豕，盖不兼羊、豕谓之特，非必不可有二谓之特也。注疏诸家拘泥止用一牛，……皆牵凿也。"① 虽然，秦蕙田不相信郊天时只用一头牛的说法，但他却未能举出充分的证据予以驳斥。

总之，根据文献所载，我们可以推测有两种可能：其一，周代常例郊天时用牺多以牛为主，且用一头牛，特例郊天时可增加用牛的数量，但不宜过多。其二，郊牛数量由二到一的改变，表明周人对牛在农业生产中的重要性的认识逐渐增强。

二　有关郊天礼的四个论争

陈澔《礼记集说》云："今按郊祀一节，先儒之论不一者，有子月寅月之异，有周礼鲁礼之分，又以郊与圜丘为二事，又有祭天与祈谷为二郊。"② 陈澔此言道出了郊天礼目前存在的分歧与焦点问题，对此，本书将一一进行探析。

（一）郊、丘之争

所谓"郊、丘之争"是指周代的郊天与圜丘祀天是否为同一祭祀礼仪的论争。郊、丘之争既涉及郊祭的性质，又关系到郊天的对象，同时也关乎祭祀的地点问题。这场争论主要在以郑玄和王肃为代表的两大派之间展开。对此，孔颖达给予了一个简要的概括："先儒说郊，其义有二：案《圣证论》（笔者按，王肃所作）以天体无二，郊即圜丘，圜丘即郊。郑氏

---

① 秦蕙田：《五礼通考》卷三，《文渊阁四库全书》本。
② 陈澔：《礼记集说》卷五，《文渊阁四库全书》本。

（按，即郑玄）以为天有六天，丘、郊各异。"① 两派产生分歧的焦点在于对"天帝"的理解不同。

郑玄认为"天有六天"，包括一个至上帝和五天帝。即《周礼》中的"昊天上帝"、至上帝之下的五天帝（东方青帝灵威仰、南方赤帝赤熛怒、西方白帝白招拒、北方黑帝汁光纪和中央黄帝含枢纽）。郑玄指出郊天与圜丘祀天的区别在于：郊天是祭祀五天帝的，而圜丘祀天是祭祀至上帝的，其在级别上要高于郊天之礼，是周代级别最高的祭礼。而王肃则认为"天体无二"，"天惟一而已，安得有六？五行分主四时，化育万物，其神谓之五帝"。② 所谓的"五天帝"是"五帝之佐也，犹三公辅王"③，因此郊天与圜丘祀天并无本质的区别，"郊即圜丘，圜丘即郊"④，"筑为圜丘以象天自然，故谓之圜丘，圜丘人之所造，故谓之泰坛，于南郊在南"⑤。因此"以所在言之谓之郊，所祭言之谓之圜丘。于郊筑泰坛，以丘言之，本诸天地之性也"⑥。

郑玄、孔颖达一派认为郊、丘不同的理由在于，其一，二者的用玉、用牲的颜色和用乐皆不同。《礼记》孔颖达疏云："案《大宗伯》云'苍璧礼天典瑞'，又云'四圭有邸以祀天'，是玉不同。《宗伯》又云：'牲币各放其器之色'，则牲用苍也。《祭法》又云：'燔柴于泰坛用骍犊'，是牲不同也。又《大司乐》云：'凡乐圜钟为宫，黄钟为角，大蔟为徵，姑洗为羽，冬日至于地上之圜丘奏之，若乐六变，则天神皆降。'上文云：'乃奏黄钟歌大吕舞云门以祀天神'，是乐不同也。故郑以云：'苍璧、苍犊、圜钟之等为祭圜丘所用，以四圭、有邸、骍犊及奏黄钟之等以为祭五帝及郊天所用。'"⑦ 其二，圜丘祀天是禘祭，大于郊祀，以帝喾为配。孔颖达又云："又知圜丘配以帝喾者，案《祭法》云：'周人禘喾而郊稷'，

---

① 郑玄注，陆德明音义，孔颖达疏《礼记注疏》卷二十五，《文渊阁四库全书》本。
② 引自秦蕙田《五礼通考》卷一，《文渊阁四库全书》本。
③ 郑玄注，陆德明音义，孔颖达疏《礼记注疏》卷四十六，《文渊阁四库全书》本。
④ 郑玄注，陆德明音义，孔颖达疏《礼记注疏》卷二十五，《文渊阁四库全书》本。
⑤ 王肃注《孔子家语》卷七，《文渊阁四库全书》本。
⑥ 马端临：《文献通考》卷六十八，《文渊阁四库全书》本。
⑦ 郑玄注，陆德明音义，孔颖达疏《礼记注疏》卷二十五，《文渊阁四库全书》本。

禘喾在郊稷之上，稷卑于喾，以明禘大于郊。又《尔雅》云：'禘，大祭也'，大祭莫过于圜丘，故以圜丘为禘也。圜丘比郊，则圜丘为大。《祭法》云：'禘、喾'是也。"①

对于郑玄一派的理由后世学者给予了强有力的批驳。首先，"六天说"来自纬书，并不合理。秦蕙田《五礼通考》说："郑以五帝为灵威仰之属，非也。……程子曰：'六天之说起于谶书，郑玄之徒从而广之，甚可笑也。'帝者气之主也，岂有上帝而别有五帝之理，此因《周礼》言祀昊天上帝而后又言祀五帝亦如之，故诸儒附会此说。"② 其次，郊、丘的用玉、用牲的颜色以及用乐并非不同。关于用玉，秦蕙田《五礼通考》言："考苍璧、四圭非两玉也。"③ 他认为苍指色，璧言质，四圭是其形制，即中央为璧，四面锐出为圭的苍色的祭天礼器。或如徐邈所说璧以礼神，圭以自执，抑或如杨信斋所云是一祭而两用。关于用牲的颜色，杨信斋认为天是浑然一体的，不偏主一色，远看即为苍色，纯阳即为赤色，玉是礼天之器，所以取天之苍色，而牲则各取所崇尚的颜色。关于用乐不同，陆佃认为圆钟是降神之乐，黄钟是祀神之乐，虽然不同但不妨碍其用于同一祭祀之中。最后，禘祭并不是郊祀。这一问题留待下节论述。由此可见，郑玄之说过于拘泥，并不十分可信。

相比之下，王肃所持郊与丘相同的观点较为合理。"圜丘"一词只见于《周礼》，《春官·大司乐》载："冬日至，于地上之圜丘奏之，若乐六变，则天神皆降，可得而礼矣。"在冬至时圜丘祀天正与《礼记·郊特牲》中"郊之祭，迎长日之至也"时间相同，可见郊天即圜丘祀天。

（二）周郊与鲁郊之争

对郊天和圜丘祀天的不同理解也引发了郑玄和王肃的鲁郊与周郊之争。《郊特牲》云："郊之用辛也，周之始郊日以至。"郑玄认为此处所写冬至月辛日郊天是鲁礼，且鲁国仅此一郊。其《礼记注》云：

---

① 郑玄注，陆德明音义，孔颖达疏《礼记注疏》卷二十五，《文渊阁四库全书》本。
② 秦蕙田：《五礼通考》卷一，《文渊阁四库全书》本。
③ 秦蕙田：《五礼通考》卷二，《文渊阁四库全书》本。

郊天之月而日至，鲁礼也。三王之郊一用夏正，鲁以无冬至祭天于圜丘之事，是以建子之月郊天，示先有事也。用辛日者，凡为人君，当斋戒自新耳。周衰礼废，儒者见周礼尽在鲁，因推鲁礼以言周事。①

郑玄一派的根据主要有四个。其一，郑玄认为郊、丘不同，冬至时圜丘祀天是祭至上帝，冬至月辛日郊天是祭祀五天帝。而且所配一为帝喾，一为后稷。并且，郑玄认为周郊是在夏历正月，鲁君不敢与天子同月，为避开天子郊天的时间，因此选择冬至月辛日郊天。又引典籍中的记载来证明，如：

正月日至，可以有事于上帝。（《礼记·杂记》）

春，王正月，郊牛之口伤，改卜牛。牛死，乃不郊。犹三望。（《春秋·宣公三年》）

是以鲁君孟春乘大路，载弧韣，旂十有二旒，日月之章，祀帝于郊，配以后稷，天子之礼也。（《礼记·明堂位》）

其二，郑玄根据《周礼》中天子郊天时的服饰与《礼记·郊特牲》中的服饰有所不同，则认为鲁郊用日至之月的辛日举行。如其《礼记注》云："谓有日月星辰之象，此鲁礼也。《周礼》王祀昊天上帝，则服大裘而冕，祀五帝亦如之，鲁侯之服，自衮冕而下也。"② 其三，所谓"郊之用辛日"之"辛"，取斋戒自新之意。其四，郑玄认为"周之始郊，日以至"是"因推鲁礼以言周事"，③ 实际上指的是鲁之始郊在冬至之月。"始"是相对于夏历正月天子郊天而言，因在天子之先祭天，故言"始"也。马昭认为"始"的含义还在于鲁转卜三正从建子之月开始，所以称"始"。

而王肃则认为无论冬至郊还是夏正月郊都是周礼。其理由在于，其一，郊、丘相同，在冬至之时。周代于此时郊天正是为了迎接"长日"的

---

① 郑玄注，陆德明音义，孔颖达疏《礼记注疏》卷二十六，《文渊阁四库全书》本。
② 郑玄注，陆德明音义，孔颖达疏《礼记注疏》卷二十六，《文渊阁四库全书》本。
③ 郑玄注，陆德明音义，孔颖达疏《礼记注疏》卷二十六，《文渊阁四库全书》本。

到来。《礼记》孔颖达疏："王肃用董仲舒、刘向之说，以此为周郊。上文云'郊之祭，迎长日之至'，谓周之郊祭于建子之月，而迎此冬至长日之至也。"① 其二，郊天之祭用辛日，其意义在于"冬至阳气新用事"，所以用辛日。其三，所谓"周之始郊，日以至"者，是对建寅之月祈谷郊而言。《孔子家语·郊问》载："孔子曰：……鲁无冬至大郊之事，降杀于天子，是以不同也"。②

此外，也有一些学者提出不同看法，或认为鲁止一郊，不在冬至之月即在建寅之月，如马昭；或认为鲁止建寅一郊，如杜欲；或认为鲁不止一郊，冬至、建寅之时皆可郊天；或认为周止日至一郊，如万斯大。

对于郑玄的观点，王肃一派的学者给予了强烈的反驳。首先，王肃指出郑玄将"郊之祭，迎长日之至"之"长日"释为夏正，而将"周之始郊日以至"之"日至"解为冬至，可谓自相矛盾。其次，指出了郑玄将郊、丘混为一谈的错误。上文已有论述，在此不再赘述。再次，《礼记注疏考证》齐召南之言又指出了郑玄的明显失误，即将"周之郊"强行改成鲁之郊。其云："经文明明言周，而郑谓是鲁礼，又自生荆棘矣。"③ 最后，据卫湜《礼记集说》载，石林叶氏指出《明堂位》孟春祀帝应为建寅之月，而郑玄误认为是建子之月。

除以上几点外，本书认为郑玄观点的不合理性还在于，其一，郑玄误将《郊特牲》中的天子之服说成是鲁侯之服。关于郊天时的服饰问题，《周礼·司服》云："王之吉服：祀昊天上帝，则服大裘而冕，祀五帝亦如之。"《礼记·郊特牲》又云："祭之日，王被衮以象天，戴冕，璪十有二旒，则天数也。"从穿着看，这里的"大裘而冕"与"衮冕"看似不同，实则为一。"裘"不能露在外面穿，《礼记·玉藻》云："表裘不入公门，袭裘不入公门。"外面穿着裘衣或用礼服遮住了裘衣外面的裼衣连"入公门"都不可，更何况郊祀天呢？"服大裘"并不是只穿大裘，外面仍需穿衮衣，是"内服大裘而外服衮冕"④，所以《郊特牲》言"被衮"。至于如

① 郑玄注，陆德明音义，孔颖达疏《礼记注疏》卷二十六，《文渊阁四库全书》本。
② 王肃注《孔子家语》卷六，《文渊阁四库全书》本。
③ 郑玄注，陆德明音义，孔颖达疏《礼记注疏》卷二十六考证，《文渊阁四库全书》本。
④ 王昭禹：《周礼详解》卷十九，《文渊阁四库全书》本。

此穿着的含义，王昭禹《周礼详解》认为"大裘以象道，衮冕以象德，……德著乎外，而道隐乎内"①，似乎有点牵强。而《郊特牲》云："被衮以象天"，因衮衣这种礼服上面画有龙、山、华虫、火、宗彝等图案用以象征天道，所以天子在祭天帝和先生时穿着它。而"内服大裘"是因冬至时天气很冷，为取暖则在里面穿上大裘。至于《周礼·司服》言"祀昊天上帝，则服大裘而冕，……享先王则衮冕"，昊天上帝等级高于先王，则"大裘"似乎等级高于"衮冕"，其实这可能是因为祀昊天上帝要在冬至的郊外举行，需要穿着大裘来取暖，而享先王在庙内举行，可以脱去大裘而只需穿着衮冕即可。当然也有可能如《孔子家语》所言："至泰坛，王脱裘矣，服衮以临燔柴。"② 不论怎样，"服裘"与"被衮"并不矛盾，都是天子的礼服。从所戴的冕看，《郊特牲》所言"戴冕，璪十有二旒"，应是天子所戴的冕。《礼记·玉藻》载："天子玉藻，十有二旒"。《礼记·礼器》又载："天子之冕朱绿藻，十有二旒，诸侯九，上大夫七，下大夫五，士三。"可见，天子冕上的旒是十二，诸侯冕上的旒是九，以此来体现等级的差别。所以，鲁君，作为诸侯国的国君，即使因周公的原因可以被赐行周礼，但也不能僭越礼法而穿天子之服。其二，郑玄除误将"周之始郊"说成鲁之始郊外，还认为"始"是相对于夏历正月天子郊天而言，由于在天子之先祭天，故言"始"也，此说并不合理。若按郑玄所说，鲁君不敢与天子同月郊天，故在天子之前行郊天礼，岂不自相矛盾？既然鲁君都不敢与周天子同月郊天，又怎敢先于天子祭天呢？况且，建子之月是周历的正月，作为"周月以纪于政"的第一个月，理应是周天子的郊天时间。因此，将"周之始郊"理解为周代的第一次郊天或者周历的第一个月郊天比较合理。正如方悫所说："周以建子之月为正，则冬至之郊为岁之始郊矣。"③ 其三，《春秋》中多处记载了"夏，四月"（即夏历二月）卜郊的情况，说明鲁并非只有冬至一郊，因此郑玄的观点并不合理。

当然，王肃的观点也有不妥之处。他认为冬至郊和孟春郊都是周礼，

① 王昭禹：《周礼详解》卷十九，《文渊阁四库全书》本。
② 王肃注《孔子家语》卷七，《文渊阁四库全书》本。
③ 转引自卫湜《礼记集说》卷六十五，《文渊阁四库全书》本。

这一点是符合实际情况的。但他认为鲁国没有冬至之郊，这却与事实不相符。首先，鲁国因周公有勋劳于天下，被赐以天子之礼，这其中也应包含有冬至郊天和孟春郊天之礼。《礼记·祭统》云："昔周公旦有勋劳于天下，周公既没，成王、康王追念周公之所以勋劳者，而欲尊鲁，故赐之以重祭。外祭则郊、社是也，内祭则大尝禘是也。"其次，典籍中确实多处记载了鲁国冬至郊天的情况，如《春秋·宣公三年》"春，王正月，郊牛之口伤，改卜牛。牛死，乃不郊。犹三望"。《礼记·杂记》也载："正月日至，可以有事于上帝。"最后，王朝明、王青指出孔子之所以说鲁国没有冬至之郊，并不是事实上没有，而是孔子对诸侯国行天子之礼甚为不满，认为鲁国不应该有冬至郊天之礼。《礼记·礼运》所云："鲁之郊，禘，非礼也，周公其衰矣！"正说明鲁国实行了郊天之礼。

综上所述，本书同意王肃的观点，即冬至郊和孟春郊都是周郊，属于周礼。由于周公有勋劳于天下，所以周天子赐鲁国天子之礼，则鲁国也可举行冬至郊和孟春郊，正如《礼记·明堂位》所云："祀帝于郊，配以后稷，天子之礼也。"

（三）建子之月与建寅之月之争

关于何时举行郊天之祭这一问题，以郑玄和王肃为首的学者们形成了建子之月和建寅之月的两种观点。其分歧的焦点在于对《礼记·郊特牲》中"郊之祭也，迎长日之至也"中"长日之至"的理解不同。郑玄认为"长日之至"是指夏历二月春分日夜平分之后，白昼比黑夜渐长，欲迎其"长日之至"应在正月建寅之月，其《礼记注》云："《易说》曰：'三王之郊，一用夏正。夏正，建寅之月也。'此言迎长日者，建卯而昼夜分，分而日长也。"[①] 而王肃认为"长日之至"是指冬至那天白昼最短，冬至过后白昼渐长，要迎接"长日之至"则应在冬至这一天，也即建子之月。

后世学者多支持王肃所说，而反对郑玄，如方悫、郑方坤和《钦定礼记义疏》等。其反对的理由在于，其一，从日夜长短变化来看，冬至日最短，过冬至后日渐长，"长日之至"的"至"为到来之意；夏至日最长，

---

① 郑玄注，陆德明音义，孔颖达疏《礼记注疏》卷二十六，《文渊阁四库全书》本。

过夏至后日渐短，此"至"为极之意。"迎长日之至"应为迎接长日的到来。正如郑方坤《经稗》所说：

> 夏至日日长至，盖是日昼漏刻五十九，夜四十一，先此昼漏尚五十八刻。日之长于是而极，故曰日长至，则至取极至之义也。《吕览·十二纪·仲夏月》"日长至"是也。冬至亦曰日长至，盖是日昼漏刻四十一，夜五十九，过此昼漏即四十二刻，日之长于是而始，故亦曰日长至，则至取来至之义也。《记·郊特牲》曰："郊之祭也，迎长日之至也"是也。①

其二，从古人对阴阳的喜好来看，日为阳，冬至过后白日渐长，为迎接阳气的到来而举行郊天之祭，因"阳之始长，故喜之也"，有"扶阳抑阴之义也"②。如方悫所说：

> 日为阳，夜为阴，故阳生则日浸长而夜短，阴生则夜浸长而日短。郊之祭，在建子之月，而阳生于子，故曰迎长日之至也。至，犹来也。与《月令》仲夏日长至异矣，故言迎焉。祭天必迎长日之至者，当是时阳始事矣，天以始事为功也。《周官》以冬日至致天神，盖谓是矣。以迎长日之至，故以日为主，天神不可得见，所可瞻仰者日月星辰而已。③

此外，本书认为郑玄观点的不合理之处还在于：假如"迎长日之至"确是迎接二月春分后白日渐长的到来，但在夏历一月份举行郊天之祭来迎此"长日之至"，相隔有一个月之久，时间过长，这与我国古代农耕社会十分重视时令的情况不大相符。《大戴礼记·夏小正》和《礼记·月令》中记载了夏商周时期从天子到百姓都严格按照时令节气做事的情况，如在

---

① 郑方坤：《经稗》卷十，《文渊阁四库全书》本。
② 郑方坤：《经稗》卷十，《文渊阁四库全书》本。
③ 转引自卫湜《礼记集说》卷六十五，《文渊阁四库全书》本。

立春、立夏、立秋和立冬四个时节，天子亲率三公、九卿、诸侯、大夫分别迎春于东郊，迎夏于南郊，迎秋于西郊，迎冬于北郊。又如仲秋时节，天子通过举行傩祭来抵御秋气。而且《礼记·月令》中也谈到如果不严格按照时令来做事的话，如孟春行夏令、行秋令和行冬令则会有灾害出现。所以，从这一点来看，冬至时举行郊天之祭来迎接冬至过后白日渐长的到来，则与节气和时令较为相符，比较符合我国古代农耕社会敬授民时的特点。因此，王肃的观点优于郑玄的观点，即举行郊天之祭以"迎长日之至"宜在建子之月，即冬至郊。

《孔子家语·郊问》云："郊之祭也，迎长日之至也，大报天而主日，配以月，故周之始郊，其月以日至，其日用上辛。至于启蛰之月，则又祈谷于上帝。此二者天子之礼也。"① 据此可知，周代郊天有两个时间：冬至郊，在于报天；启蛰郊，在于祈谷。（按，冬至和启蛰是夏历）一般学者根据"元日祈谷于上帝"句认为祈谷郊在孟春之月，本书认为是启蛰前后更为确切。

从出土文献和古代典籍所载，周代郊天的时间分常例和特例两种。常例为每年的启蛰前后和冬至两个时节。《左传·桓公五年》云："凡祀，启蛰而郊，龙见而雩。"据《春秋左传注疏》："孟献子曰：'启蛰而郊，郊而后耕，'耕谓春分也，言得启蛰当卜郊，不得过春分耳。是言四月得郊也。"② 可知，启蛰到春分的这一段时间都可实行郊天之礼。根据《礼记·月令》"启蛰"应在夏历孟春时节，启蛰前后是从孟春延续到仲春左右，在这段时间内实行郊天之祭。如：

夏，四月，四卜郊，不从，乃免牲，犹三望。（《春秋·僖公三十一年》）

夏，四月，五卜郊，不从，乃不郊。（《春秋·成公十年》）

夏，四月，三卜郊，不从，乃免牲。（《春秋·襄公七年》）

夏，四月，四卜郊，不从，乃不郊。（《春秋·襄公十一年》）

春，王正月，……鼷鼠食郊牛，改卜牛。夏，四月，辛巳郊。（《春

① 王肃注《孔子家语》卷七，《文渊阁四库全书》本。
② 杜预注，陆德明音义，孔颖达疏《春秋左传注疏》卷十六，《文渊阁四库全书》本。

秋·哀公元年》）

以上所引为鲁国实行郊天礼的情况，前已论述《礼记·明堂位》记载了成王因周公的功劳特赐鲁国可以实行天子的礼乐，可行郊天之礼，鲁国郊天礼的时间与周天子的郊天时间相同，则从鲁国郊天之礼可以推见周代郊天之礼的情形。"夏，四月"是周正四月，实为夏历二月仲春。《春秋左传注疏》云："僖公、襄公夏四月卜郊、但讥其非所宜卜，而不讥其四月不可郊也。孟献子曰：'启蛰而郊，郊而后耕'，耕谓春分也，言得启蛰当卜郊，不得过春分耳。是言四月得郊也。"①以上几例所载，均为夏历二月实行郊天之礼。虽然，《左传·桓公五年》言凡是祭祀，都应按时令进行，如不按时进行，则《春秋》就会记载，所谓"过则书"，但以上几例并非因"过则书"，而是因"礼不卜常祀"（《左传·僖公三十一年》），不应该占卜却占卜，以不吉利而不举行郊天之礼，都是非礼的，所以《春秋》将其记录下来。又如：

> 孟春之月，……天子乃以元日，祈谷于上帝。（《礼祀·月令》）
> 鲁君孟春……祀帝于郊，配以后稷，天子之礼也。（《礼记·明堂位》）

上述所载，都表明郊天之祭可在夏历孟春至仲春之间举行。关于在此期间举行郊天礼的缘由，应该与农事有关。

关于冬至举行郊天之祭，铜器铭文中就有所记载。春秋蔡平侯时期的蔡侯尊（集成 6010）铭文载："元年正月初吉辛亥，蔡侯申虔恭大命，上下陟祏，敫敬不惕，肇佐天子。"②《商周青铜器铭文选》注曰："蔡侯申虔敬地接受天命。……上是天，下是人世，由下而上，蔡侯升祖先而配天，由上而下，上天降德于蔡。"③可知，此铭文记载了蔡平侯僭越祭祀上帝，

---

① 杜预注，陆德明音义，孔颖达疏《春秋左传注疏》卷十六，《文渊阁四库全书》本。
② 中国社会科学院考古研究所编《殷周金文集成释文》第四卷，香港中文大学出版社，2001，第 272 页。
③ 马承源主编《商周青铜器铭文选》卷三，文物出版社，1988，第 394~395 页。

并以其先祖配天，而时间为元年正月。铭文所用应为周历，正月即建子之月，也即冬至之月。由此可知，郊祀上帝也于冬至时举行。此外，先秦的典籍也有关于冬至郊天的记载，如：

> 春，王正月，郊牛之口伤，改卜牛。牛死，乃不郊。犹三望。（《春秋·宣公三年》）
>
> 春，王正月，鼷鼠食郊牛角，改卜牛。鼷鼠又食其角，乃免牛。（《春秋·成公七年》）
>
> 春，王正月，邾子来朝。鼷鼠食郊牛，牛死，改卜牛。（《春秋·定公十五年》）
>
> 冬至日，于地上之圜丘奏之。（《周礼·大司乐》）
>
> 郊之祭也，迎长日之至也，大报天而主日，配以月，故周之始郊，其月以日至，其日用上辛。至于启蛰之月，则又祈谷于上帝。此二者天子之礼也。鲁无冬至大郊之事，降杀于天子，是以不同也。（《孔子家语·郊问》）

除启蛰前后和冬至郊天外，先秦典籍中也有其他时间郊天的记载，是为特例。这些特例都是因有大事发生而临时祭祀。《尚书·武成》云："丁未，……越三日庚戌，柴望，大告武成。"此句记叙了周武王伐殷归来后向上天报告伐殷的成就。"丁未"，孔安国《传》曰："四月丁未。""柴望"指"燔柴郊天"。① 此处为四月郊天，郊天的原因是伐殷成功，告于上天，实为创立周代的头等大事。《尚书·召诰》曰："越若来三月，……越三日丁巳，用牲于郊，牛二。""越若来三月"，是在三月行郊天礼。此句写周公营建新都邑前，祭祀上天，这是关乎周代兴盛的大事。《诗经·云汉》载："旱既大甚，蕴隆虫虫。不殄禋祀，自郊徂宫。上下奠瘗，靡神不宗。"根据《毛诗序》所言，此诗作于周宣王时期，是仍叔赞美宣王的作品。当时天下大旱，宣王非常忧虑，希望推行善政，消去灾难。诗言旱灾严重，天气酷热无比，为消去灾害，宣王勤于祭祀祷告，既祀天于郊，又

---

① 孔安国传，孔颖达疏《尚书正义》卷十一，阮刻《十三经注疏》本。

祭于宗庙，上祭天，下祭地，遍祭百神。此次实行郊天之祭，是因旱灾严重而进行的求雨之祭，是关乎周代生存的农业大事。

《春秋》中记载了周历五月和九月两次郊天之礼，即"九月，辛丑，用郊"（《春秋·成公十七年》）和"夏，五月，辛亥，郊"（《春秋·定公十五年》）。杨天宇认为"五月和九月这两次盖属变例"[1]。其说并不合理。《春秋》记载其是因为两次郊天不合时宜，《春秋左传注》云："无传。书过。""无传。九月郊祭，非礼明矣。书用郊，从史文。"[2] 因此，这两次郊天之礼并非变例或特例。

郊祀的时间在启蛰前后和冬至两个时段，那么具体应在哪一天呢？《礼记·郊特牲》云："郊之用辛也，周之始郊，日以至。"是说郊祭的日期要选用辛日。为何郊祭要选用辛日呢？或如郑玄所说取斋戒自新之义，或如王肃所说取冬至阳气新用事之义，或如《日讲礼记解义》所言是因为周人第一次举行郊祭，在冬至，那天正好是辛日，所以后来就被继承下来了。

《孔子家语·郊问》也载："故周之始郊，其月以日至，其日用上辛。"又如：

> 夏，四月，辛巳，郊。（《春秋·哀公元年》）
>
> 元年正月初吉辛亥，蔡侯申虔恭大命，上下陟恪，敫敬不惕，肇佐天子。（蔡侯尊，《集成》6010）[3]

但实际情况并不完全是这样。《尚书·武成》云："越三日庚戌，柴望，大告武成。"又《尚书·召诰》："越三日丁巳，用牲于郊，牛二。"其郊祭的时间分别是庚戌日和丁巳日。庚戌日在辛亥日的前一天，而丁巳日是在辛亥日后的第六天，都并非上辛日。这说明一种可能是在周初，对

---

① 杨天宇：《关于周代郊天的地点、时间与用牲——与张鹤泉同志商榷》，《史学月刊》1991年第5期，第10页。

② 杜预注，陆德明音义，孔颖达疏《春秋左传注疏》，《文渊阁四库全书》本。

③ 中国社会科学院考古研究所编《殷周金文集成释文》第四卷，香港中文大学出版社，2001，第272页。

于郊天之祭的具体日期还没有固定下来，后来选用了辛日，至迟在春秋时期已经固定下来，并被后代继承下来，所以产生于战国之后的《礼记》才会有着辛日郊祀的记载。另一种可能是郊天的常例用辛日，特例不用辛日。

（四）祭天与祈谷为二祭之争

关于祈谷是否称郊的问题，主要有以下几种观点：

1. 祈谷与郊不同。黄道周与万斯大等学者持此观点。理由在于，其一，黄道周认为祈谷与郊不同，只不过是祭祀的日期相同，都是用元日，并举武王克商的时间正是元日，其《月令明义》云："《郊特牲》曰：'郊之用辛''周之始郊日以至'是非始郊也。武王克商在殷十二月辛酉，朔四日甲子昧爽，清明于是长至，则是周之元日也，在甲子之前四日矣。"① 其二，万斯大指出《郊特牲》言"日至之报天，不及夏正之祈谷"，《月令》言"祈谷于上帝，不言为郊"。② 其三，万斯大认为以祈谷为郊是由于鲁郊之混。鲁国僭行日至之郊，而孟献子托言于祈谷，其"启蛰而郊"句混淆了祈谷和郊。并认为《礼记·明堂位》载鲁君孟春祀帝于郊，就是鲁君僭行日至之郊的证据。

2. 祈谷与郊部分相关。胡铨认为祈谷非郊天大祭，郊兼祈谷，祈谷不兼郊。其理由在于，其一，元日与辛日不同。"《郊特牲》云'郊之用辛'，此云'元日，善日也'，则不必辛。"③ 其二，"长日之至"指春分，而祈谷未至春分之时。"《郊特牲》又云：'郊迎长日之至'，注引《易说》谓春分日渐长，则此未春分也。"④ 其三，上帝不能代表全部的天。"《郊特牲》又云'郊大报天'，此云'上帝'，不可以包天也。"⑤ 其四，孟春与启蛰时间不符。"《易》说：'三王之郊，一用夏正。'孟献子云：'启蛰而郊'则此未启蛰也。"⑥ 其五，一为祀帝，一为祀后稷。"献子又云：'郊

① 黄道周：《月令明义》卷一，《文渊阁四库全书》本。
② 万斯大：《学礼质疑》卷一，《文渊阁四库全书》本。
③ 卫湜：《礼记集说》卷三十九，《文渊阁四库全书》本。
④ 卫湜：《礼记集说》卷三十九，《文渊阁四库全书》本。
⑤ 卫湜：《礼记集说》卷三十九，《文渊阁四库全书》本。
⑥ 卫湜：《礼记集说》卷三十九，《文渊阁四库全书》本。

祀后稷'，此不祀后稷而祀帝也。"①

3. 祈谷也名郊。《钦定礼记义疏》和秦蕙田《五礼通考》持此观点。《钦定礼记义疏》云："冬至大郊与祈谷为二祭，然祈谷亦于郊，则谓祈谷为郊无疑也。"② 秦蕙田认为祈谷与郊"皆以郊名而配以后稷"，其不同仅在于冬至郊为正祭而已。

祈谷与郊不同和祈谷与郊部分相关的观点都不具合理性。首先，黄道周也认为祈谷与郊不同，只是祭祀的日期相同。但是祈谷与郊都是天子之礼，都是祭祀上帝。既然二者施行祭祀的人相同，祭祀的对象相同，祭祀的日期又相同，那么又怎会是两种祭祀呢？因此，黄道周所言有些牵强。其次，万斯大认为《郊特牲》言郊不言祈谷，《月令》云祈谷不云郊，因此祈谷不是郊。这一证据不足以支持他的观点。因为周代祭祀命名有着不同的方式，有按祭祀地点命名的，如郊祀；有按祭祀对象命名的，如高禖、社祀；有按祭祀的目的来命名的，如雩祭、祈谷；也有按祭祀的方式来命名的，如祫。祫是合祭先祖之礼，但不能因其称祫，而说它不属于宗庙祭祀。同样，祈谷侧重于祭祀的目的，但不能因其称祈谷，而说它不属于郊祀之礼。再次，万斯大认为鲁国僭行日至之郊，而孟献子托言于祈谷，因而引起了后世学者对祈谷与郊的混淆，此点不足为据。因《礼记·祭统》云："昔周公旦有勋劳于天下，周公既没，成王、康王追念周公之所以勋劳者，而欲尊鲁，故赐之以重祭。外祭则郊、社是也，内祭则大尝禘是也。"又董仲舒《春秋繁露·郊事对》云："周公傅成王，成王遂及圣，功莫大于此。周公，圣人也，有祭于天道。故成王令鲁郊也。"③ 可见，鲁并非僭越。另外，《礼记·明堂位》载鲁君祀帝于郊在孟春之时，孟春是夏历正月，并非如万斯大所说为冬至时间。最后，卫湜的观点也有不妥之处，《钦定礼记义疏》给予了有力的批驳，其云：

> 《书》所谓'日短星昴'，本篇所谓'日短至'，短极而始长，故

---

① 卫湜：《礼记集说》卷三十九，《文渊阁四库全书》本。
② 《钦定礼记义疏》卷二十，《文渊阁四库全书》本。
③ 董仲舒：《春秋繁露》卷十五，《文渊阁四库全书》本。

迎之，未必指春分也。《书》言昊天上帝多矣，安见上帝不可指天乎？谓'启蛰而郊'，则上文已明言，蛰虫始振矣。谓献子言郊祀后稷，此言上帝不祀后稷，则郊祀上帝配以后稷，言上帝而后稷可知。盖冬至之北郊，配以后稷，取万物本乎天，人本乎祖之义。祈谷配以后稷，为农祈也。所配同而所以配之义异。若是者俱不足以难郑，惟郑谓此上帝乃大微之帝，孔谓殷祭汁光纪，周祭灵威仰，则伪书之说，所宜删正。[①]

综上所述，本书同意《钦定礼记义疏》和秦蕙田《五礼通考》的观点，即祈谷也名郊。

三　周代郊祀配天礼相关问题

《礼记·祭法》载："有虞氏禘黄帝而郊喾，祖颛顼而宗尧。夏后氏亦禘黄帝而郊鲧，祖颛顼而宗禹。殷人禘喾而郊冥，祖契而宗汤。周人禘喾而郊稷，祖文王而宗武王。"据此可知，郊祀配天之礼在有虞氏时就已施行，从有虞氏时期到周代都有郊祀配天之礼，不同的只是配天的对象不同。那么，郊祀配天之礼是如何产生的呢？周代郊祀时以谁为配？为何在郊祀时要以始祖配天呢？选取配天对象的标准是什么？其郊祀配天的目的又如何呢？

（一）周代郊祀配天礼的产生

从目前可掌握的出土文献来看，郊祀配天之礼来源于殷人的"宾帝"（即在帝左右）。卜辞中多有记录：

下乙宾于帝（乙7197）

大甲宾于帝（乙7434）

咸［宾］于帝（明续508）

上甲岁，伊宾（明续513）[②]

---

① 《钦定礼记义疏》卷二十，《文渊阁四库全书》本。

② 陈梦家：《殷墟卜辞综述》，中华书局，1988，第573页。

殷人相信，自己的先王先公死后上天，到上帝之所，伴随在帝的左右。殷人认为，先王先公会保佑他们，也会行使上帝所赋予的部分权利，如令雨、降祸、允诺、受又、授年等。

羽甲戌河其令雨（乙3121）①
白降祸（前4.39.1）②
王崔（穆），河若（河366）③
成受又（乙2471）④
受年于昌（燕130）⑤

可见，殷人的先王先公在帝左右（即配天）具有保护殷人的实际作用，如岛邦男先生所说："上帝主宰雨、风、电、暵、稔谷之自然，主宰战争胜败，丧乱疾病，王卜帝意的许诺，则王当为执行政治的至上神，在□祀（禘祀）中于宗庙祭祀，配祀'父'，𥝌祀（后世之郊祀）中祭祀于地方、米祀于𖭃、配祀𠂤𥝌、高祖神、祖神。前者目的为了尊严父，后者目的为了祈雨、祈宁雨、宁风、宁虫、宁疾。"⑥ 这种保护又往往与农业息息相关。

殷人"宾帝"，西周金文多称为先王在上：

用邵格丕显祖考先王，先王其严在上（戜钟）⑦
丕显皇祖考穆穆克哲厥德，严在上（番生殷盖）⑧

① 陈梦家：《殷墟卜辞综述》，中华书局，1988，第563页。
② 陈梦家：《殷墟卜辞综述》，中华书局，1988，第565页。
③ 陈梦家：《殷墟卜辞综述》，中华书局，1988，第567页。
④ 陈梦家：《殷墟卜辞综述》，中华书局，1988，第568页。
⑤ 陈梦家：《殷墟卜辞综述》，中华书局，1988，第569页。
⑥ 〔日〕岛邦男著，濮茅左、顾伟良译《殷墟卜辞研究》，上海古籍出版社，2006，第387~388页。
⑦ 中国社会科学院考古研究所编《殷周金文集成释文》第一卷，香港中文大学出版社，2001，第70页。
⑧ 中国社会科学院考古研究所编《殷周金文集成释文》第三卷，香港中文大学出版社，2001，第46页。

　　　　皇考严在上，异在下（虢叔旅钟）①

　　　　用喜偲皇考，皇考其严在上（士父钟）②

　　　　前文人其严在上（井人女钟）③

　　也有称为在帝左右的，如猎钟和《诗经·文王》。

　　"宾帝""先王在上"及"在帝左右"后发展成为周人的配天，如陈梦家所说："所谓宾帝，发展为周人的配天。后世传说，还保存了一些原始的意义：《山海经·大荒西经》'夏后开上三嫔于天，得《九辩》与《九歌》以下'；《天问》'启棘宾帝（原作商，从朱骏声、王闿运改），九辩九歌'；《孟子·万章上》'禹尚见帝……迭为宾主'。"④

　　（二）周代郊祀配天的对象

　　关于周代郊祀配天的对象有帝喾配天和后稷配天两种观点。此种分歧缘于郊、丘之争。郑玄认为圜丘大于天，禘大于郊，以帝喾配圜丘，以后稷配天。孔颖达支持此观点，并说：

　　　　后稷配天，见于《周颂》，故《思文》云："思文后稷，克配彼天。"周若以喾配圜丘，《诗·颂》不载者，后稷，周之近祖，王业所基，故配感生之帝，有勤功用，故《诗》人颂之；喾是周之远祖，为周无功，徒以远祖之尊，以配远尊天帝，故《诗》无歌颂。或可《诗》本亦有也，但后来遗落，故正考甫得商之遗《颂》十二篇，至孔子之时，唯五篇而已。以此言之，明《诗》有遗落也。⑤

　　王肃相信郊、丘为一，故认为郊天之祭只以后稷为配。对于郑玄所

---

① 中国社会科学院考古研究所编《殷周金文集成释文》第一卷，香港中文大学出版社，2001，第110页。

② 中国社会科学院考古研究所编《殷周金文集成释文》第一卷，香港中文大学出版社，2001，第211页。

③ 中国社会科学院考古研究所编《殷周金文集成释文》第一卷，香港中文大学出版社，2001，第226页。

④ 陈梦家：《殷墟卜辞综述》，中华书局，1988，第573页。

⑤ 郑玄注，陆德明音义，孔颖达疏《礼记注疏》卷二十五，《文渊阁四库全书》本。

说，他予以了反驳。其一，周代立后稷庙而无喾庙，说明周人更重视后稷。其二，如按郑玄所说圜丘是祭天大礼，则孔子应说昔者周公禘祀喾圜丘以配天，而不应说郊祀后稷以配天了。其三，《诗经》有后稷配天的乐歌——《思文》，却无帝喾配圜丘的乐歌，说明郊丘相同，皆配以后稷。

本书同意王肃观点，并补充几点理由。其一，郊丘相同，前已论述。既然郊丘相同，所配之对象就应相同，即只有后稷。其二，郑玄根据"周人禘喾而郊稷"（《礼记·祭法》）认为禘大于郊，以帝喾配，其说不妥。禘非祭天，而是宗庙之祭，对此王肃已有论及，本书将在下节补充论述，在此不再赘述。既然禘不是郊天大祭，又怎会以帝喾配天呢？其三，孔颖达《疏》："喾是周之远祖，为周无功，徒以远祖之尊，以配远尊天帝，故《诗》无歌颂。"[1]其说可谓荒谬。天帝怎会有远近之分呢？既然帝喾对周无功，那又有何资格配天呢？可见，郑玄之说自相矛盾。其四，郑玄认为《诗经》中没有歌颂帝喾的诗篇，或许是遗失了。但如果周代真的是以帝喾来配天的话，即使《诗经》中歌颂帝喾的诗篇佚失了，别的历史典籍中也应有所记载。然而，从目前所掌握的文献典籍和出土材料来看，并无有关帝喾配天的记载。相比之下，后稷配天的情况不仅《诗经》中有所记载，《左传·襄公七年》《孝经·圣治章》《逸周书·作洛解》以及西周铜器墙盘铭文中都有记载。因此，可以说周人在郊天时是只以后稷来配天的。

为何周代只有后稷才有资格配天呢？其配天的原因和标准又是什么呢？为更好地回答这一问题，现将周代及周代以前配天的对象加以比较如下：

表 2 周代及周代以前郊祀配天对象情况一览

朝代	郊祀配天的对象	主要评价
虞	喾（帝喾）	普施利物，不于其身。聪以知远，明以察微。顺天之义，知民之急。仁而威，惠而信，修身而天下服。取地之财而节用之，抚教万民而利诲之，历日月而迎送之，明鬼神而敬事之。其色郁郁，其德嶷嶷。其动也时，其服也士。（《史记·五帝本纪》） 帝喾能序三辰以固民。（《国语·鲁语上》）

---

① 郑玄注，陆德明音义，孔颖达疏《礼记注疏》卷二十五，《文渊阁四库全书》本。

朝代	郊祀配天的对象	主要评价
夏	鲧	鲧堙洪水，汩陈其五行。（《尚书·洪范》） 鲧窃帝之息壤以堙洪水。（《山海经·海内经》） 鲧障洪水而殛死。（《国语·鲁语上》）
商	冥（玄冥）	冥为司空，勤其官事，死于水中，殷人郊之。（《史记集解》宋忠言） 冥勤其官而水死。（《国语·鲁语上》）
周	稷（后稷）	后稷肇祀。庶无罪悔，以迄于今。（《诗经·生民》） 后稷教民稼穑，树艺五谷。五谷熟而民人育。（《孟子·滕文公上》） 稷勤百谷而山死。（《国语·鲁语上》）

从表 2 中可以看出，帝喾、鲧、玄冥和后稷都是为各自的氏族和后代做出伟大功绩的祖先，有的甚至为此牺牲了自己宝贵的生命，如鲧。为了纪念他们，或者为了表达对他们的敬意，后代子孙在郊天时以他们来配天，并加以祭祀。这是有虞氏、夏后氏、殷人和周人的几位祖先郊祀配天的共同原因和标准之一。如《礼记·祭法》所言：

> 夫圣王之制祭祀也，法施于民则祀之，以死勤事则祀之，以劳定国则祀之，能御大菑则祀之，能捍大患则祀之。是故厉山氏之有天下也，其子曰农，能殖百谷。夏之衰也，周弃继之，故祀以为稷。共工氏之霸九州也，其子曰后土，能平九州，故祀以为社。帝喾能序星辰以著众，尧能赏均刑法以义终，舜勤众事而野死，鲧鄣鸿水而殛死，禹能修鲧之功，黄帝正名百物以明民共财，颛顼能修之，契为司徒而民成，冥勤其官而水死，汤以宽治民而除其虐，文王以文治，武王以武功去民之菑，此皆有功烈于民者也；及夫日、月、星辰，民所瞻仰也；山林、川谷、丘陵，民所取财用也。非此族也，不在祀典。

除为子孙做出重大贡献这一共同的标准外，周代始祖配天还有着自己的独特标准，那就是"以德配天"。"以德配天"源于周人对"天命"的新的理解。殷周时期人们虔诚地信奉天命，但周人对"天命"的理解与殷人有着明显的不同。殷人通过求神占卜来征求上天的意见，依赖于天命。而周人从殷商灭亡的深刻教训中总结出人民对历史发展所起到的重要作用，同时也为了表明周人取代殷商王朝的合理性，周人提出了"天命靡常""维德是辅"的新的天命观。"维德是辅"是以统治者是否有德来决定王朝的兴衰与存亡，可以看出周人对德行的重视和敬重。所谓"以德配天"正与周人"敬德"的思想相一致。只有有大德的人才可与天相配。正如《庄子·外篇·天道》所说："帝王之德配天地。"《楚辞·大招》云："德誉配天，万民理只。"

后稷的大德最主要的是他在农业方面的贡献。《诗经·周颂·思文》："思文后稷，克配彼天。立我烝民，莫匪尔极。贻我来牟，帝命率育。无此疆尔界，陈常于时夏。"《孟子·滕文公上》："后稷教民稼穑，树艺五谷。五谷熟而民人育。"后稷教人民种植百谷，使得人民免除饥饿，并使周代农业繁荣。此外，后稷还始兴祭祀，保佑人民福禄安康。如《诗经·大雅·生民》云："后稷肇祀。庶无罪悔，以迄于今。"因后稷对周代做出的重大贡献，所以周人在郊天时要以后稷配天。

（三）周代郊祀配天礼的目的和意义

周代郊祀配天的目的和意义在于"报本反始""严父配天"以及具有保护周人的实际作用。

所谓"报本反始"，孔颖达《礼记·郊特牲》疏云："天为物本，祖为王本，祭天以祖配，此所以报谢其本。反始者，反其初始。以财言之，谓物为本，以终言之，谓初为始。谢其财，谓之报，归其初，谓之反。"[①]《孔子家语·郊问》亦载："定公问于孔子曰：'古之帝王必郊祀其祖以配天何也？'孔子对曰：'万物本于天，人本乎祖。郊之祭也，大报本反始也，故以配上帝。'"[②] 又《大戴礼记·朝事》："祀天于南郊，配以先祖，所以教民报德不忘本也。"报答上天的恩赐，报答先祖的恩德，表达后代对始祖开创之功的感激之情，是周人郊祀配天的目的之一。

周人郊祀上帝以后稷为配也体现了"严父配天"的孝道美德。所谓

---

① 郑玄注，陆德明音义，孔颖达疏《礼记注疏》卷二十六，《文渊阁四库全书》本。
② 王肃注《孔子家语》卷七，《文渊阁四库全书》本。

"严"，《孝经·圣治章》云："故亲生之膝下，以养父母曰严。"子女对父母的亲爱之心，产生于幼年时期；（等到长大成人）奉养父母，便日益懂得了对父母的尊敬。尊敬、孝敬父母称为"严"。又云："人之行，莫大于孝。孝莫大于严父。严父莫大于配天，则周公其人也。昔者周公郊祀后稷以配天，宗祀文王于明堂以配上帝。"这里所讲的是"严父配天"始于周公。周公在祭天时以始祖后稷配祀，这种以父祖先辈配祀上帝的方式体现了尊敬父亲的孝行的伟大。而圣人的德行中，孝行最为重要。在郊祀时以后稷配天，倡导圣人的孝行，以孝道去引导人民，能够顺利地推行道德教育，使政令顺畅地得到贯彻执行。这样做有利于管理社会、管理人民，使社会和谐稳定。

除"报本反始"和"严父配天"的意义外，周人在郊祀时以后稷配天的目的和意义更重要的是具有保护周人的实用价值。首先，郊祀配天来源于殷人的"宾帝"，殷人"宾帝"具有保护殷人的实际作用，周人的郊祀配天也保留具有保佑周人的实际作用。其次，殷人"宾帝"保护殷人的实际作用多与农业息息相关，周人的郊祀配天保佑周人也多与农业息息相关。周人郊祀时以后稷配天，而后稷在农事方面对周人有着巨大的贡献，他教会周人选种、稼穑，使得以农业为主的周民族得以昌盛。所以，周人郊祀时以后稷配天，实是保佑农业的丰收。西周金文墙盘中就有一段郊祀上帝以后稷配天并祈求丰年的记录正体现了这一点："上帝后稷尤保受天子绾（绾）令厚福丰年，方蛮（蛮）亡（无）不祝见。"①《商周青铜器铭文选》注："后稷，当读如后稷。"②祭祀上帝是为了赐厚福，而以后稷为配是为了佑丰年。最后，现存的古代典籍中也记载了郊祀上帝以后稷配天与农事的紧密关系。《左传·襄公七年》云："夫郊，祀后稷以祈农事也。是故启蛰而郊，郊而后耕。"又《诗经·思文》中也记载了后稷与农业的紧密关系："思文后稷，克配彼天。立我烝民，莫匪尔极。贻我来牟，帝命率育。无此疆尔界，陈常于时夏。""来牟"是麦子，是粮食，有了粮食，周代的众多百姓才得以生存，这都源于后稷在农业上的贡献和对后代的保

---

① 马承源主编《商周青铜器铭文选》卷三，文物出版社，1988，第155页。
② 马承源主编《商周青铜器铭文选》卷三，文物出版社，1988，第156页。

佑。此诗是郊祀后稷配天时的乐歌，是歌颂后稷的功德，并希望得到后稷保佑的乐歌，同时也是一首祈农诗。关于此诗的主旨，将在下节论述。

第二节 《周颂·思文》主旨辨正

　　思文后稷，克配彼天。立我烝民，莫匪尔极。贻我来牟，帝命率育。无此疆尔界，陈常于时夏。

一 《思文》主旨众说种种

　　关于《思文》一诗的功用，《毛诗序》云："后稷配天也"。[①]"三家诗"说法与《毛诗》大致相同，后世学者多赞同此说。但对于后稷配天的原因和目的，即《思文》一诗的主旨，学者们的观点不一，主要有以下六种观点。

　　（一）"德配"说。此说出自孔颖达《疏》："周公既已制礼，推后稷以配所感之帝，祭于南郊。既已祀之，因述后稷之德可以配天之意，而为此歌焉。……此篇主说后稷有德，可以配天，不说后稷飨其祭祀，故言'后稷配天'"。[②]曹学佺《诗经剖疑》、姜炳章《诗经补义》等同意此说。

　　（二）"郊稷禘其祖之所自出"说。见苏辙《诗集传》："《思文》，后稷配天。此所谓郊稷禘其祖之所自出，而以其祖配之者也。"[③]

　　（三）"冬至郊天"说。此说出自何楷《诗经世本古义》："郊礼有二，而皆配以后稷。……今《思文》之诗，据《序》及蔡邕《独断》皆以为祀后稷配天矣。然未知其为迎长日之郊与？抑为祈谷之郊与？曰：此迎长

---

　　① 毛亨撰，郑玄笺，陆德明音义，孔颖达疏，阮元校勘《附释音毛诗注疏》卷十九，清嘉庆南昌府学重刊宋《十三经注疏》本。

　　② 毛亨撰，郑玄笺，陆德明音义，孔颖达疏，阮元校勘《附释音毛诗注疏》卷十九，清嘉庆南昌府学重刊宋《十三经注疏》本。

　　③ 苏辙：《诗集传》卷十八，《文渊阁四库全书》本。

日之郊也。"① 傅恒《诗经折中》、张次仲《待轩诗记》等同意此观点。

（四）"祈谷郊"说。见姚际恒《诗经通论》："郊祀有二：一冬至之郊，一祈谷之郊。此祈谷之郊也。"② 牟应震《诗问》也持此说。

（五）"献祖"说。顾镇《虞东学诗》持此观点："《昊天有成命》已为南郊之乐，而又有《思文》者，郝仲舆曰：'献祖之乐，当与祀天异。'《思文》，所以献祖也。"③

（六）"耕籍而先祭后稷"说。庄有可《毛诗说》持此观点："此王将耕耤而先祭稷以配天也。若祈、雩、赛、蜡，自有《豳雅》《豳颂》诸诗。"④ 牟庭《诗切》言："《思文》，成王亲耕籍田歌也。"⑤ 并将《臣工》和《噫嘻》都并入《思文》一诗。

上述六类观点，自不都符合诗歌主旨，有待于一一辨析。

二　《思文》主旨众说辨析

首先看以苏辙为代表的"郊稷禘其祖之所自出"说。此说继承了郑玄的观点，《礼记·大传》郑玄注云："凡大祭曰禘。……大祭其先祖所由生，谓郊祀天也。"⑥ 郑玄将禘祭视为郊天，其《商颂·长发》注也说："大禘，郊祭天也。"⑦《礼记·丧服小记》注："禘谓祭天"。⑧ 又《礼记·祭法》注："此禘，谓祭昊天于圜丘也。"⑨ 而王肃认为禘祭非郊天大祭而是宗庙之祭，对郑玄的观点给予了驳斥。其一，禘非圜丘之祭。他说："郑玄以《祭法》禘黄帝及喾为配圜丘之祀，《祭法》说禘无圜丘之名，《周官》圜丘不名为禘，是禘非圜丘之祭也。"⑩ 其二，混淆了禘喾与郊稷。

---

① 何楷：《诗经世本古义》卷十，《文渊阁四库全书》本。
② 姚际恒：《诗经通论》卷十六，成都书局据道光十七年韩城王笃刻本重刊本，1927。
③ 顾镇：《虞东学诗》卷十一，《文渊阁四库全书》本。
④ 庄有可：《毛诗说》卷六，《续修四库全书》本。
⑤ 牟庭：《诗切·目录》，清嘉庆二十一年《雪泥屋遗书》抄本。
⑥ 郑玄注，陆德明音义，孔颖达疏《礼记注疏》卷三十四，《文渊阁四库全书》本。
⑦ 毛亨撰，郑玄笺，陆德明音义，孔颖达疏，阮元校勘《附释音毛诗注疏》卷二十，清嘉庆南昌府学重刊宋《十三经注疏》本。
⑧ 郑玄注，陆德明音义，孔颖达疏《礼记注疏》卷三十二，《文渊阁四库全书》本。
⑨ 郑玄注，陆德明音义，孔颖达疏《礼记注疏》卷四十六，《文渊阁四库全书》本。
⑩ 郑玄注，陆德明音义，孔颖达疏《礼记注疏》卷二十六，《文渊阁四库全书》本。

王肃认为郑玄"以《祭法》禘喾为圜丘，又《大传》'王者禘其祖之所自出'，而玄又施之于郊祭后稷，是乱礼之名实也。按《尔雅》云：'禘，大祭也。''绎，又祭也。'皆祭宗庙之名，则禘是五年大祭先祖，非圜丘及郊也。周立后稷庙，而喾无庙，故知周人尊喾不若后稷之庙重。而玄说圜丘祭天礼大者，仲尼当称昔者周公禘祀喾圜丘以配天。今无此言，知禘配圜丘非也"①。

本书认为关于禘祭是宗庙之祭而非祭天这一点，还可求证于周代金文：

唯八月……王格庙，祝。……口口用牲，禘周王、（武）王、成王。（小盂鼎，《集成》2839）②

唯五月，王在衣，辰在丁卯，王禘，用牡于大室，禘昭王。（剌鼎，《集成》2776）③

唯九月初吉癸丑，公酌祀。雩旬又一日，辛亥，公禘酌辛公祀。（繁卣，《集成》5430）④

佳五月，辰在丁亥。帝司。赏庚姬贝卅朋。（商尊，《集成》5997）⑤

唯六初吉，丁巳，王在郑，蔑大历，赐刍驊绹，曰："用禘于乃考。"（大簋，《集成》4165）⑥

唯五月既望戊午。王在莽京，禘于昭王。（鲜盘，《集成》10166）⑦

元年正月，初吉辛亥，蔡侯申虔恭大命，……肇佐天子。用作大孟

---

① 郑玄注，陆德明音义，孔颖达疏《礼记注疏》卷二十六，《文渊阁四库全书》本。
② 中国社会科学院考古研究所编《殷周金文集成释文》第二卷，香港中文大学出版社，2001，第417页。
③ 中国社会科学院考古研究所编《殷周金文集成释文》第二卷，香港中文大学出版社，2001，第355页。
④ 中国社会科学院考古研究所编《殷周金文集成释文》第二卷，香港中文大学出版社，2001，第172页。
⑤ 中国社会科学院考古研究所编《殷周金文集成释文》第四卷，香港中文大学出版社，2001，第266页。
⑥ 中国社会科学院考古研究所编《殷周金文集成释文》第三卷，香港中文大学出版社，2001，第307页。
⑦ 中国社会科学院考古研究所编《殷周金文集成释文》第六卷，香港中文大学出版社，2001，第123页。

姬媵彝缶，禋享是台，祗盟尝禘，祐受无已。（蔡侯尊，《集成》
6010）①

从以上器铭来看，禘祀的对象是时王或公的先祖，如周王、成王、邵
王、昭王等，并无祭祀天（上帝）的记载，禘祀多与宗庙祭祀有关。岛邦
男先生通过考察甲骨卜辞中的□祭（按，指禘祀），指出"□祭与禘祀在
祭祀意义及仪礼上是一致的，□祭与禘祀是同声祭名，卜辞的□祭就是周
代的禘祀。卜辞的'□'在周初写作'啻'，至后世写作'禘'，殷人把
尊严其父的祭祀称作'□'，这是起因于把父配祀于□即帝（关于□称帝
可参见□神），写作'□'是为了与外祭中对上帝祭祀的'柴'区别开
来"②。这也正如《礼记·丧服小记》所云："王者禘其祖之所自出，以其
祖配之。而立四庙。"可证禘祀是宗庙中的祭礼，并非"郊祭天"之礼。
此外，《礼记·祭法》载："有虞氏禘黄帝而郊喾，……夏后氏亦禘黄帝而
郊鲧，……殷人禘喾而郊冥，……周人禘喾而郊稷"。从此处记载来看，
"禘"的对象与"郊"的对象不同，祭祀的对象不同就说明祭礼的种类不
同。正如李樗、黄櫄《毛诗集解》所说："郊自为郊，禘自为禘，不可混
而为一也。《礼记》曰：'周人禘喾而郊稷，祖文王而宗武王'，则是郊也、
禘也、祖也、宗也，四者各有一祭，岂可为一哉？"③ 可见，郊天与禘祭不
同。郑玄和苏辙混淆了郊天与禘祭，因此，二者所持的观点不能令人
信服。

其次，看何楷的"冬至郊天"说。何楷根据"贻我来牟"一句认为此
诗是冬至郊天，并说："郝敬云：冬至郊祀惟二麦生。"④ 张次仲《待轩诗
记》也说："就郊时所见者而言也。"⑤ 但据《淮南子·地形训》所载：
"禾春生秋死，菽夏生冬死，麦秋生夏死，荠冬生中夏死"。可知，在冬天

---

① 中国社会科学院考古研究所编《殷周金文集成释文》第四卷，香港中文大学出版社，
2001，第 272 页。
② 〔日〕岛邦男著，濮茅左、顾伟良译《殷墟卜辞研究》，上海古籍出版社，2006，第 342 页。
③ 李樗、黄櫄：《毛诗集解》卷三十七，《文渊阁四库全书》本。
④ 何楷：《诗经世本古义》卷十，《文渊阁四库全书》本。
⑤ 张次仲：《待轩诗记》卷八，《文渊阁四库全书》本。

生长的不仅有麦还有荓，所以"冬至郊祀惟二麦生"并不是实际情况。另外，除《思文》外，《臣工》中也提到过"来牟"一词，但《臣工》一诗与冬至郊天并无必然联系。因此，不能只凭"来牟"一词就断定此诗与冬至郊天必然有关。既然"来牟"一词与"冬至郊天"无必然联系，那么，"冬至郊天"说就失去了立论的依据。因此，"冬至郊天"说也不能令人信服。

再次，看顾镇所持的"献祖"说。顾镇以《诗经》已有郊天之乐，即《昊天有成命》一诗，不宜再有另外一首郊天之乐为依据，认为《思文》是献祖之乐，颂扬始祖后稷之恩德。此说既有合理的成分，也有不合理的地方。合理之处在于，诗歌内容本身确实是赞颂始祖后稷的，赞颂后稷有文德，教给周人稼穑的本领，使得周民族繁荣兴盛。不合理之处在于，其一，虽然此诗有颂扬祖先功德的成分，但此诗并不单纯用于祭祖。《毛诗序》云："后稷配天也"，三家诗无异议。《思文》其诗曰："思文后稷，克配彼天。"说明此诗应用于郊天之祭，是郊天时颂扬祖先功德。其二，虽然《昊天有成命》已是郊天之乐，也不能说《诗经》中除此之外不能有第二首郊天之乐。《诗经》中诗歌主旨相近的情况比较多，比如，《周南·关雎》和《周南·汉广》都是描写男子对女子的单相思的诗；《召南·摽有梅》和《郑风·褰裳》都是描写女子大胆追求男子的迫切心情的诗；等等。况且，《昊天有成命》是郊祀上帝的乐歌，而《思文》是郊祀后稷配天的乐歌。虽然都是用于郊天之祭，但一个侧重于颂扬上帝，一个侧重于颂扬后稷，二诗并不完全相同。因此，顾镇的"献祖"说还缺乏有力的证据。

复次，看庄有可的"耕籍而先祭后稷"说。庄有可认为此诗是"王将耕耤而先祭稷以配天也"，将祈谷以后稷为配与耕耤视为相同。虽然有些学者也同意此说，如张岐《月令解》卷一云："祈谷、躬耕本一事。其行礼则同一日，既曰元日，又曰元辰。元日即朔日。元辰，于是日取其时也。十二支谓之辰。"[①] 但祈谷与籍田并非一回事。

其一，举行典礼的时间不同，祈谷在元日而耕籍在元辰，元日和元辰

---

① 张岐：《月令解》卷一，《文渊阁四库全书》本。

不同。何为元日，前人主要有三种解释。郑玄《礼记注》释为上辛日，孔颖达《疏》补充曰："甲乙丙丁等谓之日，郊之用辛，上云'元日'"。①孔颖达《尚书疏》释为朔日，云："月之始日谓之朔日，每月皆有朔日，此是正月之朔，故云'上日'，言一岁日之上也。下云'元日'亦然。"②宋人方悫将元日解为善日，"必以元日者，求其信善之殖，以断凶荒之害而已"。③ 以上三种观点，上辛日和朔日两种理解都有道理，因上辛日和朔日都可称为"元日"，正如秦蕙田《五礼通考》所云："元者，始也。元日者，日之始。……甲者，十日之始，而每月朔日亦为一月之日之始，……朔日与甲日俱可称元日也。"④ 但"善日"说则缺乏合理性，因为时间、日期无所谓善恶。何为元辰？有日和时两种解释。孔颖达认为元辰是祈谷郊后的亥日，其《礼记疏》云："子丑寅卯之等谓之为辰，耕用亥日，故云'元辰'。……以阴阳式法，正月亥为天仓，以其耕事，故用天仓也。卢植、蔡邕并云：'郊天是阳，故用日，耕籍是阴，故用辰。'"⑤张虙《月令解》认为元辰是一日十二辰中的一个时辰。本书认为辰不应是时辰之义，因为，元为始之义，如若取时辰之义，则元辰当为子时，子时正值半夜时分，天子是不可能在半夜时分举行耕籍之礼的。所以辰应取日的含义。正如秦蕙田所说："元辰者，辰之始。《春官》：'冯相氏掌十有二月，十有二辰，十日'，故子者十二辰之始，……非子不可称元辰。……耕耤用子日，故谓之元辰。"⑥ 由此看来，元日可以是朔日或甲日，而元辰只能为子日。由于元日与元辰不同，则祈谷与耕籍不同。

其二，典礼时祭祀的对象不同。祈谷时，天子祭祀上帝（天）并以后稷为配。如《礼记·月令》："孟春之月……天子乃以元日，祈谷于上帝。"耕籍时，天子祭社。《国语·周语上》记载了虢文公对于宣王不籍千亩的谏言，其中"毕，宰夫陈飨，膳宰监之。膳夫赞王，王歆大牢，班尝之，

---

① 郑玄注，陆德明音义，孔颖达疏《礼记注疏》卷十四，《文渊阁四库全书》本。
② 孔安国传，陆德明音义，孔颖达疏《尚书注疏》卷二，《文渊阁四库全书》本。
③ 转引自卫湜《礼记集说》卷三十九，《文渊阁四库全书》本。
④ 秦蕙田：《五礼通考》卷一百二十四，《文渊阁四库全书》本。
⑤ 郑玄注，陆德明音义，孔颖达疏《礼记注疏》卷十四，《文渊阁四库全书》本。
⑥ 秦蕙田：《五礼通考》卷一百二十四，《文渊阁四库全书》本。

庶人终食"句描写了早春时节，天子带领群臣百官、庶民到籍田上举行籍田典礼，仪式结束后，宰夫摆出宴席，膳夫进行监督并引导天子到宴席上享用备有牛、羊、猪三牲的祭品，百官依次品尝，百姓最后进食的情景。"大牢"，是天子祭祀社稷神时的祭品。《礼记·王制》云："天子社稷皆大牢。诸侯社稷皆少牢。"又《礼记·郊特牲》："郊特牲而社稷大牢。"也即《周颂·载芟》之《序》"春籍田而祈社稷"之意。可见，二者祭祀的对象不同。

其三，礼的级别不同。祈谷是天子之礼，而籍田是天子和诸侯都可行之礼。《孔子家语·郊问》云："郊之祭也，迎长日之至也，大报天而主日，配以月，故周之始郊，其月以日至，其日用上辛。至于启蛰之月，则又祈谷于上帝。此二者天子之礼也。"《礼记·明堂位》也载："祀帝于郊，配以后稷，天子之礼也。"如《礼记·王制》云："天子祭天地，诸侯祭社稷。"可见，祈谷郊祭祀上帝（天），只有天子才有资格。虽然，鲁君也行祈谷之礼，但并不能否认祈谷礼的级别。因为鲁国可以实行天子的礼乐，可行郊天之礼，是源于周公的功劳而被成王特赐祈谷郊天之礼，其他诸侯国的国君是不可以实行祈谷礼的。当然，春秋战国时期的僭越情况就另当别论了。而关于籍田礼，则天子和诸侯都可以施行。如《礼记·祭义》载："是故昔者天子为藉千亩，冕而朱纮，躬秉耒；诸侯为藉百亩，冕而青纮，躬秉耒，以事天地、山川、社稷、先古，以为醴酪齐盛，于是乎取之，敬之至也。"又如《礼记·月令》中记载了天子于孟春之月，元辰之日，带领三公九卿诸侯大夫，躬耕帝籍的情形。由此可见，祈谷礼与籍田礼并非同一种礼，庄有可此说有欠完备。

最后，孔颖达的"德配"说和姚际恒的"祈谷郊"说虽不够全面，但能互相补充，较为合理，留待下面论述。

三 《思文》主旨辨正

根据诗歌文本中具体字词含义及诗歌文本的内在逻辑关系，再综合孔颖达和姚际恒的观点，本书认为《思文》的主旨是春季祈谷郊天时祀后稷，颂其功德并祈求农业丰收的诗。

首先，根据四家诗所言"后稷配天"和诗中"克配彼天"一句，可知此诗是郊祀时以后稷配天的乐歌，对此后世学者并无异议。但郊天有春季之郊和冬季之郊两种情况，那么，此诗应该用于何时呢？本书认为此诗应是孟春之月，天子元日祈谷时的乐歌。《礼记·明堂位》载："鲁君孟春……祀帝于郊，配以后稷，天子之礼也。"即可证明这一点。

其次，"思文后稷，克配彼天。立我烝民，莫匪尔极。贻我来牟，帝命率育"赞颂了后稷的功德。

"思文后稷，克配彼天。"郑玄《笺》将此句释为"周公思先祖有文德者，后稷之功能配天。"① 所谓"文德"，范处义《诗补传》解为："古人以文为德之盛，如《书》称尧曰：'钦明文思。'称舜曰：'濬哲文明'。后稷之文得尧舜之一端，亦以助尧舜立民于中故也。"② 所言极是。"文德"一词在先秦典籍中多次出现，并受到极大的推崇。如：

> 夫如是，故远人不服，则修文德以来之；既来之，则安之。（《论语·季氏》）
>
> 《象》曰："君子以懿文德"。（《周易·小畜》卦解）
>
> 郑人皆喜，唯子产不顺，曰："小国无文德而有武功，祸莫大焉。"（《左传·襄公八年》）

孔颖达也说"后稷之德可以配天"。从古代典籍中的记载来看，后稷的盛德在于"教民稼穑为之本"，③ 其功绩在于对农业的贡献。如此看重后稷的文德，赞颂后稷的伟大功德，正与周人"敬德"的思想相一致。所谓"后稷之德可以配天"，只有大德的人才可与天相配。

"立我烝民，莫匪尔极"一句则体现了周人的"保民"思想。"立"，李樗、黄櫄《毛诗集解》云："毛氏但以为如字，郑氏则以立为粒。《益稷》之篇曰：'暨稷播，奏庶艰食鲜食。烝民乃粒，万邦作乂。'以《书》

---

① 毛亨撰，郑玄笺，陆德明音义，孔颖达疏，阮元校勘《附释音毛诗注疏》卷十九，清嘉庆南昌府学重刊宋《十三经注疏》本。

② 范处义：《诗补传》卷二十六，清同治十二年粤东书局刊《通志堂经解》本。

③ 范处义：《诗补传》卷二十六，清同治十二年粤东书局刊《通志堂经解》本。

所谓'烝民乃粒'正《诗》所谓'立我烝民'也，二说皆通。"① 所说很有道理。"极"，毛《传》释为"中也"②，杨简《慈湖诗传》解为"道"之义，张次仲《待轩诗记》释为"法也"③，庄有可《毛诗说》解为"表也"，④ 皆不如朱熹将"极"释为"至也，德之至也"⑤ 之义合理。此句是承接上句而来，意为种粮食养活了众民，没有什么不是承蒙您的至德。

"贻我来牟，帝命率育"具体描述了后稷的功德，即贻留给我们小麦和大麦，遵奉上帝的命令和意愿普遍地种植。

"来牟"一词在先秦典籍中出现过两次，除本诗外，《臣工》一诗中也有出现。关于"来牟"一词的含义，历来众说纷纭，主要有四种解释。

1. 以"牟"为麦。毛《传》云："牟，麦"。⑥ 但"来"字无解。郑玄《笺》根据《尚书·泰誓》"以谷俱来"解"来"为来去之来。

2. 以"来牟"为麦。《说文》云："来，周所受瑞麦，来麰。一来二缝，象芒束之形。天所来也，故为行来之来。"⑦ 为何以"来牟"为麦？焦循《毛诗补疏》认为："'来牟'者，'麦'之缓声也。《说文》：'麦，芒谷。秋种厚薶，故谓之麦。'麦取义于薶，而声即出于薶。《汉书》刘向《封事》引《诗》云：'贻我釐牟'，釐牟，麦也。釐，读同薶，与来声转。'麦'为'牟来'之合声，犹'终葵'之为'锥'也。'牟来'，倒为'来牟'，犹'螽斯'、'斯螽'，方音相转，往往倒称耳。"⑧ "来牟"为小麦还是大麦，《说文》并未说明。陈启源《毛诗稽古编》认为"来牟"是"大麦也，是一谷之名"⑨

① 李樗、黄櫄：《毛诗集解》卷三十七，《文渊阁四库全书》本。
② 毛亨撰，郑玄笺，陆德明音义，孔颖达疏，阮元校勘《附释音毛诗注疏》卷十九，清嘉庆南昌府学重刊宋《十三经注疏》本。
③ 张次仲：《待轩诗记》卷八，《文渊阁四库全书》本。
④ 庄有可：《毛诗说》卷六，《续修四库全书》本。
⑤ 朱熹：《诗集传》卷十九，民国二十四年至二十五年上海商务印书馆《四部丛刊三编》影宋本。
⑥ 毛亨撰，郑玄笺，陆德明音义，孔颖达疏，阮元校勘《附释音毛诗注疏》卷十九，清嘉庆南昌府学重刊宋《十三经注疏》本。
⑦ 许慎：《说文解字》卷五下，毛氏汲古阁本。
⑧ 焦循：《毛诗补疏》卷五，清道光九年广东学海堂刊《皇清经解》本。
⑨ 陈启源：《毛诗稽古编》卷二十三，清道光九年广东学海堂刊《皇清经解》本。

3. 以"来"为小麦，"牟"为大麦。《广雅》持此观点。

4. 以"牟"为百谷中的一种，具体不详。欧阳修认为："牟者，百谷中一谷尔。自汉以前已有此名，故《孟子》亦言麰麦，然言麰又言麦，则明非一物，盖麦类也。而后之学者，以麦不当有二名，因以牟为大麦，然谓麰为麦之类，或为大麦，理尚可通，若谓来麰为麦，则非尔。"①

本书赞同《广雅》的观点，即"来"为小麦，"牟"为大麦。理由如下。

其一，"来"，甲骨文写作𝑥，本义为麦。虽后被假借为来去之"来"，但此处使用的应是来的本义。从语法上来看，"贻我来牟"一句中，"贻"为动词，"来牟"是"贻"的对象，是"贻"的宾语，则"来牟"应为实意名词。来在先秦文献中有两种含义：一为动词，来去之"来"，是假借义；二为名词，指小麦，是本义。既然此处为名词，"来"应为本义小麦。

其二，"牟"既为实意名词，就不能为发语词或助词。在先秦典籍中，"牟"可作为名词，包括人名、地名、国名、眼眸、食器之意。可作为动词，即牟取之意。也可作为形容词，即大、多之意。如：

> 十一月，左公子洩、右公子职立公子黔牟。（《左传·桓公十六年》）
>
> 夏，赵鞅伐卫，范氏之故也，遂围中牟。（《左传·哀公五年》）
>
> 齐侯伐莱。秋，取根牟。（《春秋·宣公九年》）（按，根牟，东夷国也。）
>
> 禹跳，汤偏，尧、舜参牟子。（《荀子·非相》）
>
> 敦、牟、卮、匜，非馂莫敢用。（《礼记·内则》）
>
> 上干主心，下牟百姓，公举而私取利。（《战国策·楚四》）
>
> 成枭多牟，呼五白些。（《楚辞·招魂》）

遍查先秦典籍，除《诗经》外，"牟"没有麦的含义，也没有谷物之意。而"贻我来牟"句中，"来牟"定与谷物有关，如此看来，"牟"字

---

① 欧阳修：《诗本义》卷十二，民国二十四年至二十五年上海商务印书馆《四部丛刊三编》影宋本。

在这里很可能是同音假借。"牟",《鲁诗》和《齐诗》皆作"䅭",与"牟"读音相同。《韩诗》作"䴬",读音相近。"牟"为䅭、䴬的同音假借字。䅭,赵岐注《孟子》曰:"䅭麦,大麦也。"①《孟子·告子上》云:"今夫䅭麦,播种而耰之,……至于日至之时,皆孰矣。"大麦成熟于夏至之时,这与《吕氏春秋·任地》篇所载"孟夏之昔,杀三叶而获大麦"相同。昔,高诱注:"终也。"② 即孟夏之末,夏至之前。可知,"牟"是䅭的同音假借字,䅭是大麦,则牟也指大麦。

作为小麦和大麦的"来牟"在《思文》和《臣工》这两首农事祭祀诗中共出现两次,可看出它在周代人们生活中的重要性。其一,"来牟",即小麦和大麦,据《中国农业考古图录》载,在新石器时代就已经被种植,到周代成为一种主要的农作物。据齐思和《毛诗谷名考》统计,《诗经》中有9次提到麦,其次数仅次于黍稷。根据陈文华《中国农业通史》所载,商代甲骨文中黍字出现300多次,稷字出现40多次。可知,"夏商时期黍稷比重最大",而"西周时期粟麦有较大发展,至春秋时期则以禾(粟)麦为主"。③《战国策·东周策》也载:"今其民皆种麦,无他种。"因麦为周代的主要农作物,所以周人在农事祭祀时才会不止一次地提到它,目的是希望有个好收成。

其二,因麦为周代的主要农作物,因此周代统治者倍加重视。正如西汉董仲舒所说的:"《春秋》它谷不书,至于麦禾不成则书之,以此见圣人于五谷最重宿麦。"④ 所以周代统治者在进行农事祭祀的时候更注重祈求麦子有个好的收成。

其三,来牟在周代人们生活中的重要性还在于它在新谷未熟之前成熟,解决民生的燃眉之急。正如顾镇所说:"麦熟谷之始,段武昌言当正阙之时,故养民者以此为善。盖旧谷既没,新谷未升,绝续之交,民命所系。今西北方人俱以麦为大熟,故特标以为民食之本。《臣工》篇亦言来

① 赵岐注,孙奭音义并疏《孟子注疏》卷十一下,《文渊阁四库全书》本。
② 高诱注《吕氏春秋》卷二十六,《文渊阁四库全书》本。
③ 陈文华:《中国农业通史》,中国农业出版社,2007,第32页。
④ 陈大章:《诗传名物集览》卷九,《文渊阁四库全书》本。

牟，同此意也。"①

此外，"来牟"一词在这里也代表了其他的农作物。如朱谋㙔《诗故》所说："此独举'来牟'者，《月令》麦为首种，氾胜之农书亦称'田有六道，麦为首种'，举首种者，以该其余也。"② 可见"来牟"所具有的重要性和代表性。

最后，"无此疆尔界，陈常于时夏"句表达了希望农业丰收的愿望。关于此句诗，郑玄《笺》释为："用是故，陈其久常之功，于是夏而歌之。夏之属有九。"③ 朱熹《诗集传》云："是以无有远近彼此之殊，而得以陈其君臣父子之常道于中国也。"④ 陈奂《诗毛氏传疏》曰："常，典也，于时，于是也，夏，大也。陈常于时夏，言周家陈典大法肇始后稷也。"⑤ 三者所解各有不同，其分歧在于对"陈"、"常"和"时夏"的理解不同。

"陈"，绝大多数古代和现当代学者将其释为布、施行、铺陈之义，但现代学者于省吾将"陈"解为"田"，其《泽螺居诗经新证》云："陈者田之借字，《史记·田敬仲完世家》的陈完即田完，《战国策·齐策》的田单，贾谊《新书·胎教》作陈单，《说文》谓'田，陈也'，是陈可读田的例证。田字在此作动词用，治田曰田，典籍中也以畋或佃为之。……旧训为陈布典常于是夏，则与来牟和率育之义不相衔接。"⑥ 于省吾所说很有道理，本书从其说。

对于"常"字的理解，历来主要有五种解释：或解为久常之义，如郑玄；或认为是常产、常道，如李樗、黄櫄《毛诗集解》；或释为"极"之义，如林岊《毛诗讲义》；或解"常"为"常礼"，如何楷《诗经世本古义》；或认为是典、制度，如陈奂《诗毛氏传疏》。本书同意郑玄的解释，

①　顾镇：《虞东学诗》卷十一，《文渊阁四库全书》本。
②　朱谋㙔：《诗故》卷十，民国四年南昌豫章丛书编刻局刊《豫章丛书》本。
③　毛亨撰，郑玄笺，陆德明音义，孔颖达疏，阮元校勘《附释音毛诗注疏》卷十九，清嘉庆南昌府学重刊宋《十三经注疏》本。
④　朱熹：《诗集传》卷十九，民国二十四年至二十五年上海商务印书馆《四部丛刊三编》影宋本。
⑤　陈奂：《诗毛氏传疏》卷二十七，清道光年间武林爱日轩刊本。
⑥　于省吾：《泽螺居诗经新证》，中华书局，2003，第113页。

即"常"为久常之义。《金文诂林》载:"铭文作尚,恒也。"① 可见"常"在金文中有长久之义。"陈常"意为长久地耕治,表达了一种希望农业长盛不衰的强烈愿望。

"时夏",郑《笺》:"于是夏而歌之,夏之属有九。"将其解释为乐曲。李樗、黄櫄《毛诗集解》云:"言时夏者,但言中国而已,必不是乐歌也。"② 李樗、黄櫄将"时夏"释为"中国",其说为胜。"陈常于时夏"与"我求懿德,肆于时夏,允王保之"(《周颂·时迈》)句中皆有"时夏",都指中国(中原各国)而言,与乐曲无关,对此,胡承珙《毛诗后笺·时迈》有详细的论述,此处不再赘言。

"无此疆尔界,陈常于时夏"意为没有此疆彼界的分别,要长久地耕治于中国的区域。此句与"立我烝民,莫匪尔极"句相呼应,歌颂后稷的恩泽惠及众生的伟大,其中也蕴含了企盼农业丰收,希望农业长久不衰的强烈愿望。

综上所述,本书认为《思文》是春季祈谷郊天时所唱的歌,既赞颂了后稷的伟大功德又祈求了农业的丰收,可以说是一首祈农诗。

---

① 周法高主编《金文诂林》,香港中文大学出版社,1974,第4893页。
② 李樗、黄櫄:《毛诗集解》卷三十七,《文渊阁四库全书》本。

第二章　周代籍田礼与《诗经》籍田有关的诗

《国语·周语》云："民之大事在农"。作为一个以农业为生的民族，周人是非常重视农业生产的。上到统治阶级，下到庶民百姓，无不如此。为表明农业生产在统治集团心目中的重要地位，也为鼓舞周人的劳动热情和夺取丰收的信心，每年在农事活动的关键时期，如早春，天子都要象征性地躬耕籍田。《诗经》中的一些诗就记录了当时天子亲耕籍田的情形，具有重要的文化价值。本章中重点考察了周代籍田礼的时间、所祭神灵、具体仪节和过程等问题，并据此考证《周颂》中五首农事诗的主旨。

第一节　周代籍田礼考论

一　"籍"与籍田

"籍田"的"籍"，古时又写作"藉"和"耤"。古人对此有三种不同解释。

1. "籍"是"借"之意。郑玄持此观点，其《载芟》注云："籍之言借也，借民力治之，故谓之籍田。"① 又《说文解字》云："耤，帝耤千亩也。古者使民如借，故谓之耤。"②

2. "籍"是"耕"之意。颜师古注《汉书·文帝纪》"开籍田"句

---

① 毛亨撰，郑玄笺，陆德明音义，孔颖达疏，阮元校勘《附释音毛诗注疏》卷十九，清嘉庆南昌府学重刊宋《十三经注疏》本。

② 许慎：《说文解字》卷五下，毛氏汲古阁本。

时，引臣瓒语云："本以躬亲为义，不得以假借为称也。籍谓蹈籍也。"①
又《后汉书·礼仪志》"正月始耕"句，卢植注曰："藉，耕也。"②

3. "籍"是"典籍"之意。《汉书·文帝纪》"开籍田"，应劭曰：
"古者天子耕籍田千亩，为天下先。籍者，帝王典籍之常也。"③

以上三种解释，前两种解释较为合理，第三种解释较为牵强。"籍"，
《说文》云："簿书也。从竹耤声。"④"藉"，《说文》云："祭藉也。一曰
艸不编，狼藉。从艸耤声。"⑤二字的含义皆与耕种无关，是假借字，"耤"
为最初用字，见于甲骨文和金文。如：

> 贞令我耤受有年。（《合集》9507 正）⑥
>
> 庚子卜，贞王其萑耤，甶往。十二月。（《合集》9500）⑦
>
> 王大耤农于諆田，錫，王射，有斶眔师氏小子卿射，王归自諆田。
> （令鼎，《集成》2803）⑧

"耤"，甲骨文为""，像一个人手执着耒耕作的样子。"耤田"就指
天子带领臣子和庶民在天子的土地上躬亲耕作。同时也指天子的田地，如
《说文》所说："耤，帝耤千亩也。"但是，天子的躬亲耕作只是象征性的，
完成耤田上的全部农业劳动还要靠广大的庶民，要借助他们的力量，于是
"耤"就有了"借民力治之"的含义。

天子"籍田"的方位，一说在南郊，见《礼记·祭统》："是故天子
亲耕于南郊，以共齐盛。王后蚕于北郊，以共纯服。诸侯耕于东郊，亦以
共齐盛。夫人蚕于北郊，以共冕服。"一说在东郊，见《白虎通·耕桑

① 班固撰，颜师古注《汉书》卷四，《文渊阁四库全书》本。
② 范晔撰，李贤等注《后汉书》卷十四，《文渊阁四库全书》本。
③ 班固撰，颜师古注《汉书》卷四，《文渊阁四库全书》本。
④ 许慎：《说文解字》卷五上，毛氏汲古阁本。
⑤ 许慎：《说文解字》卷一下，毛氏汲古阁本。
⑥ 胡厚宣主编《甲骨文合集释文》，中国社会科学出版社，1999。
⑦ 胡厚宣主编《甲骨文合集释文》，中国社会科学出版社，1999。
⑧ 中国社会科学院考古研究所编《殷周金文集成释文》第二卷，香港中文大学出版社，
2001，第 370 页。

篇》："耕于东郊何？东方少阳，农事始起。……故《曾子问》曰：'天子耕东田而三反之。'"又《公羊传·桓公十四年》何休注"秋，八月，壬申，御廪灾"时说："天子亲耕，东田千亩，诸侯百亩。后夫人亲西郊采桑，以共粢盛祭服，躬行孝道以先天下。"①

以上两种观点，"南郊说"比较合理。对此，一些学者给出了理由，如孔颖达《礼记疏》引郑玄说："天子太阳，故南也；诸侯少阳，故东也。"② 又陈祥道《礼书》卷二十九云："天子为藉千亩于南郊，正阳之位也。冕而朱纮，则朱者，正阳之色也。诸侯为藉百亩于东郊，少阳之位也。冕而青纮，则青者，少阳之色也。"③可知，籍田应在南郊。

据《礼记·祭义》云："是故昔者天子为藉千亩，冕而朱纮，躬秉耒。"可知，天子的"籍田"有千亩之大。又据《国语·周语》记载可知，"籍田"内有坛和廪。《国语·周语》说："司空除坛于藉。"苏辙《诗集传》云："王社在耤田中，耤田所祈也。"④ 似认为此坛为社坛。但秦蕙田却不同意此种观点，其《五礼通考》云："夫坛而曰除，似临时之事，而不同于社坛矣。且耕耤在南郊，社在宗庙右。"⑤ 陈祥道《礼书》称"坛"为"耕坛"，并指出此坛与农坛有关，他说："然则古者躬耕，田有耕坛，司空除坛，不特除农坛而已。"⑥ 本书认为，此坛是社坛的可能性大，原因在于《国语·周语》中所提到的"太牢"。（见下文论述）

在"籍田"的东南方向建有一个廪，《国语·周语》曰："廪于籍东南，钟而藏之，而时布之于农。"此廪即谷仓，又称神仓、御廪。廪主要有两个功能。一是储藏籍田的收获，用于祭祀。如《说文》释廪字："靣或从广，从禾。"靣，《说文》："谷所振入。宗庙粢盛，仓黄靣而取之，故谓之靣。"⑦ 二是储存粮食的种子，用于分发给农民。"时布之于农"即可证明这一点。

---

① 何休注，陆德明音义，徐彦疏《春秋公羊传注疏》卷五，《文渊阁四库全书》本。
② 郑玄注，陆德明音义，孔颖达疏《礼记注疏》卷四十九，《文渊阁四库全书》本。
③ 陈祥道：《礼书》卷二十九，《文渊阁四库全书》本。
④ 苏辙：《诗集传》卷十八，《文渊阁四库全书》本。
⑤ 秦蕙田：《五礼通考》卷一百二十四，《文渊阁四库全书》本。
⑥ 陈祥道：《礼书》卷二十九，《文渊阁四库全书》本。
⑦ 许慎：《说文解字》卷五下，毛氏汲古阁本。

天子每年都会带领臣子和庶民在天子的籍田里躬亲耕作，并有一套相应的礼仪，于是后人就将举行籍田时的礼仪称为"籍田礼"。籍田礼有狭义和广义之分。因"耤"的本义是耕作，所以狭义的"籍田礼"指早春耕作之礼，《国语·周语》和《礼记·月令》都记载了籍田早春耕作礼的情形。广义的籍田礼是指与"籍田"有关的和在籍田上进行的一切有关籍田早春耕作、夏季除草、秋季收获等的礼仪。如《国语·周语》"耨获亦如之"又"王治农于籍，蒐于农隙，耨获亦于籍"。有关夏季除草、秋季收获的礼仪，典籍无载，但根据"耨获亦如之"句推知，除草典礼和收获典礼应与早春始耕典礼的礼仪相似，可参照早春始耕典礼来推测。

二　周代籍田礼的时间和所祭祀神灵

（一）周代籍田礼的具体时间

籍田礼在什么时候举行呢？先秦典籍中只记载了早春始耕典礼的时间，学者们大都认为早春始耕典礼是在孟春之月举行，如《月令》载"孟春之月……乃择元辰，天子……躬耕帝籍"。对此，并无人提出异议。那么具体是在哪一日呢？一说是在立春至二月初吉这段时间的某一日，如《国语·周语》：

> 古者，太史顺时覛土，阳瘅愤盈，土气震发，农祥晨正，日月底于天庙，土乃脉发。先时九日，太史告稷曰："自今至于初吉，阳气俱蒸，土膏其动。弗震弗渝，脉其满眚，谷乃不殖。"……是日也，瞽帅音官以风土。廪于籍东南，钟而藏之，而时布之于农。

"农祥晨正，日月底于天庙"韦昭注曰："农祥，房星也。晨正，谓立春之日晨中于午也。农事之候，故曰农祥。……底，至也。天庙，营室也。孟春之月，日月皆在营室。"[①] 据此可知，立春之日土地开始松软，适于耕作。"先"，韦昭注："先立春日也"。"先时九日"就是立春前九天。

---

① 韦昭注《国语》卷一，《文渊阁四库全书》本。

"初吉"，韦昭注："二月朔日也。"也即二月的第一天。"自今至于初吉，阳气俱蒸，土膏其动。弗震弗渝，脉其满眚，谷乃不殖。"此句意为从立春前九天至二月初吉这段时间，阳气升腾，土地润泽，是播种的最佳时期。早春始耕应在这一段时间内。"是日也，瞽帅音官以风土。廪于籍东南，钟而藏之，而时布之于农。"此句写的是天子举行籍田礼的情况。"是日"是哪一日，并无确切说明。似乎是立春日，但又不确定。不过据《国语·周语》的记载，举行籍田礼一定是在立春至二月初吉这个时间段内。诚如《五礼通考》所云："《周语》：立春之日，农祥晨正，至二月初吉，王裸郁而行耤礼。"[①]

　　另一说为元辰之日。《礼记·月令》载："孟春之月……乃择元辰，天子亲载耒耜，措之于参保介之御间，帅三公、九卿、诸侯、大夫躬耕帝籍。"何为元辰？又有两种说法。一种观点认为辰是日，且是亥日。孔颖达认为元辰是祈谷郊后的亥日，其《礼记疏》云："子丑寅卯之等谓之辰，耕用亥日，故云'元辰'。……以阴阳式法，正月亥为天仓，以其耕事，故用天仓也。卢植、蔡邕并云：'郊天是阳，故用日，耕藉是阴，故用辰。'"一种观点认为辰是时辰之义。张虑《月令解》持此观点，"元日即朔日。元辰，于是日取其时也。十二支谓之辰。元日曰以，则以朔日行之无俟乎。择元辰曰择，则于元日之中取其辰之良者用之，故谓之择也。"[②] 可见，张虑认为元辰是一日十二辰中的一个时辰。关于元辰的问题，上一章已有所论及，认为元辰应指十二辰中的子日，在此不再赘述。

　　立春至二月初吉与元辰，这两个时间看似不同，实则并不矛盾，是可以统一起来的。立春至二月初吉的这个时间段是在孟春之月。元辰之日也在孟春之月。在立春至二月初吉这段时间内，挑选元辰之日来举行籍田礼，于《国语》和《月令》所载皆不矛盾，而且也能解释《月令》"择元辰"句中"择"的含义。因此，我们可以说，举行早春始耕典籍的时间是在立春至二月初吉这段时间的元辰之日。

---

　　①　秦蕙田：《五礼通考》卷一百二十四，《文渊阁四库全书》本。

　　②　张虑：《月令解》卷一，《文渊阁四库全书》本。

（二）周代籍田礼所祭为何神

关于"籍田礼"所祭祀的神灵，主要有四种说法。

1. 认为"籍田礼"所祭是社稷。此说出自《毛诗序》："《载芟》，春籍田而祈社稷也。"对后世产生影响很大。后世学者据此又引申出两种观点。一是祈民社。孔颖达云："《月令》'孟春，天子躬耕帝籍。仲春，择元日，命民人社'。……然则天子祈社，亦以仲春，与耕籍异月而连言之者，虽则异月，俱在春时，故以春总之。《祭法》云：'王为群姓立社曰泰社，王自为立社曰王社。'……但此为百姓祈祭，文当主于泰社，其稷与社共祭，亦当谓泰社社稷。"① 陈启源《毛诗稽古编》、严粲《诗缉》等也同意此观点。二是祈王社。以苏辙、范处义等为代表的学者持此观点，苏辙《诗集传》云："《礼》'王为民立社曰大社，自为立社曰王社'，王社在耤田中，耤田所祈也。"②

2. 认为"籍田礼"所祭是先农。陈祥道《礼书》云："《诗》曰：'春藉田而祈社稷。'《国语》曰：'膳夫农正陈藉礼'是也。韦昭曰：'陈藉礼而祭其神，自汉以来皆祀先农，则古可知。'"③ 秦蕙田《五礼通考》也同意此说。

3. 认为先农即社，籍田所祭是先农也是社。唐人祝钦明持此说，见于秦蕙田《五礼通考》："唐神龙中，礼官祝钦明议：以礼典无先农之文，先农与社本是一神，妄为改作，请改先农坛为帝社坛，以应礼经王社之义。"④

4. 认为"籍田礼"并不祭祀社稷。黄中松《诗疑辨证》、秦蕙田《五礼通考》等持此观点。黄中松的理由在于，其一，耕籍与祭社时间不同。他据《月令》仲春之月"择元日，令民社"，又据《周礼·大司马》"中春，教振旅，遂以蒐田，献禽以祭社"以为祭社皆在仲春，与孟春耕籍的

① 毛亨撰，郑玄笺，陆德明音义，孔颖达疏，阮元校勘《附释音毛诗注疏》卷十九，清嘉庆南昌府学重刊宋《十三经注疏》本。
② 苏辙：《诗集传》卷十八，《文渊阁四库全书》本。
③ 陈祥道：《礼书》卷二十九，《文渊阁四库全书》本。
④ 秦蕙田：《五礼通考》卷一百二十四，《文渊阁四库全书》本。

时间不同。其二，"耕籍但云劝农事，不曰祭何神也"①。其三，社与稷是为二神，各自有祭坛，不可与耕籍通用一个乐章。其四，《载芟》诗所描绘的"主、伯、亚、旅而及彊、以、妇、媚、士、依"与《周礼·甸师》所载"帅其属而耕耨王藉"的情景不符。秦蕙田的理由是：一，"历代所祭……不闻祭社也"；二，耕籍的地点与社所在的位置不符。他说："夫坛而曰除，似临时之事而不同于社坛矣，且耕耤在南郊，社在宗庙右。"②

陈祥道认为天子举行"籍田礼"时祭祀先农的观点，有三点值得怀疑。其一，虽然自汉以后的一些朝代，如晋代、北齐、隋代、唐代、明代等，天子在举行"籍田礼"时确实是祭祀先农，但并无明确证据表明周代天子举行"籍田礼"时也一定祭祀先农。其二，举行"籍田礼"的时间与祭祀先农的时间不符。据《礼记·郊特牲》载："天子大蜡八，伊耆氏始为蜡。蜡也者，索也，岁十二月，合聚万物而索飨之也。蜡之祭也，主先啬而祭司啬也。"先啬，郑玄注："若神农者。"秦蕙田《五礼通考》云："即神农，教民始耕者。一称先啬，汉以后称先农。"③岁十二月，郑玄注："周之正数，谓建亥之月也。"周正十二月是夏正十月。可知，祭祀先农在夏正十月。然而，天子举行"籍田礼"却是在夏正一月，即孟春之月，如《国语·周语》云："自今至于初吉"、《礼记·月令》云："孟春之月……乃择元辰，天子……躬耕帝籍。"既然，举行"籍田礼"的时间与祭祀先农的时间不同，说明二者属于两种不同的礼。礼既不同，则所祭神灵也不应相同。其三，"籍田礼"为祈求农业丰收而举行，而举行蜡祭的目的是报祭万物，二者的目的和性质不同，因此，"籍田礼"时祭祀先农的可能性不大。

祝钦明认为先农即社，籍田所祭是先农也是社，这一观点已经遭到了秦蕙田的批驳。秦蕙田《五礼通考》曰："先农，始教造田者，是人鬼。社是土示。截然不同。"④所说甚有道理，在此不再赘述。

---

①　黄中松：《诗疑辨证》卷六，《文渊阁四库全书》本。

②　秦蕙田：《五礼通考》卷一百二十四，《文渊阁四库全书》本。

③　秦蕙田：《五礼通考》卷一百二十四，《文渊阁四库全书》本。

④　秦蕙田：《五礼通考》卷一百二十四，《文渊阁四库全书》本。

黄中松与秦蕙田否认籍田时祭祀社稷，证据并不充分。首先，不存在耕籍与祭社时间不同的问题，因为《月令》仲春之月的"令民社"并非是耕籍时所祭的社。《礼记·祭法》曰："王为群姓立社，曰大社。王自为立社，曰王社。诸侯为百姓立社，曰国社。诸侯自为立社，曰侯社。大夫以下成群立社，曰置社。"可见，社是有等级的。以黄中松、孔颖达等为代表的学者们多以为王为群姓所立的大社就是"民社"，天子举行籍田所祭即是"民社"，但实际并非如此。其一，"籍田礼"是为天子举行的礼仪，如若有祭社之事，应是由天子来祭祀。而《月令》却言"命民社"意为命令人民祭祀社神，并非天子祭祀社神。其二，据魏建震《先秦社祀研究》考察："民社当指民间自发形成、百姓自主参与的社祀。"①《月令》中的"民社"与《诗经》之《出其东门》《溱洧》《桑中》中所描述的社一样。其次，耕籍虽然以劝农事为主，但也有祭神之事，且祭神也包括在劝农之中，这一点从《国语·周语》中记载籍田后分食牺牲"大牢"一词可以得知。最后，社神与稷神虽为二神，但由于二者与农业收成关系紧密，所以，在一起被合祭是很有可能的。商代的甲骨文中就有同时祭祀社神和稷神的情况：

　　　　乙亥卜，田牵燎土（社）豕，𡗗（稷）豕、河豕、岳［豕］。（《合集》34185）②

　　　　戊申卜，㱿贞方帝燎于土、𡗗🐷，卯上甲。（《合集》1140正）③

　　此外，宋人陈祥道也有比较详细的论述，其《礼书》卷九十二云："社，所以祭五土之示。稷，所以祭五谷之神。五谷之神而命之稷，以其首种先成而长五谷故也。稷非土无以生，土非稷无以见生生之效，故祭社必及稷，以其同功均利而养人故也。"④

　　相比之下，《毛诗序》等所说有一定道理。天子在举行"籍田礼"时

---

① 魏建震：《先秦社祀研究》，人民出版社，2008，第125页。
② 胡厚宣主编《甲骨文合集释文》，中国社会科学出版社，1999。
③ 胡厚宣主编《甲骨文合集释文》，中国社会科学出版社，1999。
④ 陈祥道：《礼书》卷九十二，《文渊阁四库全书》本。

是祭祀社稷的，这一点从所用牺牲可以推知。《国语·周语》言："膳夫赞王，王歆大牢，班尝之，庶人终食。"这里提到了"大牢"，根据古代典籍可知，天子用"大牢"主要在以下几种场合。

1. 用于天子祭社稷之时。《礼记·王制》云："天子社稷皆大牢，诸侯社稷皆少牢。"《礼记·郊特牲》："郊特牲，而社稷大牢。"又《尚书·召诰》："越翼日戊午，乃社于新邑，牛一，羊一，豕一。"

2. 用于天子祭祀高禖神之时。见于《礼记·月令》："仲春之月，……玄鸟至。至之日，以大牢祠于高禖，天子亲往。"

3. 用于天子接待诸侯之时。《礼记·郊特牲》云："天子适诸侯，诸侯膳用犊。诸侯适天子，天子赐之礼大牢，贵诚之义也。"又《周礼·掌客》载："王合诸侯而飨礼，则具十有二牢，……凡诸侯之礼：……夫人致礼：八壶、八豆、八笾，膳大牢，致飧大牢，食大牢。"

4. 用于天子迎接其嫡长子出生之时。见于《礼记·内则》："国君世子生，告于君，接以大牢，宰掌具。"

5. 用于天子每月初一所食。《礼记·玉藻》载："日中而馂，奏而食。日少牢，朔月大牢。""朔月"，为每月初一日。此句意为天子中午时，吃朝食剩下来的东西。每次吃饭都奏乐。天子平日每天是一羊一猪，每月初一这一天则要用牛羊豕三牲。又《礼记·内则》载："男女夙兴，沐浴，衣服，具视朔食。"意思是说（天子的孩子出生第三个月之末，这一天）男男女女都要一早起身，洗头洗澡，穿戴整齐。给夫妇准备的食物要比照每月初一的规格。"朔食"，郑玄注："天子大牢，诸侯少牢，大夫特豕，士特豚也。"①

从上述材料来看，籍田时所用的"大牢"明显与祭高禖神、接待诸侯和迎接嫡长子出生、天子每月初一食大牢这四种情况无关（在此不再赘言），而最有可能是与天子祭祀社稷之神有关。天子亲耕"籍田"主要有三个目的。一是亲自种植用于祭祀的粮食，以显示其诚心。如《礼记·祭统》所说："外则尽物，内则尽志，此祭之心也。是故天子亲耕于南郊，以共齐盛，……身致其诚信，诚信之谓尽，尽之谓敬，敬尽然

---

① 郑玄注，陆德明音义，孔颖达疏《礼记注疏》卷二十八，《文渊阁四库全书》本。

后可以事神明，此祭之道也。"二是体现圣王之教。如《礼记·祭义》云："祀乎明堂，所以教诸侯之孝也。食三老五更于大学，所以教诸侯之弟也。祀先贤于西学，所以教诸侯之德也。耕藉，所以教诸侯之养也。朝觐，所以教诸侯之臣也。五者，天下之大教也。"又《吕氏春秋·上农》曰："古先圣王之所以导其民者，先务于农。民农非徒为地利也，贵其志也。……后稷曰：'所以务耕织者，以为本教也。'是故天子亲率诸侯耕帝藉田，大夫士皆有功业。"三是鼓励庶民耕作，祈求农业丰收。如《国语·周语》载："夫民之大事在农，上帝之粢盛于是乎出，民之蕃庶于是乎生，事之供给于是乎在，和协辑睦于是乎兴，财用蕃殖于是乎始，敦庞纯固于是乎成"。又《诗经·周颂·臣工》："明昭上帝，迄用康年。"《诗经·周颂·丰年》："丰年多黍多稌。"这些诗句表达了祈盼农业丰收的愿望。另外，从《国语·周语》中由稷官来主持"籍田礼"仪式的这一点也可看出人们对丰收的渴望。正如鲁洪生《诗经学概论》所说："这是那个时代的普遍信仰，轰轰烈烈的祭祀活动定会大大提高周人夺取丰收的信心，激发周人的劳动热情，而精神力量的高涨必然会转化为现实的物质力量。况且周人并不是消极地坐等，完全依赖于上天，只是在勤劳耕作的同时，希望上天能赐予一个风调雨顺的天时，以求得一个'多黍多稌'的丰年。"① 在《诗经》产生的周代，农业科技水平还没有现在这样发达，农业丰收除了依靠辛勤的劳作外，还要寄予神灵的降幅。而要想祈求农业的丰产，就需要祭祀与农业生产密不可分的神灵，这其中除上帝、雨神外，就是土神和稷神了。因此，天子躬耕"籍田"时，祭祀社神和稷神的可能性很大。

三 周代籍田礼的具体仪节和过程

关于周代"籍田礼"的具体礼节和过程，主要有四种观点。

1. 杨宽《古史新探·籍礼新探》根据《国语·周语上》的"宣王不籍千亩"一段的记载，认为"籍礼"的仪式，有五个礼节，即"行礼前的准备"、"举行'飨礼'"、"正式举行'籍礼'"、"礼毕后的宴会"和

---

① 鲁洪生：《诗经学概论》，辽海出版社，1998，第232页。

"广泛的巡查和监督庶人耕作"。① 大多学者都同意杨宽的观点。

2. 陈成国《先秦礼制研究》以为"籍礼"的具体仪式有四个："耤田礼之前有一系列准备工作"、"举行飨礼"、"正式的耤田礼仪式"和"耤田礼之后又有飨礼"。到此王室籍田礼全部结束。②

3. 韩高年《周初藉田礼仪乐歌考》根据《国语·周语》和《礼记·月令》的记载将"籍田礼"的仪式分为四个仪节："以元日祈谷于上帝"、"天子亲耕之前的飨礼"、"亲耕徇田仪式"和"礼毕而飨"。

4. 魏建震《先秦社祀研究》将籍田礼大体分成两个阶段，即准备与行祭祀礼两个阶段。

以上四种观点不同的原因在于采用的划分标准不同。杨宽与陈成国所持观点的区别在于前者讨论的是广义的"籍田礼"，不仅包括始耕典礼，还包括与"籍田"有关的巡查和监督庶人耕作的活动。而后者讨论的则是狭义的"籍田礼"。韩高年的观点也是从狭义的"籍田礼"的角度来论述的，因而也没有巡查和监督庶人耕作这一环节。但是，韩高年认为"元日祈谷于上帝"是"籍田礼"的一个仪节，本书并不赞同这一说法，因为祈谷与"籍田礼"并不是一回事（参看本书第一章第二节）。魏建震的划分则是一种粗略的划分。

本书同意杨宽的观点并加以补充，认为完整的"籍田礼"应包括六个过程：礼前准备、举行"飨礼"、始耕仪式、分享祭品、巡查监督和大寝宴会。为便于分析，现将有关文献节录于下：

　　宣王即位，不籍千亩。虢文公谏曰："不可。夫民之大事在农，上帝之粢盛于是乎出，民之蕃庶于是乎生，事之供给于是乎在，和协辑睦于是乎兴，财用蕃殖于是乎始，敦庞纯固于是乎成，是故稷为大官。古者，太史顺时覛土，阳瘅愤盈，土气震发，农祥晨正，日月底于天庙，土乃脉发。

　　先时九日，太史告稷曰：'自今至于初吉，阳气俱蒸，土膏其动。

---

① 杨宽：《古史新探·籍礼新探》，中华书局，1965，第218~220页。
② 陈成国：《先秦礼制研究》，湖南教育出版社，1991，第266页。

弗震弗渝，脉其满眚，谷乃不殖。'稷以告王曰：'史帅阳官以命我司事曰：距今九日，土其俱动。王其祗祓，监农不易。'王乃使司徒咸戒公卿、百吏、庶民，司空除坛于籍，命农大夫咸戒农用。

先时五日，瞽告有协风至。王即斋宫，百官御事各即其斋三日。王乃淳濯飨醴。及期，郁人荐鬯，牺人荐醴，王裸鬯，飨醴乃行，百吏、庶民毕从。及籍，后稷监之，膳夫、农正陈籍礼，太史赞王，王敬从之。王耕一墢，班三之，庶人终于千亩。其后稷省功，太史监之。司徒省民，太师监之。毕，宰夫陈飨，膳宰监之。膳夫赞王，王歆大牢，班尝之，庶人终食。

是日也，瞽帅音官以风土。廪于籍东南，钟而藏之，而时布之于农。稷则遍诫百姓，纪农协功，曰：'阴阳分布，震雷出滞。'土不备垦，辟在司寇。乃命其旅曰：'徇。'农师一之，农正再之，后稷三之，司空四之，司徒五之，太保六之，太师七之，太史八之，宗伯九之，王则大徇。耨获亦如之。民用莫不震动，恪恭于农，修其疆畔，日服其镈，不解于时，财用不乏，民用和同。

是时也，王事唯农是务，无有求利于其官，以干农功。三时务农而一时讲武，故征则有威，守则有财。若是，乃能媚于神，而和于民矣，则享祀时至而布施优裕也。……"（《国语·周语》）

王大耤农于諆田，锡，王射，有嗣眔师氏小子卿射，王归自諆田。（令鼎，《集成》2803）

孟春之月……乃择元辰，天子亲载耒耜，措之于参保介御之间，帅三公、九卿、诸侯、大夫躬耕帝籍。天子三推，三公五推，卿、诸侯九推。反，执爵于大寝，三公、九卿、诸侯、大夫皆御，命曰劳酒。（《礼记·月令》）

第一阶段，"礼前准备"。从立春前的第九天开始，太史将观察到的土地、天时和天象的变化告诉主管农业的稷官，稷再将及时耕作的信息转奏给王，王则让司徒告戒百官庶人，又派司空在"籍田"上设"坛"，令农大夫准备好农具。立春前第五天，瞽报告有和风来到，王和百官分别开始斋戒。立春前三天，王沐浴饮甜酒。

第二阶段，举行"飨礼"。到举行"籍田礼"的这一天，由郁人、牺人分别献上香酒、甜酒，王灌香酒、饮甜酒后，就往籍田进发，百官、庶人都跟随在王的后面。

第三阶段，始耕仪式。"籍田礼"的核心环节就是始耕仪式。由稷负责督察全局，由膳夫和农正负责安排具体事项、太史作为引导。王执耒耜耕田，翻土一次；公卿百官翻土次数依次增加三倍；庶人耕完整片籍田。然后由稷来视察耕地的质量，太史进行监察。由司徒（戠鼎作"司土"）监督庶人劳作，太师进行监察。

第四阶段，分享祭品。本书认为称此阶段为"分享祭品"要比"礼毕后的宴会"更为恰当。原因在于，其一，此时完整的"籍田"典礼并没有结束，因而不宜称为"礼毕后的宴会"。其二，"毕，宰夫陈飨，膳宰监之。膳夫赞王，王歆大牢，班尝之，庶人终食。"此句讲的是从王到庶民在分享祭祀用的祭品——大牢。宰夫布置宴席，膳夫监督并作为引导。王先享用牛、羊、猪三牲的祭品，然后百官依次品尝，最后由庶人全部吃完。西周金文令鼎也记载了这一仪节："王大耤农于諆田，餳，王射，有嗣眔师氏小子卿射，王归自諆田。""王大耤农于諆田"指王在諆田上举行耕籍典礼。"餳"，杨树达释为"觞"，高诱注《吕氏春秋·达郁》释"觞"为"飨"①，可见，分享祭品的活动仍然是在籍田上进行的。

第五阶段，巡查监督。稷告诫百姓要协力耕种，如不能按时全部耕完，则会由司寇严加判罚。这时，"王则大徇"。"大徇"，韦昭注："帅公卿、大夫亲行农也。"② 指的是天子巡视农耕。杨宽同意韦昭的解释。但是，"徇"实际上还有天子边巡视边发布戒令之义。《六书故》卷十六解"徇"云："周告也。《书》曰：'道人以木铎徇于路。'《周语》曰：'王则大徇。'"③丁度《附释文互注礼部韵略》释"徇"："巡师宣令，亦以身从

①　高诱注《吕氏春秋》卷二十，《文渊阁四库全书》本。
②　韦昭注《国语》卷一，《文渊阁四库全书》本。
③　戴侗：《六书故》卷十六，《文渊阁四库全书》本。

物也。"①"徇"的这种类似用法在先秦史书中也有记载，如：

> 每岁孟春，道人以木铎徇于路，官师相规，工执艺事以谏，其或
> 不恭，邦有常刑。（《尚书·夏书·胤征》）
>
> 莫敖使徇于师曰："谏者有刑。"（《左传·桓公十三年》）
>
> 皆归授甲，使徇于国曰："大尹惑蛊其君，以陵虐公室。与我者，
> 救君者也。"众曰："与之。"大尹徇曰："戴氏、皇氏将不利公室，与
> 我者，无忧不富。"（《左传·哀公二十六年》）
>
> 明日徙舍，至于御儿，斩有罪者以徇，曰："莫如此淫逸不可禁
> 也。"（《国语·吴语》）
>
> 遂斩颠颉之脊以徇百姓，以明法之信也。而后百姓皆惧曰："君
> 于颠颉之贵重如彼甚也，而君犹行法焉，况于我则何有矣。"（《韩非
> 子·外储说右上》）
>
> 若非罪人，则劝之以徇，劝之以徇，是重不辜也，重不辜，民
> 所以起怨者也，民怨则国危。邻子之言，非危则乱，不可不察也。
> （《韩非子·难一》）

第六阶段，大寝宴会。籍田礼的最后一个环节是宴会。据《礼记·月令》："孟春之月……乃择元辰，天子亲载耒耜，措之于参保介之御间，帅三公、九卿、诸侯、大夫躬耕帝籍。天子三推，三公五推，卿诸侯九推。反，执爵于大寝，三公、九卿、诸侯、大夫皆御，命曰劳酒。"可推测，籍田典礼结束回宫之后，在大寝举行叫作"劳酒"的宴饮活动，三公、九卿、诸侯、大夫全部参加陪侍。宴饮结束后，一次籍田礼的全部活动才结束。正如《礼书》卷二十九所言："则王歆太牢，班尝之，庶人终食。反，执爵于大寝，公卿、诸侯、大夫皆御，命曰：'劳酒'，此春耕之终事也。"②综上所述，完整的籍田礼包括以上六个环节。

---

① 丁度等：《附释文互注礼部韵略》卷四，《文渊阁四库全书》本。
② 陈祥道：《礼书》卷二十九，《文渊阁四库全书》本。

第二节　《周颂·载芟》主旨辨正

载芟载柞，其耕泽泽。千耦其耘，徂隰徂畛。侯主侯伯，侯亚侯旅，侯彊侯以。有嗿其馌，思媚其妇，有依其士。有略其耜，俶载南亩。播厥百谷，实函斯活。驿驿其达，有厌其杰。厌厌其苗，绵绵其麃。载获济济，有实其积，万亿及秭。为酒为醴，烝畀祖妣，以洽百礼。有飶其香，邦家之光。有椒其馨，胡考之宁。匪且有且，匪今斯今，振古如兹。

一　《载芟》主旨众说种种

关于《载芟》的主旨，主要有七种观点。

（一）认为是"春籍田而祈社稷"之歌。此说出于《毛诗序》："《载芟》，春籍田而祈社稷也。"后世学者又据此引申出两种说法。一，为民祈泰社。孔颖达《疏》云："《祭法》云：'王为群姓立社曰泰社。王自为立社曰王社，'此二社皆应以春社之，但此为百姓祈祭，文当主于泰社，其稷与社共祭，亦当谓泰社社稷焉。"[1] 郝敬《毛诗原解》、朱鹤龄《诗经通义》、陈启源《毛诗稽古编》等同意此说。二，王为自己祈王社。苏辙《诗集传》云："《载芟》，春耤田而祈社稷也。《礼》'王为民立社曰大社，自为立社曰王社，'王社在耤田中，耤田所祈也。"[2] 林岊《毛诗讲义》、范家相《诗瀋》等持此观点。

（二）认为此诗主旨不明。李樗、黄櫄《毛诗集解》云："《礼记·月令》：孟春，天子亲耕帝藉。仲春，择元日命民社。是藉田祈社稷不同月也。今此乃云：'春藉田而祈社稷'其事可疑。若以《月令》为吕不韦所

---

[1]　毛亨撰，郑玄笺，陆德明音义，孔颖达疏，阮元校勘《附释音毛诗注疏》卷十九，清嘉庆南昌府学重刊宋《十三经注疏》本。

[2]　苏辙：《诗集传》卷十八，《文渊阁四库全书》本。

作，则其说未可尽信。若非吕不韦之误，则此序之误皆不可得而知也。《礼记》言：'王为群姓立社曰泰社，王自为立社曰王社'，则是社有二也。孔颖达以此社为百姓祈祭，文当主于泰社。苏氏以为王社，二说皆未可必。假此诗兼祭二社，亦未可必。姑且阙之以待知者。"①

（三）认为是"秋冬报赛田事之乐歌"。朱熹《诗集传》、许谦《诗集传名物钞》、朱公迁《诗经疏义会通》和朱善《诗解颐》持此观点。虽然朱熹认为《载芟》一诗"未详所用"，但却感觉其"辞意与《丰年》相似，其用应亦不殊"②。在阐释《丰年》时又说："此秋冬报赛田事之乐歌。盖祀田祖、先农、方社之属也。言其收入之多，至于可以供祭祀、备百礼、而神降之福，将甚偏也。"③看来朱熹认为《载芟》一诗与《丰年》一样是秋冬报赛田事之乐歌。

（四）认为是"蜡祭之乐歌"。杨简《慈湖诗传》云："熟玩始末，其蜡祭之乐歌与！蜡亦农事之祭也。"④又何楷《诗经世本古义》曰："《载芟》，孟冬腊先祖五祀、以礼属民，饮酒正其齿位，亦豳颂。"⑤傅桓《御纂诗义折中》、牟庭《诗切》、龚橙《诗本谊》等皆赞同此说。先儒多认为"蜡祭"即是"腊祭"，郑玄注《礼记》"腊先祖五祀"时说："此《周礼》所谓蜡祭也。"何楷言："对文，蜡、腊有别。总其义俱名蜡也。"

（五）认为是"荐于宗庙之乐歌"。见于辅广《诗童子问》："其亦谷始登，而荐于宗庙之乐歌欤！"⑥后刘瑾《诗经通释》、刘始兴《诗益》、高亨《诗经今注》、唐莫尧《诗经新注全译》等同意此观点。

（六）认为是"田家勤劳安逸之事而非告神之乐歌也"。元代学者胡庭芳持此观点，其言载于胡广《诗传大全》："此与《良耜》二诗，诚不见其祈报之意，不过闵其耕种之劳，序其馈饷之情，论其禾黍茂盛、收获之

---

① 李樗、黄櫄：《毛诗集解》卷三十九，《文渊阁四库全书》本。
② 朱熹：《诗集传》卷八，民国二十四年至二十五年上海商务印书馆《四部丛刊三编》影宋本。
③ 朱熹：《诗集传》卷八，民国二十四年至二十五年上海商务印书馆《四部丛刊三编》影宋本。
④ 杨简：《慈湖诗传》卷十八，民国二十四年四明张氏约园刊《四明丛书》本。
⑤ 何楷：《诗经世本古义》卷一，《文渊阁四库全书》本。
⑥ 辅广：《诗童子问》卷八，《文渊阁四库全书》本。

富。或为酒醴以祀祖妣，而为邦家胡考之光宁，或为百室盈、妇子宁、杀
犉牡以嗣以续，此皆田家勤劳安逸之事，而非告神之乐歌也。……若拘拘
于祈报，则感发之意微矣。"①

（七）认为是祈报通用之乐章。见于牟应震《诗问》："《载芟》，祈报
通用之乐歌，与《良耜》互文见义。《序》以此为祈，《良耜》为报，无
从确据。"②

以上几类观点，哪一种更接近诗歌的原始含义呢？有待下面进行
辨析。

二 《载芟》主旨众说辨析

首先，看"秋冬报赛田事之乐歌"说。

以朱熹、朱公迁为代表的学者认为《载芟》是"秋冬报赛田事之乐
歌"，并说是报祭田祖、先农、方社之类。其主要依据在于诗中的"为酒
为醴，烝畀祖妣，以洽百礼。"一句。虽然"祖"可指田祖。如《六书
故》云："王父曰祖，自王父以上通称之。引之，则凡物之所始皆曰祖。
田祖、马祖之类是也。"③ 但"烝畀祖妣"多指宗庙中的先祖先妣。妣，
《说文》："殁母也"。仅仅从"烝畀祖妣"并不能确定祭祀的是田祖、先
农和方社。此外，全诗从"载芟载柞，其耕泽泽"至"有厌其杰，厌厌其
苗，绵绵其麃"有三分之二的篇幅都在写耕耘，而收获和祭祀的部分却只
占三分之一，这就不能够说此诗主旨是"秋冬报赛田事之乐歌"了。

其次，看"蜡祭之乐歌"说。

何楷以《载芟》为蜡祭之歌的理由在于，其一，"'有实其积'正孟
冬谨盖藏之时。"④ 其二，"'烝畀祖妣'以是知其为腊祭先祖也。"⑤ 其三，
"'胡考之宁'，则所谓养老而正齿位者也。"⑥ 其理由看似充分，但却并不

---

① 胡广：《诗传大全》卷十九，《文渊阁四库全书》本。
② 牟应震：《诗问》卷六，清嘉庆间牟氏刻道咸间朱氏补修《毛诗质疑》本。
③ 戴侗：《六书故》卷三，《文渊阁四库全书》本。
④ 何楷：《诗经世本古义》卷一，《文渊阁四库全书》本。
⑤ 何楷：《诗经世本古义》卷一，《文渊阁四库全书》本。
⑥ 何楷：《诗经世本古义》卷一，《文渊阁四库全书》本。

具有说服力。第一，《载芟》一诗不仅写了收获的情形，更描写了开耕种地的景象，"载芟载柞，其耕泽泽。千耦其耘，徂隰徂畛。"所以，不能仅凭"有实其积"一句就断定此诗所描写的时间为"孟冬谨盖藏之时。"第二，不能仅凭"烝畀祖妣"句就认为此诗主旨与腊祭先祖有关，关于这一点前已提及，不再赘述。第三，从"胡考之宁"无法断定此诗的主旨。《周颂·丝衣》有"胡考之休"句，朱熹《诗集传》释为："胡考之福"①，何楷《诗经世本古义》解为："其必有寿考永年之休美也"②，可见"胡考之宁"与"胡考之休"句意相同。如按何楷所言"胡考之宁"是"养老而正齿位"，那么，"胡考之休"也应为"养老而正齿位"。然而，何楷根据"胡考之宁"认为《载芟》主旨是"孟冬腊先祖五祀、以礼属民，饮酒正其齿位"，但却将《丝衣》一诗解为"祭灵星也。灵星，农祥也。先王祀之而配以后稷，歌《丝衣》之诗以乐之"。③ 相似的诗句出现在不同的诗中，诗歌的主旨却不同。所以，无法根据"胡考之宁"来决定诗歌的主旨。

此外，据《礼记·郊特牲》载，蜡祭时的乐歌是伊耆氏《蜡辞》，并非《诗经》中的《载芟》，如：

> 天子大蜡八，伊耆氏始为蜡。蜡也者，索也。岁十二月，合聚万物而索飨之也。蜡之祭也，主先啬而祭司啬也。祭百种，以报啬也。飨农及邮表畷、禽兽，仁之至，义之尽也。古之君子，使之必报之。迎猫，为其食田鼠也。迎虎，为其食田豕也。迎而祭之也。祭坊与水庸，事也。曰："土反其宅，水归其壑，昆虫毋作，草木归其泽。"

因此，杨简、何楷等所持"蜡祭之乐歌"说很难成立。

再次，看"荐于宗庙之乐歌"说。

以辅广、刘瑾等为代表的学者认为《载芟》是"荐于宗庙之乐歌"，

---

① 朱熹：《诗集传》卷十九，民国二十四年至二十五年上海商务印书馆《四部丛刊三编》影宋本。
② 何楷：《诗经世本古义》卷一，《文渊阁四库全书》本。
③ 何楷：《诗经世本古义》卷一，《文渊阁四库全书》本。

其依据仍然是"为酒为醴，烝畀祖妣，以洽百礼"这句诗。虽然"烝畀祖妣"句可指祭祀宗庙中的先祖先妣，但不是所有的祭祀先祖的诗句都能反映出诗歌的主旨。如《小雅·宾之初筵》是讽刺幽王君臣上下饮酒无度、酒后乱德的诗。《毛诗序》云："《宾之初筵》，卫武公刺时也。幽王荒废，媟近小人，饮酒无度。天下化之，君臣上下沉湎淫液，武公既入，而作是诗也。"[①] 诗中"籥舞笙鼓，乐既和奏。烝衎烈祖，以洽百礼。"句描写的是祭祀先祖的场景，乐声和谐，祭礼周到，作用是渲染气氛，为描写后来君臣醉酒失态做一铺垫。可见，我们并不能把"籥舞笙鼓，乐既和奏。烝衎烈祖，以洽百礼。"这句祭祖的诗句当作《宾之初筵》一诗的主旨。

复次，看"田家勤劳安逸之事而非告神之乐歌"说。

胡庭芳认为《载芟》是"田家勤劳安逸之事而非告神之乐歌也"。若不是告神的乐歌又为何会被编入《周颂》呢？因此，胡庭芳所言并不合理。

最后，牟应震《诗问》认为《载芟》是祈报通用之乐章，无法判断《载芟》为祈，《良耜》为报。李樗、黄櫄《毛诗集解》认为此诗主旨不明。但是从诗句所传达的信息还是能够辨别的。

三　《载芟》主旨辨正

本书赞同《毛诗序》"春籍田而祈社稷"之说，此说出现最早、影响最大，也更为合理。下面我们就结合《国语·周语》中所记载的有关籍田的仪节来分析《载芟》一诗。

《载芟》全诗虽不分章，但按照所写内容大体上可以"俶载南亩"为界分为前后两部分。前半部分描写的是籍礼的过程，后半部分是祝祷之词。

"载芟载柞，其耕泽泽。千耦其耘，徂隰徂畛。"开篇四句描写了早春时节，土地润泽，天子带领百官和庶人在籍田上千耦齐耕的宏大场面。

---

① 毛亨撰，郑玄笺，陆德明音义，孔颖达疏，阮元校勘《附释音毛诗注疏》卷十四，清嘉庆南昌府学重刊宋《十三经注疏》本。

毛《传》曰："除草曰芟。除木曰柞。"① 学者多表赞同。"泽泽"，孔颖达《疏》："土解也"②。杨简《慈湖诗传》："耕田有水也。"③ 姚舜牧《重订诗经疑问》："顺利之谓也。"④ 毛奇龄《毛诗写官记》云："润泽也。"⑤ 诸家解释看似有异，实则相同。《六书故》言："雨露之濡为泽。"⑥ 因有湿气，则耕田中有水，又因水的浸润使土块疏散，因而开耕时非常顺利。正如《国语·周语》所言："土气震发，……土乃脉发。……阳气俱蒸，土膏其动。" 始耕时节已到，天子则带领百官和庶人们去耕种籍田。"千耦其耘，徂隰徂畛。" 千人执耦，共同耕耘，从耕田到田埂，耕夫遍野。"千耦其耘，徂隰徂畛" 与《周颂·噫嘻》"亦服尔耕，十千维耦" 所描绘的都是《国语》中 "王耕一墢，班三之，庶民终于千亩" 的始耕情形。

"侯主侯伯，侯亚侯旅，侯彊侯以。" 写参加籍田典礼的有祭主（周王）和各级的官僚 "亚""旅""伯" 等，与《礼记·月令》和《国语》中所载周王带领三公、九卿、诸侯、大夫、太史和膳夫等百官躬耕籍田的情形相同。"主""伯""亚" 和 "旅"，毛《传》解为 "家长""长子""仲叔" 和 "子弟"，部分学者赞同此说。姚晓鸥则提出："'主' 当释为《周易》所谓的 '祭主'。（《震卦·象》）这里指周王。"⑦ "'亚''旅' 和 '伯' 一样，都是官职的名称，而不是家庭中的行序。"⑧ 并列举先秦典籍中的大量文献予以充分论证。本书同意姚小鸥观点，并对 "亚" 为官职之说补充一些论据。亚（亞），徐中舒《甲骨文字典》："据甲骨文✛（埔）字所象之形，与殷墟陵墓所呈之✛形相参照。甲骨文亞字盖象古代聚族而

① 毛亨撰，郑玄笺，陆德明音义，孔颖达疏，阮元校勘《附释音毛诗注疏》卷十九，清嘉庆南昌府学重刊宋《十三经注疏》本。
② 毛亨撰，郑玄笺，陆德明音义，孔颖达疏，阮元校勘《附释音毛诗注疏》卷十九，清嘉庆南昌府学重刊宋《十三经注疏》本。
③ 杨简：《慈湖诗传》卷十八，民国二十四年四明张氏约园刊《四明丛书》本。
④ 姚舜牧：《重订诗经疑问》卷十一，《文渊阁四库全书》本。
⑤ 毛奇龄：《毛诗写官记》卷四，《文渊阁四库全书》本。
⑥ 戴侗：《六书故》卷六，《文渊阁四库全书》本。
⑦ 姚小鸥：《诗经三颂与先秦礼乐文化》，北京广播学院出版社，2000，第123页。
⑧ 姚小鸥：《诗经三颂与先秦礼乐文化》，北京广播学院出版社，2000，第123~124页。

居之大型建筑平面图形。殷代之城埤、庙堂、世室、墓葬沿用此形，即《周礼·考工记》所谓之殷人四阿重屋。阿、亞古音同，故通用。殷代亞形建筑多曲隅，而《说文·𨸏部》：'一曰阿，曲𨸏也。'段注：'引申之凡曲处皆得称阿。'典籍亦每训阿为曲隅，阿曲引伸之义又有昵近朋比同俦之义。盖亞形建筑既便于合族共处又使各户皆得独立，故同代兄弟并列同俦而复可叙以位次。……亚、多亚、多马亚等皆为时王之同族兄弟集团。"① 如下列卜辞：

> 丁未卜贞叀亚吕众人步二月。（存 2. 377）
> ……贞亚吕王族众黄乎王族出……𣏟亚𠂤东。（诚 356）
> 丙戌卜戊亚 尊其丰。（南明 445）
> 庚辰卜令多亚敂犬。（宁 2. 16）②

又"与王族联姻之族，其族名或称号前皆冠以亚字"③。如：

> 己未贞王其告其从亚侯 （粹 367）④

"亚"不仅有时王之同族兄弟之义，也是职官之名。斯维至曰："案卜辞中已见'亚'此官，佚存 340 片云：'己未卜，贞翊，庚申告亚。'藏龟卷 251 片云：'戊☒贞多亚'，多亚，犹言多臣、多射，知必是职官也。铜器中丽彝亦称'多亚'，觥簋则称'大亚'，其铭云：'眔诸侯大亚。'"⑤又《尚书·酒诰》云："惟亚惟服"，"亚""服"当为官职名。"服"很可能是《周礼》"服不氏"之官。

"有略其耜，俶载南亩。播厥百谷，实函斯活。"则明确表明了诗歌描写的是籍田早春始耕典礼。用有着犀利耜齿的耜耜开始耕作向阳的土地，

① 徐中舒：《甲骨文字典》，四川辞书出版社，1989，第 1523~1524 页。
② 徐中舒：《甲骨文字典》，四川辞书出版社，1989，第 1523~1524 页。
③ 徐中舒：《甲骨文字典》，四川辞书出版社，1989，第 1525 页。
④ 徐中舒：《甲骨文字典》，四川辞书出版社，1989，第 1525 页。
⑤ 转引自周法高主编《金文诂林》，香港中文大学出版社，1974，第 7857 页。

播种下百谷，谷子孕育着活活生气，同时也蕴含着希望。"驿驿其达，有厌其杰。厌厌其苗，绵绵其麃。载获济济，有实其积，万亿及秭。"是希冀之辞，希望苗儿茁壮成长，希望收获时五谷丰登。

"为酒为醴，烝畀祖妣，以洽百礼。有飶其香，邦家之光。有椒其馨，胡考之宁。"强调籍田耕作收获的谷物是用来祭祀先祖等神灵的，并同时祈求获得福禄。《礼记·祭义》："君子反古复始，不忘其所由生也。是以致其敬，发其情，竭力从事，以报其亲，不敢弗尽也。是故昔者天子为藉千亩，冕而朱纮，躬秉耒；诸侯为藉百亩，冕而青纮，躬秉耒，以事天地、山川、社稷、先古，以为醴酪齐盛于是乎取之，敬之至也。"天子、诸侯亲自耕作籍田是为了亲手生产祭祀天地、山川、社稷和先祖所用的粢盛，表达自己的恭敬之意。

诗的最后一句"匪且有且，匪今斯今，振古如兹"表明天子、诸侯亲耕籍田之事由来已久。《大雅·生民》："后稷肇祀，庶无罪悔，以迄于今。"指出了古人兴始祭祀，保佑后人福寿安康。后人要继承祭祀的传统，并使福禄传递下去，这是天子的责任和义务。《礼记·表记》："子言之：'君子之所谓义者，贵贱皆有事于天下，天子亲耕，粢盛秬鬯以事上帝，故诸侯勤以辅事于天子。'"《国语·周语上》记载了宣王即位后不亲耕帝籍，于是虢文公谏言说："不可。夫民之大事在农，上帝之粢盛于是乎出，民之蕃庶于是乎生，事之供给于是乎在，和协辑睦于是乎兴，财用蕃殖于是乎始，敦庞纯固于是乎成。"从中可以看出天子亲耕籍田的传统和重要性。

由此可知，《载芟》描写的是天子孟春时节带领百官亲耕籍田之事。至于《毛诗序》所说"春籍田而祈社稷"前人曾有过疑议，如杨简："首章似藉田，其后非矣。亦非祈社稷情状。《周礼》'右社稷，左宗庙'，今首言'烝畀祖妣'，则知非祀社稷也。社稷尊于宗庙，此乃百礼之一。"①虽然诗中并没有出现"社稷"一词，但籍田时确实是祭祀社稷的，这一点在本章第一节已有讨论，此不再赘述。

---

① 杨简：《慈湖诗传》卷十八，民国二十四年四明张氏约园刊《四明丛书》本。

第三节 《周颂·噫嘻》主旨辨正

噫嘻成王，既昭假尔，率时农夫，播厥百谷。骏发尔私，终三十里。亦服尔耕，十千维耦。

一 《噫嘻》主旨众说种种

关于《周颂·噫嘻》的主旨，主要有以下几种观点。

（一）"春夏祈谷"说。此说见于《毛诗序》："《噫嘻》，春夏祈谷于上帝也。"[①] 申培《鲁诗故》也云："《噫嘻》，春夏祈谷于上帝之所歌也。"[②] 王先谦《三家义集疏》云："齐、韩盖同。"[③] 看来四家诗观点基本相同，后世郑玄《笺》、苏辙《诗集传》、范处义《诗补传》、陈子展《诗三百解题》等多从此说。但学者们在此诗的年代问题上却产生了分歧：一说为成王时诗，如孔颖达《疏》；一说为康王时诗，如范家相《诗瀋》。

由于"祈谷"与雩祭、"卜郊"、郊祀时助祭诸侯关系密切，因此又引申出以下三种说法。1. 祈谷求雨。此说源于孔颖达《疏》："谓周公、成王之时，春郊夏雩，以祷求膏雨而成其谷实，为此祭于上帝。诗人述其事而作歌焉。"[④] 杨士勋《春秋榖梁传疏》和李光地《诗所》等皆赞同此说。2. 卜郊于庙。何楷《诗经世本古义》将"祈谷""卜郊"与"戒农官"结合在一起，提出此诗是"康王春祈谷也，既得卜于祢庙，因戒农官"[⑤] 之诗。憨之也同意此说，并以为《噫嘻》描写的是作为主祭者的康王在祢

① 毛亨撰，郑玄笺，陆德明音义，孔颖达疏，阮元校勘《附释音毛诗注疏》卷十九，清嘉庆南昌府学重刊宋《十三经注疏》本。
② 申培：《鲁诗故》卷下，清马国翰《玉函山房辑佚书》本。
③ 王先谦：《三家义集疏》卷二十五，民国四年虚受堂刻本。
④ 毛亨撰，郑玄笺，陆德明音义，孔颖达疏，阮元校勘《附释音毛诗注疏》卷十九，清嘉庆南昌府学重刊宋《十三经注疏》本。
⑤ 何楷：《诗经世本古义》卷十一，《文渊阁四库全书》本。

庙中向"成王在天之灵报告农业上的成绩"。① 3. "遣诸侯助祭于庙"。此说见于庄述祖《周颂口义》:"《噫嘻》亦礼遣诸侯助祭于庙也。《序》言'春夏祈谷于上帝'者,郊祀之助祭诸侯也。不言助祭诸侯者,洛邑明堂既成,始崇宗祀四方诸侯皆至,故《烈文》《臣工》二《序》特言助祭诸侯。至岁时常祀,其助祭诸侯,则春朝、秋觐、夏宗、冬遇,各依服数而至者,故略之也。"②

(二)"戒农官之辞"说。此说源于朱熹《诗集传》:"此连上篇亦戒农官之辞。"③ 后代学者辅广《诗童子问》、朱善《诗解颐》、许谦《诗集传名物钞》、祝敏彻《诗经译注》等虽然多同意此说,但就此诗产生的年代问题,学者们提出不同的看法:一部分学者遵从朱熹之说,认为此诗是成王时期的戒农官之辞,如祝敏彻;另一部分学者认为此诗是康王时期的戒农官之诗,如辅广《诗童子问》:"《噫嘻》,疑是康王戒农官之辞。若是成王之诗,则不应言其谥也。"④

(三)"反映籍田"说。严粲《诗缉》已表露此意,其说:"吾民尽力于田事如此,天其念之祈谷之后即躬耕帝藉,故言'率时农夫'以张本也。言'骏发尔私'不及公田,为民祈也。"⑤ 但还是将诗歌主旨归于春夏祈谷。明确提出《噫嘻》是籍田诗的是清代学者陈奂,其《诗毛氏传疏》云:"诗言籍田也。……《周语》宣王不耤千亩,虢文公述古者籍田之制,云:'王耕一发,班三之,庶人终于千亩。……''三十里''十千耦',犹'千亩'也;'终三十里',犹'终于千亩'也。"⑥ 后世学者多持此观点,但又根据籍田的不同仪节和过程引申出不同说法。1. 徇田之歌。方苞《朱子诗义补正》:"《噫嘻》,此命农官遍戒庶民,而不及庶官,即籍礼稷遍戒百姓纪农协功之事也。一岁田功,作始于此,故特为乐歌,籍终奏

---

① 憩之:《关于周颂噫嘻篇的解释》,《文学遗产选集》(二辑),作家出版社,1957,第79页。
② 庄述祖:《周颂口义》卷二,清光绪十四年南菁书院刊《皇清经解续编》本。
③ 朱熹:《诗集传》卷十九,民国二十四年至二十五年上海商务印书馆《四部丛刊三编》影宋本。
④ 辅广:《诗童子问》卷八,《文渊阁四库全书》本。
⑤ 严粲:《诗缉》卷三十三,明味经堂刊本。
⑥ 陈奂:《诗毛氏传疏》卷二十七,清道光年间武林爱日轩刊本。

之。至省耕、省获，则《载芟》《良耜》及《豳雅》具之，《周官·籥章》之所掌也。"① 2. 籍田宴会上的歌。见高亨《诗经今注》："这篇是周成王时举行亲耕籍田之礼在宴会上所唱的乐歌，歌辞是告戒农奴。"② 3. 籍田裸飨礼时的歌。见于马银琴《两周诗史》："《噫嘻》为周康王行籍礼时在裸祭先王的典礼上呼告成王的仪式歌辞。"③ 4. 籍田助祭的颂歌。郭沫若说："我看'噫嘻'这首诗也就和献侯鼎铭一样，是客观的记述。是成王亲耕之前昭假先公先王，史官们（古人称'作册'，犹今人称'书记'）把这事做成颂歌来助祭。"④

二　《噫嘻》主旨众说辨析

以上三种观点的分歧关键在于对诗歌产生年代、诗歌字词和诗歌文本逻辑关系的理解不同。

首先，看"春夏祈谷"说。

此类观点对后世影响很大，历代支持者最多。虽然持此类观点的学者们都认为此诗与"春夏祈谷"有关，但对《噫嘻》诗歌的年代以及诗中的"成王""昭假""尔"等个别词语意见不统一。

"成王"，毛《传》云："成是王事也。"⑤ 由于郑玄、孔颖达等学者认为此诗作于周公、成王之时，又以为"成王"是谥号，"非是崩后，不得称成之谥。"⑥ 所以，将"成王"释为"成是王事也"。对此，欧阳修提出了异议，其《诗本义·时世论》言："成王者，成王也。犹文王之为文王，武王之为武王也。"⑦ 欧阳修明确提出"成王"即成王，此说启发了后来的

---

① 方苞：《朱子诗义补正》卷八，《续修四库全书》本。

② 高亨：《诗经今注》，上海古籍出版社，1980，第487页。

③ 马银琴：《两周诗史》，社会科学文献出版社，2006，第137页。

④ 郭沫若：《读了"关于周颂噫嘻篇的解释"》，《文学遗产选集》（二辑），作家出版社，1957，第81页。

⑤ 毛亨撰，郑玄笺，陆德明音义，孔颖达疏，阮元校勘《附释音毛诗注疏》卷十九，清嘉庆南昌府学重刊宋《十三经注疏》本。

⑥ 毛亨撰，郑玄笺，陆德明音义，孔颖达疏，阮元校勘《附释音毛诗注疏》卷十九，清嘉庆南昌府学重刊宋《十三经注疏》本。

⑦ 欧阳修：《诗本义》卷十四，民国二十四年至二十五年上海商务印书馆《四部丛刊三编》影宋本。

学者，于是何楷继承其说并进一步指出："成王名诵，康王父也。"① 于是认为《噫嘻》是康王时期的乐歌，是康王在祈谷郊前在祢宫卜郊，祭祀成王并戒农官的诗。然而，即使将"成王"看成是谥号，也不能判断《噫嘻》一定产生于康王时代，因为后代的帝王都可以称呼"成王"为成王。可见，对"成王"一词的不同理解是对诗歌年代产生分歧的主要原因。

关于"昭假"，大多学者都将"昭"释为"著"，"假"解为"至"。马瑞辰《毛诗传笺通释》云："言其精诚之显达曰昭假。戴氏震曰：'精诚表见曰昭，贯通所至曰假。'"② 对于这种解释，多数学者并无异议。但是，"精诚显达"是人对神还是神对人，学者们却意见不同。何楷认为"昭假"是神对人的"精诚显达"。他说："我成王于冥冥之中其神灵贯彻已昭，昭至于尔之所事矣。"③ 憩之认为"昭假"是"当时在祭祀时的阶级习惯语。……被用于在生人对神或死人的在天之灵说话的时候，是人对神'昭假'，而不是神对人'昭假'"④。然根据古代典籍和出土文献的记载来看，神对人和人对神的两种情况皆可用"昭假"一词（见下文论述）。

对"昭假"的不同理解导致了对"尔"的不同理解。此诗中共有三个"尔"，"既昭假尔"之"尔"，郑玄释为"矣"，谓"其德已著至矣"⑤；范处义《诗补传》解为"天（上帝）"，即"既足以昭假于天而受天明命矣"⑥；何楷译为"农官"，将"既昭假尔"释为成王的神灵贯彻昭至于农官所从事之农事；憩之认为指成王。"骏发尔私""亦服尔耕"中的"尔"，郑玄、范处义和何楷都释为"农夫"，与"既昭假尔"之"尔"的解释不同。为何同一个"尔"字在文中会有不同的含义呢？这样的解释影响了诗歌的内在逻辑。

除学者们对字词的不同解释影响了诗歌文本的逻辑关系外，对诗歌主

---

① 何楷：《诗经世本古义》卷十一，《文渊阁四库全书》本。

② 马瑞辰：《毛诗传笺通释》卷二十九，清光绪十四年南菁书院刊《皇清经解续编》本。

③ 何楷：《诗经世本古义》卷十一，《文渊阁四库全书》本。

④ 憩之：《关于周颂噫嘻篇的解释》《文学遗产选集》（二辑），作家出版社，1957，第76页。

⑤ 毛亨撰，郑玄笺，陆德明音义，孔颖达疏，阮元校勘《附释音毛诗注疏》卷十九，清嘉庆南昌府学重刊宋《十三经注疏》本。

⑥ 范处义：《诗补传》卷二十六，清同治十二年粤东书局刊《通志堂经解》本。

旨的解释也有着不合理之处。其一，孔颖达认为此诗是春夏祈谷求雨之诗，但此诗并没有提及有关祈谷和求雨之事。且孟春祈谷与仲夏雩祭二礼存在着区别，不宜同用一首乐歌。雩祭只是单纯地求雨，而祈谷需要上帝保护的范围较广，除要求免除旱灾外，还有风灾、水灾、雹灾、虫灾等影响农作物丰收的一切灾害。因此，孔颖达的解释有欠稳妥。

其二，何楷引《竹书》"康王三年，申戒农官，告于庙"① 为据，认为《噫嘻》是描写康王卜弥宫戒农官之事。然而，据《四库全书总目提要》所载"（《竹书》）其伪则终不可掩也"可知《竹书》是伪书，不能作为证据。《先秦大文学史》也说："唐朝以后，《竹书纪年》便逐渐散失，南宋时仅剩几卷残篇，元初连残卷也全亡佚了。明嘉靖年间突然出现了一种分上、下卷的《竹书纪年》，称为'今本'，与亡佚的《竹书纪年》显然不同，经清代学者考定系明人范钦伪作。"② 所以，何楷所引《竹书纪年》所载不足为证。况且，《礼记·郊特牲》云："卜之日，王立于泽，亲听誓命，受教谏之义也。献命库门之内，戒百官也。大庙之命，戒百姓也。"只载"戒百官"之事，并无"戒农官"之说。因此，何楷所持"卜郊于庙"一说理由并不充分。

其三，庄述祖认为《噫嘻》是郊祀时助祭诸侯之诗，其理由有二。一，《昊天有成命》是郊祀歌，而《诗经》中不应同时有两首郊祀诗，所以《噫嘻》应为郊祀时助祭诸侯之诗。其言："《昊天有成命》为郊祀之歌，而祈谷上帝即夏正之郊，不应既歌《昊天有成命》又歌《噫嘻》也。言春夏祈谷于上帝者，夏正之郊，所祀者昊天上帝也。"③ 二，"噫嘻"是在位者偏问之词。庄述祖云："'噫嘻'皆叹声，嘻既为和，噫既为倡，从其发歌以呼之，亦欲在位者之偏问之也。"④ 并列举了《清庙》中的"于穆清庙"句来加以证明。

但是，庄述祖的理由并不充分。首先，《噫嘻》不能与《昊天有成命》同时成为郊祀诗，那也不必就是郊祀时的助祭之诗，其诗歌主旨很可能另

①　何楷：《诗经世本古义》卷十一，《文渊阁四库全书》本。
②　赵明主编《先秦大文学史》，吉林大学出版社，1993，第623页。
③　庄述祖：《周颂口义》卷二，清光绪十四年南菁书院刊《皇清经解续编》本。
④　庄述祖：《周颂口义》卷二，清光绪十四年南菁书院刊《皇清经解续编》本。

有他意。其次，仅凭"噫嘻"这一感叹词并不能确定其一定是在位者偏问之词。"噫嘻"或"噫""嘻"作为叹词并不能表明说话者的地位高低。如《论语·子张》中子夏与子游的谈话用到"噫"，"子夏闻之，曰：'噫！言游过矣！君子之道，孰先传焉？'"又如《左传·定公八年》阳虎与其从者的对话用到"嘻"，"从者曰：'嘻！速驾，公敛阳在。'"最后，从诗歌内容所反映出的农事来看，与诸侯助祭并不相关。由此可见，《噫嘻》是"遣诸侯助祭于庙"之诗的可能性不大。由此看来，无论哪种解释都不能从诗中看出祈谷之意。如张次仲《待轩诗记》言："篇中绝无祈谷之语。"①

其次，看"戒农官"说。

由于受到疑序之风的影响，宋代学者们摒弃了"春夏祈谷"说，根据《竹书》"康王三年，申告农官，告于庙"②提出此诗为"戒农官"之诗。同时，对诗中的"成王"和"尔"进行了重新的阐释。

虽然持此类观点的学者都将"成王"看作成王，但由于对"成王"是不是谥号的看法不同，导致了对此诗的年代问题的分歧。或认为是成王戒农官，如朱熹《诗集传》；或认为是康王戒农官，如辅广《诗童子问》；或认为是成王之后的各时期的王戒农官，如朱善《诗解颐》。

关于"尔"字，朱熹、辅广和张次仲将三个"尔"都看作"田官"，则全诗大意为成王"昭明感格于"田官，告戒田官率领农夫在田官的土地上为田官耕作。虽然，三个"尔"的解释统一了，但诗歌文本的逻辑关系并不合理。如果是田官率领农夫在田官自己的土地上为自己耕作，一定会尽心尽力，那为何还需要成王来告戒呢？不是多此一举吗？况且，如果此诗主旨仅是告戒农官，则不必列于《颂》中。如何楷所说："朱子以为亦戒农官之词，则此诗宜在《雅》，不宜在《颂》。"③又陈启源《毛诗稽古编》卷二十三所言："《臣工》《噫嘻》以为戒农官，而不思《颂》篇皆用于祭祀。"④再如方玉润《诗经原始》所说："'戒农官'何必祷及成王？此易辨者。乃又云'成王始置田官'，则尤谬。季明德曰：'农事，古人所

①　张次仲：《待轩诗记》卷八，《文渊阁四库全书》本。
②　引自何楷《诗经世本古义》卷十一，《文渊阁四库全书》本。
③　何楷：《诗经世本古义》卷十一，《文渊阁四库全书》本。
④　陈启源：《毛诗稽古编》卷二十三，清道光九年广东学海堂刊《皇清经解》本。

急。治农之官，自古有之。况武所重者民食，岂待成王而始置哉？'"① 可见，说《噫嘻》是"戒农官"之诗，还有欠稳妥。

再看"反映籍田"说。

自陈奂提出"反映籍田"说后，现当代学者多遵从此说。学者们借助出土文献资料对一些重点词语进行了新的阐释。

"既昭假尔"一句受到的关注最多。郭沫若等学者接受憩之的观点，认为"昭假"是生人对神或死人的在天之灵说话的敬语。他早时在《由周代农事诗论到周代社会》一文中指出，因"古时候并无谥法"，②所以"成王"是生时的周成王，"昭假"为召集之义，"尔"是农官，"既昭假尔"译为"（我们的主子周成王）既已经召集了你们来"③。后来因读了憩之《关于周颂噫嘻篇的解释》后，同意憩之的观点。于是将"尔"的解释由田官改为"先公先王"，将此句改译为"（我们的成王）既已经招请了你们（各位先王先公）来"④。人称改变导致诗歌的语气发生变化，田官率领农夫耕种变为成王率领农夫耕耘，可见，如何解释"昭假"一词对理解诗歌的主旨非常重要。一些学者则坚持"昭假"既可以用于人对神，也可以用于神对人，如胡毓寰和孙作云。胡毓寰结合《诗经》、周代金文、《尚书》等文献中的"昭""格""邵各""邵霅"和"昭告"等词语，指出："全诗经中的昭假一词，都具有神灵与生人精神意识相感通的意义。不论其为神对人，或人对神，都是有把一方的意识用精神默示或由第二人代述告另一方知晓的意义。"⑤认为"噫嘻'既昭假尔'，不一定是生人对前王之灵，更可能是前王之灵对生人"⑥。杨琳提

① 方玉润：《诗经原始》卷十六，民国十三年泰东图书局影印《云南丛书》本。
② 郭沫若：《由周代农事诗论到周代社会》，《青铜时代》，中国人民大学出版社，2005，第73页。
③ 郭沫若：《由周代农事诗论到周代社会》，《青铜时代》，中国人民大学出版社，2005，第73页。
④ 郭沫若：《读了〈关于周颂噫嘻篇的解释〉》，《文学遗产选集》（二辑），作家出版社，1957，第82页。
⑤ 胡毓寰：《关于诗经噫嘻篇"昭假"一词意义的问题》，《文学遗产选集》（二辑），作家出版社，1957，第86~87页。
⑥ 胡毓寰：《关于诗经噫嘻篇"昭假"一词意义的问题》，《文学遗产选集》（二辑），作家出版社，1957，第88页。

出"昭假"是"洁祀"①之义。

对"昭假"一词的不同解释，直接影响了对"尔"的理解。郭沫若认为三"尔"字皆指成王的"先王先公"；胡毓寰以为三"尔"字是"田大夫"；孙作云认为第一个"尔"是周成王所召集的田畯，后两个"尔"是为田畯所率领的农夫，并将《噫嘻》诗分成对话体的两章。

关于"私"，多数学者将其释为私田，但在"私田"的所有权上意见却不相同。陈奂《诗毛氏传疏》以为是民田。牟庭《诗切》云："私，谓禾田也。《说文》曰：'私，禾也。'北道名禾主人曰私主人。"②马开樑《"遂及我私"、"骏发尔私"解》认为"私"一般是指"卿大夫私家的土地财物"。③夏纬英《〈诗经〉中有关农事章句的解释》又以为是"周王的私田"。郭沫若认为"私"不是"私田"而是"耜"，"是指各人所有的家私农具，而且可能也就是'耜'字的错误，照诗的层次上来说，是应该这样解释的"。④袁长江《浅谈〈噫嘻〉之"私"——兼与孙作云先生商榷》和高光晶《"骏发尔私"新解》同意郭沫若的观点。

从以上分析可以看出，由于历代学者对《噫嘻》中"成王""昭假""尔""私"等关键字词以及诗文本内在逻辑关系的理解不同，导致了对《噫嘻》主旨的理解也不相同。

三 《噫嘻》主旨辨正

《噫嘻》一诗短小精悍，留给读者无数想象与解释的空间。若要探求此诗的真谛，应从诗歌文本的内在逻辑关系、字词的含义和诗歌的功用几个角度来考察。

首先来看诗歌的文本结构和内在的逻辑关系。

"噫嘻"，毛《传》云："噫，叹也。嘻，和也。"⑤朱熹《诗集传》

---

① 杨琳：《"昭假"新解》，《四川大学学报》（哲学社会科学版）1988年第4期，第93页。
② 牟庭：《诗切》，清嘉庆二十一年《雪泥屋遗书》抄本。
③ 马开樑：《"遂及我私"、"骏发尔私"解》，《思想战线》1986年第3期，第84页。
④ 郭沫若：《由周代农事诗论到周代社会》，《青铜时代》，中国人民大学出版社，2005，第73页。
⑤ 毛亨撰，郑玄笺，陆德明音义，孔颖达疏，阮元校勘《附释音毛诗注疏》卷十九，清嘉庆南昌府学重刊宋《十三经注疏》本。

云："噫嘻，亦叹辞也。"① 作为叹词也即发语词，经常被用在发表讲话的开头，如：

> 二公及王乃问诸史与百执事，对曰："信。噫！公命我勿敢言。"（《周书·金縢》）
> 颜渊死。子曰："噫！天丧予！天丧予！"（《论语·先进》）
> 从者曰："嘻！速驾，公敛阳在。"（《左传·定公八年》）
> 齐王和其颜色曰："嘻！先君之庙在焉！"（《战国策·齐策三》）
> 许由曰："噫！未可知也。"（《庄子·大宗师》）

由此可知，此诗的内容是一篇讲话，而讲话的对象是第二人称"尔"。对于诗中的三个"尔"是不是同一对象的问题，不同的学者看法不同，有的学者认为三个"尔"是同一对象，如辅广；而有的学者则以为前一个"尔"与后两个"尔"所指不同，如孙作云，他认为此诗应"分成两章"，三个"尔"字是"指着两种不同身份的人，说着两种不同内容的话。即首四句是成王的侍卫，即所谓'保介'之类的人物，向小农官、即'田畯'所说的话……其次是小农官向农夫们传达的话"。② 并说"当初举行这种耤田典礼时的实际情况就是如此"。③ 但是，从《国语·周语上》中关于"籍田礼"情况的记载来看，有讲话机会的是"太史""稷"和"司徒"，并无"保介"一类的"侍卫"发表讲话的记载，可见，孙作云的这种理解只是一种猜测，因此，他将诗分成两章，将"尔"看成是"两种不同身份的人"的做法并不科学。

本书认为三个"尔"皆应指同一对象。一方面，从《诗经》诗歌中所用"尔"的情况来看，即使诗中多次出现"尔"，但"尔"皆同指某一个人或某一类人，如《邶风·谷风》《小雅·天保》《小雅·我行其野》《大

---

① 朱熹：《诗集传》卷十九，民国二十四年至二十五年上海商务印书馆《四部丛刊三编》影宋本。
② 孙作云：《诗经与周代社会》，中华书局，1966，第179页。
③ 孙作云：《诗经与周代社会》，中华书局，1966，第179页。

雅·既醉》《鲁颂·闷宫》等。另一方面，《噫嘻》既是一篇讲话，则讲话
的对象应为同一对象，这也符合此诗为一章的结构特点。根据"骏发尔
私"和"亦服尔耕"两句判断，诗中的三个"尔"皆应指农夫，农夫为
讲话的对象，则讲话者应是管理农夫、管理农事的人。又根据"噫嘻成
王，既昭假尔"句可知讲话者不是成王（见下文论述），应是管理农夫和
农事的农官。如此看来，全诗是以一个农官的口吻发表的有关农事情况的
讲话。

其次，通过对关键字词的分析来探求诗歌文本的内在逻辑关系。

"成王"，毛《传》云："成是王事也"，解释过于牵强。欧阳修《诗本
义·时世论》云："成王者，成王也。犹文王之为文王，武王之为武王也。"
所言极是。"成王"，即周成王，如《昊天有成命》之"成王不敢康"。孔颖
达等学者认为"成王"是谥号，"非是崩后，不得称成之谥"。但郭沫若
《由周代农事诗论到周代社会》中言："其实古时候并无谥号，……谥法大
抵是战国中叶才规定的。"① 郭沫若认为诗中的成王是在生的成王，应该说
是可以成立的，这一点可以求证于金文。

> 唯成王大秾在宗周，赏献侯颥贝，用作丁侯尊彝。奄。（献侯鼎，
> 《集成》2626）②

陈梦家《西周铜器断代》注此为西周成王时器，并说："成王是生称，
故此器确为成王时器。第五字是祭名。史叔隋器'佳王秾于宗周'，与此
同。献侯下的一个字，可能是其私名。末字是族名。"③ 又《商周青铜器铭
文选》云："秾，卜辞中秾字多用为祈求之义。……或从示，用为祭名。
《说文·示部》无襗。以声义而言当即被字。……被为祈福除恶之祭。"④

---

① 郭沫若：《由周代农事诗论到周代社会》，《青铜时代》，中国人民大学出版社，2005，第
72 页。
② 中国社会科学考古研究所编《殷周金文集成释文》第二卷，香港中文大学出版社，2001，
第 293 页。
③ 陈梦家：《西周铜器断代》，中华书局，2006，第 63 页。
④ 马承源主编《商周青铜器铭文选》卷三，文物出版社，1988，第 16 页。

铭文意为成王在宗周举行祈福除恶的祭祀，赏赐献侯鼎贝，作为丁侯尊彝。如是死去的成王，怎会赏赐献侯呢？故“成王”是在生时的周成王。再如：

> 珷征商，唯甲子朝岁鼎。克闻夙有商。辛未，王在阑师，赐右史利金，用作檀公宝尊彝。（利簋，《集成》4131）

利簋是西周武王时器，记载的是武王伐纣时的事。译文为："周武王征伐商纣，甲子那天的早上（太阳出来后到早饭前），夺得了鼎，打败了昏（指商纣），推翻了商王朝。第八天辛未，武王在阑师，把铜赏给有司利，利用来做檀公的宝器。"[1]　武王封赏伐商的参与者，说明武王是生时的武王。唐兰先生说："铭文一开头说：'珷征商'，珷是武王自称，研究西周铜器的人所谓'生称王号'，过去能确定的有成王、穆王、共王和懿王，现在又增加了一个新例。"[2]　由此可见，"噫嘻成王"之成王可以被理解为生时的成王。

关于"昭假"，马瑞辰《毛诗传笺通释》云："言其精诚之显达曰昭假。戴氏震曰：'精诚表见曰昭，贯通所至曰假。'"[3]　除《噫嘻》外，《诗经》中还有四处皆用到"昭假"一词，如：

> 瞻卬昊天，有嘒其星。大夫君子，昭假无赢。（《大雅·云汉》）
> [按，据《毛诗序》载，《大雅·云汉》作于周宣王时期，是仍叔赞美宣王的作品。当时天下大旱，宣王非常忧虑，为消去灾害，宣王勤于祭祀祷告，"大夫君子，昭假无赢。"意为大夫、公卿不停地祭祀祷告不敢怠慢（希望精诚感动上天，及时降雨）。]
> 天监有周，昭假于下。保兹天子，生仲山甫。（《大雅·烝民》）

---

① 唐兰：《西周时代最早的一件铜器利簋铭文解释》，《唐兰先生金文论集》，紫禁城出版社，1995，第205页。

② 唐兰：《西周时代最早的一件铜器利簋铭文解释》，《唐兰先生金文论集》，紫禁城出版社，1995，第206页。

③ 马瑞辰：《毛诗传笺通释》卷二十九，清光绪十四年南菁书院刊《皇清经解续编》本。

[按，此诗是赞美诸侯仲山甫有美德的诗，此句诗是说上天注视着周朝，昭明之德施于下方。保佑周朝的天子，生下辅佐之臣仲山甫。]

允文允武，昭假烈祖。靡有不孝，自求伊祜。(《鲁颂·泮水》)
[按，《泮水》颂美鲁僖公能修文德。此句诗意为有文才又有武略，精诚先祖能感到。没有一人不效法，力求上天长庇佑。]

汤降不迟，圣敬日跻。昭假迟迟，上帝是祗，帝命式于九围。
(《商颂·长发》)[按，《长发》祭祀殷商先王及汤的乐歌。此句是说汤的降生恰逢其时，圣敬之德天天上升。向神祷告久而不息，恭恭敬敬地祀奉上帝，上帝命令他执政九州。]

以上四例中，"昭假无赢""昭假烈祖"和"昭假迟迟"表达的都是下对上的精诚，而"昭假于下"表现的是上对下的感召。由此看来，"昭假"一词的含义"不论其为神对人，或人对神，都是有把一方的意识用精神默示或由第二人代述告另一方知晓的意义"①。

这样，"噫嘻成王，既昭假尔，率时农夫，播厥百谷"句就译为"啊啊，成王，其诚意已表达给你们，率领着你们农夫，来播种百谷"。其描绘的正是早春时节，成王率领着农夫开耕播种的情景。这一情景就是"躬耕帝籍"，正与《国语·周语》和令鼎铭文中所描绘的籍田礼的情形相同。《国语·周语》云：

> 王乃使司徒咸戒公卿、百吏、庶民，司空除坛于籍，命农大夫咸戒农用。先时五日，瞽告有协风至。王即斋宫，百官御事各即其斋三日。王乃淳濯飨醴。及期，郁人荐鬯，牺人荐醴，王裸鬯，飨醴乃行，百吏、庶民毕从。

又令鼎铭文载：

---

① 参看胡毓寰《关于诗经噫嘻篇"昭假"一词意义的问题》，《文学遗产选集》(二辑)，作家出版社，1957，第87页。

　　王大耤农于諆田，锡，王射，有嗣眔师氏小子卿射，王归自諆田。

（令鼎，《集成》2803）

　　令鼎是昭王时器，铭文记载的正是周昭王举行籍田典礼，并且在籍田
礼中还举行飨礼、射礼的情景，与《噫嘻》篇在内容上大多吻合。由此可
知，此诗很可能是反映籍田礼仪的诗。

　　"骏发"，郑玄《笺》云："骏，疾也。发，伐也。"①《六书故》云：
"马之俊才也。《书》曰：'骏奔走'，《诗》亦云。又曰：'骏发尔私'，皆言
乎其敏疾也。"② 马瑞辰《毛诗传笺通释》云："据《周语》'土乃脉发'，
韦注引《农书》曰'春土冒橛，陈根可拔，耕者急发'，骏发即急发，《笺》
训骏为疾是也。……《吕氏春秋·音律篇》曰：'太蔟之月，阳气始生，草
木萌动，令农发土，毋或失时'，亦骏发之义。"③ 可知，"骏"有迅速、急
速之义。"发"，郑《笺》："伐也"。《说文》云："耦，耒广五寸为伐，二伐
为耦。"④《周礼·匠人》言："耜广五寸，二耜为耦，一耦之伐广尺深尺，
谓之畎。"可见，"伐"在这里是量词，指用耜或耦翻土的量。马瑞辰云：
"发谓发此一伐之土。《周语》'王耕一墢'，韦注：'一墢，一耜之墢。'墢
亦伐也。"⑤ 据此可知，"骏发"是农官告戒农夫们要不违农时，快速地发
此土地。如《国语·周语》中所载农官稷告戒农夫的话："'阴阳分布，震
雷出滞。'土不备垦，辟在司寇。"昼夜长短差不多，春雷震震，冬眠的虫
类也开始出土来活动，土地如不按时全部耕完，将会由司寇治罪。

　　关于"私"，毛《传》云："民田也"。从《小雅·大田》中"雨我公
田，遂及我私。"句来看，"私"指"民田"的可能性很大。但从此诗所
写为籍田礼的角度来看，天子率领农夫们播种的籍田属于天子所有，并非
是"民田"，所以将"私"解为"民田"则与全诗的内容不符。马开樑认

①　毛亨撰，郑玄笺，陆德明音义，孔颖达疏，阮元校勘《附释音毛诗注疏》卷十九，清嘉
　　庆南昌府学重刊宋《十三经注疏》本。
②　戴侗：《六书故》卷十七，《文渊阁四库全书》本。
③　马瑞辰：《毛诗传笺通释》卷二十九，清光绪十四年南菁书院刊《皇清经解续编》本。
④　许慎：《说文解字》卷四下，毛氏汲古阁本。
⑤　马瑞辰：《毛诗传笺通释》卷二十九，清光绪十四年南菁书院刊《皇清经解续编》本。

为"私"指"卿大夫私家的土地财物"也是不符合籍田礼的实际情况的。牟庭《诗切》说:"私,谓禾田也。"① 此说避开了"公田"和"私田"之分,似有一定道理,但诗言"播厥百谷"并非只有禾一种农作物,因此,其说也有欠稳妥。郭沫若解"私"为耜,徐中舒也同意此说:

> 耜,异体甚多,小篆作梠、作枱,籀文作辬,或作枱,经传作耜,广雅作鉏,又厶字后世音变为私,人遂误以为公私之私之初文,不知其实即耜字也。《说文》另出厶字列为部首第三四八,解曰:厶,奸衺也。韩非曰仓颉作字自营为厶(私),公私之私乃借意,非本意。②

高鸿缙又曰:

> 吕甲金文均作厶,即古耜之象形文,象曲柄折颈宛口向内之形,其用如今日之挖锹,所以发土也。后以其为木制故加木旁作梠,后又以其用与耒同功,故亦加耒旁作耜,耒即今日之犁而形相异,耒与耜均耕作之具,故常同称,《易·系辞》"斲木为耜,揉木为耒。"古皆木制后人始各冠金于其首,欲其利也。徐灏曰:耒耜本二物……《考工记》曰:"匠人为沟洫,耜广五寸,二耜为耦,一耦之伐,广尺,深尺,谓之畖",是耜为伐地起土之器明甚。③

高光晶《"骏发尔私"新解》一文推测:"因为周代农具耒耜的'耜'呈厶形,在书写《诗·周颂·噫嘻》'骏发尔私'句内,开始写成厶,后来抄写成厶。秦始皇焚书失去古文献后,汉代学者在老儒背诵的条件下,将厶写成'私',一直错误到今天。这说明'骏发尔私'是'骏发尔耜'之误。"④ 按照郭沫若、徐中舒、高鸿缙和高光晶等的说法,"骏发尔私"句指用耒耜快速地发此土地。耜与"骏发"搭配确实有一定道理。

---

① 牟庭:《诗切》,清嘉庆二十一年《雪泥屋遗书》抄本。
② 转引自周法高主编《金文诂林》,香港中文大学出版社,1974,第8309页。
③ 转引自周法高主编《金文诂林》,香港中文大学出版社,1974,第8305页。
④ 高光晶:《"骏发尔私"新解》,《湖南师范大学社会科学学报》1998年第4期,第107页。

关于"终三十里",毛《传》言:"各极其望也。"① 郑《笺》引《周礼》释曰:"计此万夫之地,方三十三里少半里也。……耕言三十里者,举其成数。"② 两种理解似都能讲通。比较有启发性的是牟庭的解释,其《诗切》曰:"三十里谓近郊之地,籍田所在处也。"③《鲁颂·駉》孔颖达《疏》引昭二年《左传》"'晋侯使郊劳'服虔注曰:'近郊三十里。'"④《硕人》曰:"硕人敖敖,说于农郊",毛《传》曰:"农郊,近郊。"近郊之所以被称为农郊,是因为近郊有农田,而这农田很可能就是籍田。《礼记·祭统》言:"天子亲耕于南郊。"可知籍田确在"近郊之地"。"终三十里"则如"庶人终于千亩"之"终,尽耕也"⑤ 之意。于是,"骏发尔私,终三十里。亦服尔耕,十千维耦。"句译为(用耒耜)快速地发此土地,耕完三十里。大力从事你们的耕作,组成庞大的耕种队伍。

综上所述,《噫嘻》描写的是早春时节周成王率领农夫们耕种帝籍时,农官发布的讲话。据《国语·周语》所载:"稷则遍诫百姓,纪农协功,曰:'阴阳分布,震雷出滞。'土不备垦,辟在司寇。乃命其旅曰:'徇,农师一之,农正再之,后稷三之,司空四之,司徒五之,太保六之,太师七之,太史八之,宗伯九之,王则大徇,耨获亦如之。'"此农官很可能是稷,而作为籍田礼的主持者,稷发布劝农耕作的讲话也是合情合理的。所以《噫嘻》的主旨就是籍田礼时,主管农事的农官稷发布的训词。

第四节 《周颂·臣工》主旨辨正

嗟嗟臣工,敬尔在公。王厘尔成,来咨来茹。嗟嗟保介,维莫之

① 毛亨撰,郑玄笺,陆德明音义,孔颖达疏,阮元校勘《附释音毛诗注疏》卷十九,清嘉庆南昌府学重刊宋《十三经注疏》本。
② 毛亨撰,郑玄笺,陆德明音义,孔颖达疏,阮元校勘《附释音毛诗注疏》卷十九,清嘉庆南昌府学重刊宋《十三经注疏》本。
③ 牟庭:《诗切》,清嘉庆二十一年《雪泥屋遗书》抄本。
④ 毛亨撰,郑玄笺,陆德明音义,孔颖达疏,阮元校勘《附释音毛诗注疏》卷二十,清嘉庆南昌府学重刊宋《十三经注疏》本。
⑤ 韦昭注:《国语》卷一,《文渊阁四库全书》本。

春。亦又何求？如何新畬。於皇来年，将受厥明。明昭上帝，迄用康年。命我众人，庤乃钱镈，奄观铚艾。

一 《臣工》主旨众说举要

关于《臣工》一诗的主旨，历来众说纷纭，主要有以下五类观点。

（一）"诸侯助祭遣于庙"说。此说出自《毛诗序》："《臣工》，诸侯助祭遣于庙也。"① 宋代以前影响较大。后孔颖达《疏》、苏辙《诗集传》、严粲《诗缉》等持此观点。

（二）"戒农官"说。受宋代疑《序》之风影响，朱熹《诗集传》提出此诗是"戒农官之诗"，② 此说对后世影响也比较大。辅广《诗童子问》、季本《诗说解颐》等多从此说。

（三）"籍田"说。王质首先提出这一观点，其《诗总闻》云："此恐是籍田之礼"。③ "籍田礼"，从广义上看，包括早春始耕、夏季除草和秋季收获三个典礼。④ 后世学者据此又引申出以下三种说法。（1）早春始耕典礼。见姚际恒《诗经通论》引邹肇敏之说："耕籍而戒农官"⑤ 之诗。又魏源《诗古微》以为此诗是描写始耕典礼后，回到宫中，在大寝举杯宴饮，"执爵劳酒受釐告戒之事"。⑥ （2）夏季除草典礼。见葛培岭所注《诗经》："这（按，指《臣工》）是在成王举行的耨礼上所唱的乐歌。"⑦ （3）秋季收获典礼。见陈戍国《诗经校注》："籍田礼之前命臣工、众人割

① 毛亨撰，郑玄笺，陆德明音义，孔颖达疏，阮元校勘《附释音毛诗注疏》卷十九，清嘉庆南昌府学重刊宋《十三经注疏》本。
② 朱熹：《诗集传》卷十九，民国二十四年至二十五年上海商务印书馆《四部丛刊三编》影宋本。
③ 王质：《诗总闻》卷十九，清道光二十六年钱氏刊本。
④ 根据《国语·周语上》中载虢文公论籍田礼仪时所说："耨、获亦如之。"可知，广义的"籍田礼"包括早春始耕典礼、夏季除草典礼和秋季收获典礼。当代一些学者，如鲁洪生先生也同意此观点，见《诗经学概论》，辽海出版社，1998。
⑤ 姚际恒：《诗经通论》十六，成都书局据道光十七年韩城王笃刻本重刊本，1927。
⑥ 魏源：《诗古微》卷十七，清光绪十四年南菁书院刊《皇清经解续编》本。
⑦ 葛培岭注译《诗经》，中州古籍出版社，2005，第282页。

麦之事。"①

（四）"省耕"说。省耕，是"周代关于农业生产的一种制度，指的是周王或领主巡视春耕秋收"②。省耕说源于朱谋㙔《诗故》："王者春省耕也"。③ 后徐璈补充并丰富了这一观点，其《诗经广诂》云："此篇其为省耕而祈麦实之乐歌与！"④

（五）"祈谷"说。此说出自朱朝瑛《读诗略记》："此祈谷而戒农事也。"⑤ 后李光地《诗所》在此基础上又加以扩展，曰："此既祈谷于上帝配以后稷，因而致祭农官之诗。"⑥ 杨名时《诗经札记》同意李光地所言并加祈雨之说，云："祈谷时歌之，至龙见后祀赤帝祈雨，亦祀从祀后稷之农官，而歌此诗与！"⑦

以上五类观点，自不可能全都符合诗歌的文本实际，还有待于一一辨析。

二　《臣工》主旨众说剖析

首先看第一类观点。《毛诗序》、孔颖达等所持的"诸侯助祭遣于庙"说缺乏时间上的依据。孔颖达云："周公、成王之时，诸侯以礼春朝，因助天子之祭。事毕将归，天子戒敕而遣之于庙。诗人述其事而作此歌焉。"⑧ 他认为此诗所写内容发生在诸侯春朝之时。又说："诸侯之朝，皆用孟月。"⑨（按，"孟月"，孔颖达意为春夏秋冬四季中的第一个月，即孟冬、孟夏、孟秋和孟冬。）按照孔颖达之意则诸侯春朝在孟春之时。从《礼记·月令》所载立春、立夏、立秋和立冬之日，皆有诸侯参加迎春、

---

① 陈戊国：《诗经校注》，岳麓书社，2004，第398页。
② 鲁洪生：《诗经学概论》，辽海出版社，1998，第232页。
③ 朱谋㙔：《诗故》卷十，民国四年南昌豫章丛书编刻局刊《豫章丛书》本。
④ 徐璈：《诗经广诂》卷二十七，《续修四库全书》本。
⑤ 朱朝瑛：《读诗略记》卷六，《文渊阁四库全书》本。
⑥ 李光地：《诗所》卷八，清道光九年李维迪刊《榕村全书》本。
⑦ 杨名时：《诗经札记》，《文渊阁四库全书》本。
⑧ 毛亨撰，郑玄笺，陆德明音义，孔颖达疏，阮元校勘《附释音毛诗注疏》卷十九，清嘉庆南昌府学重刊宋《十三经注疏》本。
⑨ 毛亨撰，郑玄笺，陆德明音义，孔颖达疏，阮元校勘《附释音毛诗注疏》卷十九，清嘉庆南昌府学重刊宋《十三经注疏》本。

迎夏、迎秋和迎冬活动来看，春朝、夏宗、秋觐和冬遇确有可能是在孟春、孟夏、孟秋和孟冬时节进行。诸侯助祭的情况也很可能就发生在这几个时间段。但是，诗中"维莫之春"是夏历季春（见下文论述），并非如郑玄和孔颖达所说是"周之季春，于夏为孟春"①。而且，夏历季春之时，春朝时间已过，诸侯也应回到自己的封地，并没有时间作为助祭者去参与天子的祭祀。因此，孔《疏》和《毛诗序》所说皆缺乏时间上的根据。

其次，看以朱熹为代表的"戒农官"说，虽有一定道理，但过于含糊不清。因为，朱熹并没有说明是在怎样的场合、怎样的情况下"戒农官"。如果此诗只是"戒农官"而已，并无宗庙祭祀的内容，是不太可能被列于《颂》诗之中的。所以，朱熹之说还不够具体充分。

再次，朱谋㙔和徐璈提出的"省耕"说，并不合理。因为，其一，"省耕"是农业生产的一种制度，不属于宗庙祭祀的乐歌，因而不宜列于《颂》中。其二，徐璈说《臣工》是"省耕而祈麦实之乐歌"，将省耕与祈丰年联系到一起，更是风马牛不相及。因为，祈麦实属于祭祀典礼，而省耕并不属于祭祀的典礼。因此，不能说《臣工》既是省耕之诗又是祈丰年之诗。

复次，看朱朝瑛、李光地等所持的"祈谷"说。这一观点同样缺乏足够依据，且一一驳之。朱朝瑛言此诗是"祈谷而戒农事"之诗，"戒农事"之言较为合理，但"祈谷"之说则不妥当。因为，据《礼记·月令》载："孟春之月……天子乃以元日，祈谷于上帝"，"仲夏之月……乃命百县雩祀百辟卿士有益于民者，以祈谷实"。可知，祈谷的时间是在孟春，祈谷实的时间是在仲夏，皆与"维莫之春"（即夏历季春，见下文论述）时间不符。

李光地认为《臣工》是"既祈谷于上帝配以后稷，因而致祭农官"之诗，这一说法过于牵强。此诗不言祈谷，前已论及。即便是祈谷，也不可能是祭祀农官。因为根据先秦典籍，祈谷时只以后稷配祀上帝，如"思文后稷，克配彼天"（《诗经·思文》）、"昔者周公郊祀后稷以配天"（《孝

---

① 毛亨撰，郑玄笺，陆德明音义，孔颖达疏，阮元校勘《附释音毛诗注疏》卷十九，清嘉庆南昌府学重刊宋《十三经注疏》本。

经·圣治章》），并无农官配祀上帝之事，也无农官配祀后稷之说，更无祈谷时也祭从祀后稷的农官的记载，可见其说缺乏文献依据。另外，从诗歌所反映的内容来看，也与祭祀农官不符。况且，如果是祭祀农官的诗就没有资格被列在《周颂》中了。

杨名时说《臣工》是"祈谷时歌之，至龙见后祀赤帝祈雨，亦祀从祀后稷之农官"之诗，这一观点并不合理。首先，"龙见"后"祈雨"的时间与此诗所言"莫春"时间不符。《左传·桓公五年》载："启蛰而郊，龙见而雩。"杜氏注："龙见，建巳之月"，建巳之月为夏历四月，是孟夏时节。"龙见而雩"说明雩祭祈雨也在孟夏时节。《礼记·月令》载："仲夏之月，……命有司为民祈祀山川百源。大雩帝，用盛乐。"表明雩祭祈雨时间是在仲夏之月。无论是孟夏还是仲夏都与"维莫之春"（夏历季春）时间不符。其次，杨名时认为祈雨时祀赤帝也祀从祀后稷的农官，并无依据。根据史料记载，祀赤帝时是以炎帝为配，如郑樵《通志》卷四十二云："大雩：周制月令建巳月大雩五方上帝……太昊配青帝，炎帝配赤帝，轩帝配黄帝，少昊配白帝，颛帝配黑帝。"[1] 又如刘彝云："迎赤帝则配以炎帝"，[2] 并无农官配祀赤帝的记载。同时也没有祈雨时祭祀农官之事。因此，三者所持的"祈谷"说不合理。

最后看王质等人提出的"籍田"说。下面按广义"籍田礼"所包括的早春始耕典礼、夏季除草典礼和秋季收获典礼逐个加以辨析。

姚际恒和魏源认为此诗描写的是早春始耕典礼，但根据《礼记·月令》："孟春之月……天子……帅三公、九卿、诸侯、大夫躬耕帝籍。"早春始耕典礼在夏历孟春，与此诗季春（见下文论述）时节不符。另外，早春始耕典礼时，天子所持的农具与《臣工》诗中所出现的农具不同。《礼记·月令》载："天子亲载耒耜，措之于参保介御之间，……躬耕帝籍。"又《礼记·祭义》："是故昔者天子为藉千亩，冕而朱纮，躬秉耒。"从两处记载可知，由于是始耕典礼，所以天子所持工具为用于耕地的耒耜。然而，《臣工》中却不见农具耒耜的踪影。因此，早春始

---

① 郑樵：《通志》卷四十二，《文渊阁四库全书》本。

② 卫湜：《礼记集说》卷三十七，《文渊阁四库全书》本。

耕典礼之说还有欠完备。

葛培岭认为此诗描写的是夏季除草典礼，此说并不符合诗歌实际情况。其一，葛培岭将"庤乃钱镈"中的"庤"释为"准备"，将此句译为"锄头铁铲备充盈"，① 以此来说明描写的是夏季除草礼。然而"庤"字并非"准备"之义（见下文论述），这一论据并不充分。其二，诗中"维莫之春"无论是周历季春还是夏历季春，都表明是春天而非夏季，因此，说此诗写的是夏季除草典礼也缺乏时间上的依据。

陈成国说此诗描写的是"籍田礼前命臣工、众人割麦之事"。② 这一说法理由不充分。此诗确与麦子有关，"来牟"一词，苏辙《诗集传》释为"麦也"。③ 朱熹《诗集传》云："来，小麦。牟，大麦也。"④ 但是，麦子成熟于孟夏而非季春之时。如：

> 六月，丙午，晋侯欲麦，使甸人献麦，馈人为之。（《左传·成公十年》）［按，"六月"为周正六月，夏历四月（孟夏），此时新麦成熟。］
>
> 夏，六月，……楚白公之乱，陈人恃其聚而侵楚。楚既宁，将取陈麦。（《左传·哀公十七年》）［按，夏历四月（孟夏），楚国将取陈国的麦子，可知此时麦子已经成熟。］
>
> 孟夏之昔，杀三叶而获大麦。（《吕氏春秋·任地》）
>
> 孟夏之月，……农乃登麦，天子乃以彘尝麦，先荐寝庙。（《礼记·月令》）［按，"登麦""尝麦"描写的是天子用新麦荐新之事，说明孟夏之时麦子刚刚成熟。如若季春收获麦子，则不应一个月后再给天子献麦、荐新，那就失去了荐新的意义了。］

上述例子都表明麦子并非成熟于季春之时，而是孟夏时节。又《礼记·

---

① 葛培岭注译《诗经》，中州古籍出版社，2005，第282页。
② 陈成国：《诗经校注》，岳麓书社，2004，第398页。
③ 苏辙：《诗集传》卷十八，《文渊阁四库全书》本。
④ 朱熹：《诗集传》卷十九，民国二十四年至二十五年上海商务印书馆《四部丛刊三编》影宋本。

月令》云："季春之月，……天子始乘舟，……乃为麦祈实。"① 说明季春之时麦子还未成熟，没有成熟怎能收获呢？可见，陈戍国所说有欠完备。

以上剖析可见，历代学者对诗歌个别字词，如"莫春""来牟"和"厹"，及诗中用历情况的不同理解是造成对诗歌主旨解释不同的主要原因。

三 《臣工》主旨辨正

通过以上辨析可知，要想探寻此诗的主旨，必须立足于诗歌文本，分析此诗的具体字词含义及诗中的用历情况，才能探寻出比较接近诗人本意的主旨。

第一，通过对"臣工"与"保介"的辨析，可知"嗟嗟臣工"和"嗟嗟保介"二句为戒农官之辞。

"臣工"，毛《传》释为："工，官也。"② 朱熹云："臣工，群臣百官也。"③ 所言极是。

"保介"，郑玄释为"车右也"。④ 朱熹解为"农官之副"⑤。季本认为是："农官，盖专治田事者也。"⑥ 无所谓"副"。何楷进一步指出："保介，即《周礼》遂人之官。介当通作界，田有经界，保护其经界不使相混谓之保介。《遂人》职所云：'以土地之图经田野，造县鄙形体之法。皆有地域、沟树之。'而《月令》亦云：'王命布农事，命田舍东郊，皆修封疆，审端径术。'是皆保介之义也。"⑦ 又说："以《韩诗外传》明之，楚庄王寝疾，卜之曰：'河为祟。'大夫曰：'请用牲。'庄王曰：'止。古者圣王之祭不过望，濉、漳、江、汉，楚之望也。寡人虽不德，河非所获罪

---

① 郑玄注，陆德明音义，孔颖达疏《礼记注疏》卷十五，《文渊阁四库全书》本。
② 毛亨撰，郑玄笺，陆德明音义，孔颖达疏，阮元校勘《附释音毛诗注疏》卷十九，清嘉庆南昌府学重刊宋《十三经注疏》本。
③ 朱熹：《诗集传》卷十九，民国二十四年至二十五年上海商务印书馆《四部丛刊三编》影宋本。
④ 毛亨撰，郑玄笺，陆德明音义，孔颖达疏，阮元校勘《附释音毛诗注疏》卷十九，清嘉庆南昌府学重刊宋《十三经注疏》本。
⑤ 朱熹：《诗集传》卷十九，民国二十四年至二十五年上海商务印书馆《四部丛刊三编》影宋本。
⑥ 季本：《诗说解颐》卷二十七，《文渊阁四库全书》本。
⑦ 何楷：《诗经世本古义》卷九，《文渊阁四库全书》本。

也。'遂不祭。三日而疾，有瘳。孔子闻之曰：'楚庄王之霸，其有方矣。制节守职，反身不贰，其霸不亦宜乎？《诗》曰：嗟嗟保介，庄王之谓也。'《传》意以庄王能自守其疆界，不越境以求福，故引此诗，然则介之通作界，其义亦昭然矣。"① 从《韩诗外传》所引《诗》来看，"保介"并无车右之意，何楷所说很有道理，则保介就是保疆界之人，也就是农官。另外，"保介"一词，除在此诗出现外，还出现在《礼记·月令》和《吕氏春秋·孟春纪》中，三处皆与农事有关，也可证明"保介"是与农事有关的官职。既与农事有关，则"嗟嗟臣工"和"嗟嗟保介"当为戒农官之辞。

第二，从"维莫之春"句来看，此诗所描写的时间应为夏历季春时节。陆德明云："莫音暮，本或作'暮'。"② 则"维莫之春"意为维暮之春。暮春也即季春。那么，应是周历季春还是夏历季春呢？郑玄认为是"周之季春，于夏为孟春。"③ 郑玄此说为的是能与其对"保介"一词的解释相符。其说："保介，车右也。《月令》'孟春，天子亲载耒耜，措之于参保介之御间。'"④ 但从《诗经》用历来看，《诗经》多用夏历，孔颖达云："《诗》之言月，皆据夏时。"⑤ 如：

> 七月流火，九月授衣。（《豳风·七月》）
> 六月栖栖，戎车既饬。（《小雅·六月》）
> 十月之交，朔月辛卯。日有食之，亦孔之丑。（《小雅·十月之交》）［按，现代学者根据天文学测算，此次日食发生在"（前735年）的夏历十月底（阳历11月30日）的辛卯日。"⑥ 可见，"十月"

① 何楷：《诗经世本古义》卷九，《文渊阁四库全书》本。
② 毛亨撰，郑玄笺，陆德明音义，孔颖达疏，阮元校勘《附释音毛诗注疏》卷十九，清嘉庆南昌府学重刊宋《十三经注疏》本。
③ 毛亨撰，郑玄笺，陆德明音义，孔颖达疏，阮元校勘《附释音毛诗注疏》卷十九，清嘉庆南昌府学重刊宋《十三经注疏》本。
④ 毛亨撰，郑玄笺，陆德明音义，孔颖达疏，阮元校勘《附释音毛诗注疏》卷十九，清嘉庆南昌府学重刊宋《十三经注疏》本。
⑤ 毛亨撰，郑玄笺，陆德明音义，孔颖达疏，阮元校勘《附释音毛诗注疏》卷十二，清嘉庆南昌府学重刊宋《十三经注疏》本。
⑥ 聂石樵：《诗经新注》，齐鲁书社，2000，第383页。

为夏历十月。]

四月维夏，六月徂暑。（《小雅·四月》）

二月初吉，载离寒暑。（《小雅·小明》）

正月繁霜，我心忧伤。（《小雅·正月》）[按，"正月"，毛《传》云："夏之四月"，孔颖达云："经书'六月'，传言'正月'……是周之六月为正月也。周六月是夏之四月，故知正月夏之四月也。谓之正月者，以乾用事，正纯阳之月。"① 若是周历正月（即夏历十一月）或是夏历正月，则降霜皆属正常。而四月是孟夏时节，本不应有霜，所以四月霜降失时，故内心忧伤。]

以上所引诗句的用历明显是夏历。

除纪月用夏历外，《诗经》中言四季也用夏历，如：

我有旨蓄，亦以御冬。（《邶风·谷风》）

春日载阳，有鸣仓庚。……春日迟迟，采蘩祁祁。（《豳风·七月》）

春日迟迟，卉木萋萋。仓庚喈喈，采蘩祁祁。（《小雅·出车》）

秋日凄凄，百卉具腓。……冬日烈烈，飘风发发。（《小雅·四月》）

《诗经》中大概只有"一之日觱发，二之日栗烈。……三之日于耜，四之日举趾"（《豳风·七月》）几句不用夏历，因《七月》是豳地古老的民歌，所以沿用了周历（按，周历与夏历并用，因上已举例，此处略），此为《诗经》中的特例。

从《诗经》所用多为夏历来看，此诗暮春应为夏历季春。

另据《逸周书·周月解》载："万物春生夏长，秋收冬藏，天地之正，四时之极，不易之道。夏数得天，百王所同。其在商汤用师于夏，除民之灾，顺天革命，改正朔，变服殊号，一文一质，示不相沿，以建丑之月为正，易民之视若天时大变，亦一代之事。亦越我周王，致伐于商，改正异

---

① 毛亨撰，郑玄笺，陆德明音义，孔颖达疏，阮元校勘《附释音毛诗注疏》卷十二，清嘉庆南昌府学重刊宋《十三经注疏》本。

械，以垂三统，至于敬授民时，巡狩祭享，犹自夏焉，是谓周月以纪于政。"① 可见，周虽改建子为正（按《逸周书·周月解》载："惟一月既南至，昏昴毕见，日短极，……是月，斗柄建子。"② ）但"敬授民时，巡狩祭享"，即农事、狩猎和祭祀等事仍沿用夏历。因此，与农事相关的《臣工》一诗应用夏历，则暮春应为夏历季春。

第三，从"于皇来牟"句来看，此诗与"来牟"，即麦子有关。又结合"维莫之春"句和《月令》"季春之月，……天子始乘舟，……乃为麦祈实"句，可知此诗描写的是季春时祈麦实之事。关于"为麦祈实"，不仅《礼记·月令》《吕氏春秋·季春纪》《淮南子·时则训》中有所载，《大戴礼记·夏小正》中也有所记。尤其是《夏小正》中的记载，相对于《礼记·月令》《吕氏春秋》《淮南子·时则训》记载很多与农事相关的祭祀活动，如"祈谷于上帝""为民祈祀山川百源，大雩帝""祈谷实""祈来年于天宗"等不同，它对上述祭祀内容并无记载，但却记载有"祈麦实"一句，且时间在三月（即夏历季春），可以看出"祈麦实"的重要性。正如《大戴礼记》传所说："麦者，五谷之先见者，故急祈而记之也。"③

第四，"将受厥明。明昭上帝，迄用康年。"是祈祷麦子丰收之语。郑玄释此句为："我周家大受其光明。谓为珍瑞，天下所休庆也。此瑞乃明见于天，至今用之，有乐岁，五谷丰熟。"④ 朱熹解此句为："麦已将熟，则可以受上帝之明赐，而此明昭之上帝又将赐我新畲以丰年也。"⑤ 何楷《诗经世本古义》将此句译为："将受厥明者，言将享受此来牟之获，其事明明可必，无差爽也。"⑥ 马瑞辰《毛诗传笺通释》又根据《尔雅·释诂》"明，成也"解此句为："古以年丰谷孰为成。……国以丰年为瑞，成与瑞

① 孔晁注《逸周书》卷六，《文渊阁四库全书》本。
② 孔晁注《逸周书》卷六，《文渊阁四库全书》本。
③ 戴德：《大戴礼记》卷二，《文渊阁四库全书》本。
④ 毛亨撰，郑玄笺，陆德明音义，孔颖达疏，阮元校勘《附释音毛诗注疏》卷十九，清嘉庆南昌府学重刊宋《十三经注疏》本。
⑤ 朱熹：《诗集传》卷十九，民国二十四年至二十五年上海商务印书馆《四部丛刊三编》影宋本。
⑥ 何楷：《诗经世本古义》卷九，《文渊阁四库全书》本。

亦双声，'受厥成'犹言受厥瑞也。"① 无论是"大受其光明"还是"将且受厥成也"，都说明"来牟"是周代的祥瑞，最终目的是祈祷"来牟"有个好收成。

第五，"命我众人，庤乃钱镈，奄观铚艾。"句写命令农人，储藏好耕耘的农具，不久就要视察收割麦子了。庤，毛《传》释为"具"。马瑞辰云："《尔雅·释诂》：'峙，具也。'峙者，偫之假借。《考工记》注引《诗》'偫乃钱镈'，本三家诗。《说文》两引《诗》'庤乃钱镈'，本《毛诗》也。《说文》：'偫，待也。''储，偫也。''庤，储置屋下也。'义皆相近。"② 可见，庤为储藏之意。钱和镈，是"治田之器"，③ 万时华《诗经偶笺》云："钱以启土，五耕用钱。镈以去草，五耨用镈。"铚为"刈获之器"，④《说文》云："铚，获禾短镰也。"⑤ 储藏的田器为钱和镈，可见耕耘已经结束，收获即将来临。

观，郑《笺》云："多也。"⑥ 不妥。从《诗经》以及《论语》《孟子》《尚书》等先秦古籍中所用"观"字来看，并无"多"的含义。《说文》云："观，谛视也。⑦ 从见、雚声。"黄宗炎《周易象辞》云："观，谛视也。从见、从雚。雚，水鸟也。形似鹤而无朱顶，以喙相击作声，其巢高大，喜登乔木而远望，能知灾沴之气，趋避风雨，人之所见如此，则详审而不安于卑近矣。"⑧ 谛，《说文》："审也。"⑨《穀梁传》曰："常事曰视，非常曰观。"⑩ 说明"观"在这里应指详审视察之意，视察麦子的收割。

---

①　马瑞辰：《毛诗传笺通释》卷二十九，清光绪十四年南菁书院刊《皇清经解续编》本。
②　马瑞辰：《毛诗传笺通释》卷二十九，清光绪十四年南菁书院刊《皇清经解续编》本。
③　范处义：《诗补传》卷二十六，清同治十二年粤东书局刊《通志堂经解》本。
④　万时华：《诗经偶笺》卷十二，明崇祯六年李泰刊本。
⑤　许慎：《说文解字》卷十四上，毛氏汲古阁本。
⑥　毛亨撰，郑玄笺，陆德明音义，孔颖达疏，阮元校勘《附释音毛诗注疏》卷十九，清嘉庆南昌府学重刊宋《十三经注疏》本。
⑦　许慎：《说文解字》卷八下，毛氏汲古阁本。
⑧　黄宗炎：《周易象辞》卷七，《文渊阁四库全书》本。
⑨　许慎：《说文解字》卷三上，毛氏汲古阁本。
⑩　范宁集解，陆德明音义，杨士勋疏《春秋穀梁传注疏》卷二，《文渊阁四库全书》本。

奄，郑玄云："久"①，不妥。《方言》："奄，遽也。"② 如王质《诗总闻》："奄，忽也。方新畬，忽刈获，当与新畬连玩，即觉铚艾有力。"③《礼记·月令》载："季春之月……为麦祈实。"又"孟夏之月，……农乃登麦，天子乃以彘尝麦，先荐寝庙。……靡草死，麦秋至。"可见，此时祈麦实距离收获新麦最多一个月时间，所以说时间很快。

经过以上剖析，得知此诗大意为：

唉唉，群臣百官们，谨慎你们的职守。王董理你们的成绩，来询问来度称。

唉唉，保护农业的人，现在已是暮春。农事有什么要求？新田熟田情况怎样？

啊呀，小麦、大麦长得好呀，将要有一个好收成。有明见的上帝，赐给一个丰收年。

命令我的农夫们，储藏好耕耘的农具，不久就要视察收割麦子了！

通过对上述字词含义及诗歌用历情况的辨析，可知《臣工》一诗是天子祈麦实时戒农官之诗。由于是"天子……为麦祈实"，所以，大概祈麦实也应在籍田中进行。

第五节　《周颂·丰年》主旨辨正

丰年多黍多稌。亦有高廪，万亿及秭。为酒为醴，烝畀祖妣，以洽百礼，降福孔皆。

---

① 毛亨撰，郑玄笺，陆德明音义，孔颖达疏，阮元校勘《附释音毛诗注疏》卷十九，清嘉庆南昌府学重刊宋《十三经注疏》本。
② 杨雄、郭璞注：《方言》卷二，《文渊阁四库全书》本。
③ 王质：《诗总闻》卷十九，清道光二十六年钱氏刊本。

一 《丰年》主旨众说种种

《丰年》一诗，《毛诗序》谓"秋冬报也"①，但到底报祭何神，《毛诗序》并没有说明，于是引来后世学者的众多猜测。

（一）"报祭宗庙"。郑《笺》："报者，谓尝也，烝也。"②孔颖达补充曰："《丰年》诗者，秋冬报之乐歌也。谓周公、成王之时，致太平而大丰熟，秋冬尝、烝，报祭宗庙。"③李黼平具体地指出了报祭的先祖是高圉和太王。其《毛诗䌷义》云："此《经》有'祖妣'，而《序》言'报'，其为报祭高圉、太王之诗。"④刘瑾虽也同意"报祭宗庙"之说，但他强调此诗为荐新宗庙之诗，其《诗传通释》云："胡庭芳曰：按，濮氏谓此年谷始登，而荐宗庙之乐歌。"⑤

（二）"秋祭四方，冬祭八蜡""报祭百神"。苏辙《诗集传》持此观点："报谓秋祭四方，冬祭八蜡。"⑥曹粹中《放斋诗说》言："秋冬大享于明堂，秋祭四方，冬祭八蜡，天地百神无所不报。"⑦何楷《诗经世本义》云："孟冬祭八蜡也，是为'豳颂'。"⑧

（三）"祀田祖、先农、方社之属"。见朱熹《诗集传》："此秋冬报赛田事之乐歌。盖祀田祖、先农、方社之属也。言其收入之多，至于可以供祭祀，备百礼，而神降之福，将甚徧也。"⑨

（四）"祭上帝"。此说见于严粲《诗缉》："李氏曰：郑氏谓'报者，尝也，烝也。'苏黄门谓'秋祭四方、冬祭八蜡。'王氏则以谓'祭上

① 毛亨撰，郑玄笺，陆德明音义，孔颖达疏，阮元校勘《附释音毛诗注疏》卷十九，清嘉庆南昌府学重刊宋《十三经注疏》本。
② 毛亨撰，郑玄笺，陆德明音义，孔颖达疏，阮元校勘《附释音毛诗注疏》卷十九，清嘉庆南昌府学重刊宋《十三经注疏》本。
③ 毛亨撰，郑玄笺，陆德明音义，孔颖达疏，阮元校勘《附释音毛诗注疏》卷十九，清嘉庆南昌府学重刊宋《十三经注疏》本。
④ 李黼平：《毛诗䌷义》卷二十三，《续修四库全书》本。
⑤ 刘瑾：《诗传通释》卷十九，《文渊阁四库全书》本。
⑥ 苏辙：《诗集传》卷十八，《文渊阁四库全书》本。
⑦ 曹粹中：《放斋诗说》卷四，《续修四库全书》本。
⑧ 何楷：《诗经世本义》卷一，《文渊阁四库全书》本。
⑨ 朱熹：《诗集传》卷十九，民国二十四年至二十五年上海商务印书馆《四部丛刊三编》影宋本。

帝'，三说不同。……不如王氏以为祭上帝。"①

（五）"藏穑收"。见庄有可《毛诗说》："《丰年》，藏穑收也。……此盖祀廪以藏重穑事，故特有乐舞也。"②

以上五种观点，自不能都符合诗歌主旨，待下面——加以辨析。

二　《丰年》主旨众说辨析

首先，看"报祭宗庙"说。

郑玄等学者根据诗中"为酒为醴，烝畀祖妣"句判断此诗为报祭宗庙之诗，似乎有一定道理。但是，并非只要有"为酒为醴，烝畀祖妣"诗句的诗就一定是祭祀宗庙之诗。《诗经·周颂·载芟》也有"为酒为醴，烝畀祖妣"句，但《载芟》并非是祭祀宗庙的诗。正如严粲《诗缉》所言："郑氏谓'烝尝'者，以诗言'烝畀祖妣'也。然《载芟》祈社稷，亦曰：'烝畀祖妣'，岂亦祭宗庙乎？"③ 所以，仅凭"为酒为醴，烝畀祖妣"句还不能确定诗歌的主旨。李黼平以为此诗是祭祀高圉和太王的诗，但从诗歌内容来看，无法获知。至于刘瑾所说的"荐宗庙"之说，陈启源早已给予了批驳："殊不知谷登而荐者，即《月令》尝新荐庙之事也。稷菽麻麦，皆有荐，何无诗乎？且此诗稌、黍并言，将以荐黍乎？荐稌乎？二谷又不应同荐矣。"④ 所说很有道理，在此不再赘述。

其次，看"秋祭四方，冬祭八蜡"说。

苏辙等学者以此诗为"秋祭四方，冬祭八蜡"之诗。但诗中并无"方"或"蜡"等词语，也并无相关的祭仪，无法从诗中获得祭四方和八蜡的确切证据。因此，"秋祭四方，冬祭八蜡"说并不可信。至于何楷所持"为豳颂"之说，此处暂不作讨论，留待第五章时再作辨析。

再次，看"祀田祖、先农、方社"说。

朱熹具体地指出《丰年》所报为田祖、先农和方社之神，但是，诗

---

① 严粲：《诗缉》卷三十三，明昧经堂刊本。
② 庄有可：《毛诗说》卷六，《续修四库全书》本。
③ 严粲：《诗缉》卷三十三，明昧经堂刊本。
④ 陈启源：《毛诗稽古编》卷二十三，清道光九年广东学海堂刊《皇清经解》本。

中并没有确切的证据能证明这一点。而且，田祖之祭是在春季举行，并以祈年为目的，并非用于报祭。《周礼·籥章》："凡国祈年于田祖，龡《豳雅》，击土鼓，以乐田畯。"所以，此诗并非报祭田祖、先农和方社之诗。

最后，看"祭上帝"说。

严粲的"祭上帝"说遭到了陈启源的批驳，其《毛诗稽古编》云："报祭上帝谓大享明堂耳，岁止一祭，不容分用秋、冬两时。况明堂乐章已有《我将》，又歌《丰年》？"① 陈启源所说很有道理，这里不再赘述。

比较而言，本书认为庄有可的"藏穑收"说有一定道理，详见下文论述。

三　《丰年》主旨辨正

庄有可所持"藏穑收也"的观点，对笔者有一定启发。本书认为《丰年》一诗可能是籍田收割时告祭先祖之歌。理由如下。

第一，廪是籍田旁的谷仓。仓与廪虽都是藏谷物之处，但二者有着区别。仓，《说文》："谷藏也。仓黄取而藏之，故谓之仓。"廪，《说文》云："亩或从广，从禾。"亩，《说文》："谷所振入。宗庙粢盛，仓黄亩而取之，故谓之亩。"刘熙《释名》也说："廪，矜也，宝物可矜惜者投之其中也。"② 可知，仓主要藏一般谷物，而廪主要贮藏宗庙祭祀之谷物。又《周礼·仓人》云："掌粟入之藏。……凡国之大事，共道路之谷积，食饮之具。"郑玄注："大事谓丧、戎。"③ 而《周礼·廪人》曰："掌九谷之数，……大祭祀则共其接盛。"郑玄注："大祭祀之谷，藉田之收藏于神仓者也。"④ 可见，仓与廪确实有区别，廪与籍田相关。《国语》云："廪于藉东南，钟而藏之。"韦昭注："钟，聚也，谓为廪以藏王所藉田，以奉粢盛也。"⑤ 则廪位于籍田旁，或在其东南，所贮藏的谷物是天子籍田所

---

① 陈启源：《毛诗稽古编》卷二十三，清道光九年广东学海堂刊《皇清经解》本。
② 刘熙：《释名》卷五，《文渊阁四库全书》本。
③ 郑玄注，陆德明音义，贾公彦疏《周礼注疏》卷十六，《文渊阁四库全书》本。
④ 郑玄注，陆德明音义，贾公彦疏《周礼注疏》卷十六，《文渊阁四库全书》本
⑤ 韦昭注：《国语》卷一，《文渊阁四库全书》本。

收，主要为祭祀所用。"丰年多黍多稌。亦有高廪，万亿及秭。"一句点明是秋收时节，《礼记·月令》："季秋之月……乃命冢宰，农事备收，举五谷之要，藏帝籍之收于神仓，祗敬必饬。"韦昭《国语》注云："廪，御廪，一名神仓。"①神仓即廪，则此诗上半句描写了谷物丰收，籍田充盈的情景。

第二，籍田收割与祭祖在同一时间。《礼记·月令》："季秋之月……乃命冢宰，农事备收，举五谷之要，藏帝籍之收于神仓。"农作物全部收获，籍田的收获贮藏于神仓之中。又《礼记·月令》："是月也，（季秋之月）大飨帝。尝牺牲，告备于天子。""尝"，郑玄注："尝者，谓尝群神也。天子亲尝帝，使有司祭于群神，礼毕而告焉。"②张虑云："尝者，宗庙之秋祭也。以秋祭之牺牲告备于天子，以物成可尝之时，尤所重故也。"③张虑以为"尝"为宗庙之祭比较合理，因为"尝"多用于宗庙祭祀，如"禴祠烝尝，于公先王。"（《诗经·小雅·天保》）、"济济跄跄，絜尔牛羊，以往烝尝。"（《诗经·小雅·楚茨》）、"顾予烝尝，汤孙之将。"（《诗经·商颂·那》）、"烝尝禘于庙"（《左传·僖公三十三年》）等。《说文》云："尝，口味之也，从旨尚声。"《金文常用字典》云："旨字甲骨文作旨、旨、旨等形，从匕从口或从匕从甘，金文同。林义光谓字'象以匕入口形'。匕为取食之具。或于匕上增饰一画作匕，与《说文》古文同。"④可知，尝为品味之义。祭祀先祖时，呈上美味让先祖加以品尝。因此，尝有祭祀之义，至于是不是秋祭宗庙之义还有待于进一步考证。由此可见，籍田收割是在季秋之月，尝祭宗庙也在季秋之月，则籍田收割后祭祀先祖在时间上具有可能性。

第三，收成之际，告祀祖先，在殷商时期已经存在。"殷人在收成之际，要告祀祖先。卜辞常见'告麦'（指夏熟）、'告秋'（指秋熟）。"⑤的记载，如：

---

① 韦昭注：《国语》卷一，《文渊阁四库全书》本。

② 郑玄注，陆德明音义，孔颖达疏《礼记注疏》卷十七，《文渊阁四库全书》本。

③ 张虑：《月令解》卷九，《文渊阁四库全书》本。

④ 陈初生编纂，曾宪通审校《金文常用字典》，陕西人民出版社，1987，第513页。

⑤ 吴浩坤、潘悠：《中国甲骨学史》，上海人民出版社，2006，第121页。

　　……戊，贞其告秋隽于高祖夒。六（合集 33227）

　　壬戌，贞其告秋隽于高。（合集 33226）

　　其告秋上甲二牛，大吉。（合集 28206）

　　翌乙未毋其告麦。（前 4.40.6）

　　壬……其寻告秋（合集 33230）

　　《御定月令辑要》卷十四载："告秋成：原《东京梦华录》中元前一日，即卖练叶享祀时，铺衬卓面，又卖麻谷窠鬼亦是系在卓子脚上，乃告祖先秋成之意。"①

　　《礼记·月令》："是月也，（季秋之月）大飨帝，尝牺牲，告备于天子。"卫湜《礼记集说》："严陵方氏曰：飨，所以报也。……报必于季秋者，以阳穷于戌而岁功之终也，所以报岁之功而已。"② 又说："马氏曰自出乎震，以至于说乎。兑帝之成，万物之功备矣，故以其物飨焉。《丰年》所谓秋报也。"③ 以上记载表明，秋天农业丰收后祭祀先祖是有根据的。

　　第四，"为酒为醴，烝畀祖妣，以洽百礼，降福孔皆。"描写了籍田收割后告祭祖先的情景。告祭先祖，民和年丰，于是神降其福。如《春秋左传·桓公六年》载季梁的话："夫民，神之主也。是以圣王先成民而后致力于神。……奉盛以告曰'洁粢丰盛'，谓其三时不害而民和年丰也。……故务其三时，修其五教，亲其九族，以致其禋祀。于是乎民和而神降之福，故动则有成。"

　　综上所述，《丰年》很可能是籍田收获后告祭先祖的诗。全诗大意为："丰年高粱、稻谷多，那高高大大的粮仓，万计、亿计、十亿计。拿来做清酒、甜酒，进献给先世的祖妣。百种祭品准备周到，降福是多么的美好！"

---

　　① 《御定月令辑要》卷十四，《文渊阁四库全书》本。

　　② 卫湜：《礼记集说》卷四十三，《文渊阁四库全书》本。

　　③ 卫湜：《礼记集说》卷四十四，《文渊阁四库全书》本。

第六节 《周颂·良耜》主旨辨正

　　畟畟良耜，俶载南亩。播厥百谷，实函斯活。或来瞻女，载筐及筥。其饟伊黍，其笠伊纠。其镈斯赵，以薅荼蓼。荼蓼朽止，黍稷茂止。获之挃挃，积之栗栗。其崇如墉，其比如栉，以开百室。百室盈止，妇子宁止。杀时犉牡，有捄其角。以似以续，续古之人。

一　《良耜》主旨众说种种

　　关于《良耜》一诗的主旨，众说纷纭，主要有六种观点。

　　（一）"秋报社稷"说。此说始于《毛诗序》："《良耜》，秋报社稷也。"① 后世大多数学者如苏辙、李樗、钱澄之、姚际恒和方玉润等都赞同此说。

　　（二）"秋成荐新宗庙"说。见于刘瑾《诗传通释》："按此与《载芟》词意相类，但无《载芟》第一、第二、第八节之意耳。""（《载芟》）秋成之际荐新于宗庙而歌之也欤。"② 朱公迁《诗经疏义会通》、刘始兴《诗益》等也持此观点。

　　（三）"田家勤劳安逸之事而非告神之乐歌"说。胡庭芳持此观点，其言载于胡广《诗传大全》："此（按，《载芟》）与《良耜》二诗，诚不见其祈报之意，不过闵其耕种之劳，序其馈饷之情，论其禾黍茂盛、收获之富。或为酒醴以祀祖妣，而为邦家胡考之光宁，或为百室盈、妇子宁、杀犉牡以嗣以续，此皆田家勤劳安逸之事，而非告神之乐歌也。……若拘拘于祈报，则感发之意微矣。"③

　　（四）"蜡祭报社"说。此说见于何楷《诗经世本古义》："《良耜》，

---

① 毛亨撰，郑玄笺，陆德明音义，孔颖达疏，阮元校勘《附释音毛诗注疏》卷十九，清嘉庆南昌府学重刊宋《十三经注疏》本。

② 刘瑾：《诗传通释》卷十九，《文渊阁四库全书》本。

③ 胡广：《诗传大全》卷十九，《文渊阁四库全书》本。

蜡祭报社也，是为‘豳颂’。"① 魏源《诗古微》等同意此说。

（五）"报方社田祖先农"说。朱善《诗解颐》："（《良耜》）自有人民而有稼穑，自有稼穑而有祭祀，春而祈焉，秋而报焉，皆人情之所不能已也。《载芟》《良耜》皆言春而致其耕种之勤，夏而极其耘耔之劳，秋而获夫收成之富，男尽力于外，女尽力于内，使我得宴享以致其敬，祭祀以致其孝者，是果谁之赐哉？以为田祖、先农之功而固有方社也，以为方社之功而固有田祖、先农也，此所以不得不并致其祭报也。"②

（六）"祈报通用之乐章"说。见于牟应震《诗问》："《载芟》，祈报通用之乐歌，与《良耜》互文见义。《序》以此为祈，《良耜》为报，无从确据。"③

以上六种观点，不能都符合诗歌的主旨，待一一加以辨析。

二　《良耜》主旨众说辨析

首先，看"秋成荐新宗庙"说。

刘瑾等学者认为此诗为荐新宗庙的理由有二。其一，以此诗与《载芟》相似，《载芟》为荐新宗庙之诗，那么，此诗也应是荐新宗庙之诗。其二，认为"续古之人"表明宗庙祭祀之义。朱公迁《诗经疏义会通》云："《载芟》《良耜》皆颂农功而已，……若为宗庙乐歌，则《丰年》《载芟》'烝畀祖妣'，《良耜》'续古之人'，诗人之意尤为明白而易见"。④

此诗虽与《载芟》相似，但《载芟》并非荐新宗庙之诗，关于这一点，上一节已经有所论述。而且，"续古之人"，毛《传》："嗣前岁，续往事也。"⑤ 意为继续古人传统的祭祀。此句并没有明确说明是继承古人宗庙祭祀的传统，从诗句前后的关联来看，更有可能指的是祭社之事（详见

① 何楷：《诗经世本古义》卷一，《文渊阁四库全书》本。
② 朱善：《诗解颐》卷四，清同治十二年粤东书局刊《通志堂经解》本。
③ 牟应震：《诗问》卷六，清嘉庆间牟氏刻道咸间朱氏补修《毛诗质疑》本。
④ 朱公迁：《诗经疏义会通》卷十九，《文渊阁四库全书》本。
⑤ 毛亨撰，郑玄笺，陆德明音义，孔颖达疏，阮元校勘《附释音毛诗注疏》卷十九，清嘉庆南昌府学重刊宋《十三经注疏》本。

下文论述）。因此，"秋成荐新宗庙"之说不能令人信服。

其次，看"田家勤劳安逸之事而非告神之乐歌"说。胡庭芳的这一观点明显不合理。若非告神之乐歌，何以列在《颂》？

再次，看"蜡祭报社"说。

提倡此诗是"蜡祭报社"的学者们认为，其一，《良耜》是豳颂。《周礼》"国祭蜡则歙豳颂"，所以《良耜》描写的是蜡祭之事。其二，"百室盈止，妇子宁止"是十月之后的事，与蜡祭时间相同。何楷云："蜡祭在建亥之月，此诗所陈报赛之事，而有'百室盈止，妇子宁止'之文。孔颖达谓'此乃是场功毕入，当十月之后'，则正与《月令》合矣，是以知其为蜡祭也。"① 其三，"杀时犉牡"表明此诗为报社而作。何楷说："蜡之为言索也，谓合祭万物之神而索飨之也。天子大蜡八，而又有天宗之祈公社、门闾之祠。《周礼》党正职亦云：'国索鬼神而祭祀'，若然则凡为神者莫不与矣。而独谓是诗为报社者何也？《礼》'祭阴祀用黝牲'。阴祀者，先儒谓祭地北郊及社稷也。黝也者，黑也。'杀时犉牡'，固黑唇也。祭地北郊，天子之礼。诸侯惟祭社稷，祭社必及稷也，是以知其为报社也。"②

何楷先设定《良耜》是豳颂，然后再引《周礼·籥章》来证明《良耜》是蜡祭之诗，这样的做法是不科学的。《良耜》是否豳颂，还有待于进一步论证。其一，何楷根据孔颖达之说认为"百室盈止，妇子宁止"是十月之后的事，缺乏可信度。孔颖达云"此乃是场功毕入，当十月之后"是推测之词，并不确定。"百室盈止"描写的是收获粮食，装满粮仓的情形。《礼记·月令》云："季秋之月……乃命冢宰，农事备收，举五谷之要，藏帝籍之收于神仓，祗敬必饬。"可知，收获粮食，装满粮仓的时间是在季秋之月，并非十月（即孟冬之月）。"季秋之月……霜始降，则百工休。乃命有司曰：'寒气总至，民力不堪，其皆入室。'"（《礼记·月令》）正是诗中"妇子宁止"之意。"妇子宁止"既指妻子和儿女不需要再劳动，也指从野外庐舍搬回家里御寒过冬的幸福和安康。其二，何楷以

---

① 何楷：《诗经世本古义》卷一，《文渊阁四库全书》本。
② 何楷：《诗经世本古义》卷一，《文渊阁四库全书》本。

此诗为报社神之诗是合理的，但他认为是蜡祭时专报社神则有些不妥。因为，《礼记·郊外牲》载："天子大蜡八，伊耆氏始为蜡。蜡也者，索也，岁十二月，合聚万物而索飨之也。蜡之祭也，主先啬而祭司啬也。祭百种，以报啬也。飨农及邮表畷、禽兽，仁之至，义之尽也。古之君子，使之必报之。迎猫，为其食田鼠也。迎虎，为其食田豕也。迎而祭之也。祭坊与水庸，事也。"又《周礼·地官·党正》："国索鬼神而祭祀。"都表明蜡祭时求索而合聚万物之神加以祭祀，但以八种神为主，即先啬、司啬、百种、农、邮表畷、禽兽，坊和水庸等，故名为"蜡八"。因蜡祭是合聚万物之神而加以祭祀，所以，并不是专报社神之祭。因此，"蜡祭报社"说不够准确。

最后，朱善以为《良耜》为报祭方社田祖先农之诗。牟应震将《良耜》看作祈报通用之乐章。二说皆有一定道理。但从诗歌内容来看，此诗以报祭社稷为主的可能性比较大，详见下文论述。

三　《良耜》主旨辨正

相比较而言，本书认为《毛诗序》的"秋报社稷"之说更为合理，主要原因在于。

第一，《良耜》虽从春耕写起，但却详于收获之事。诚如李樗、黄櫄《毛诗集解》所云："盖祈之之诗，则详及其耕种之事；报之之诗，则详其收成之事。"① 诗歌用超出一半的篇幅描写收获之事。"茶蓼朽止，黍稷茂止。获之挃挃，积之栗栗。其崇如墉，其比如栉，以开百室。百室盈止，妇子宁止。杀时犉牡，有捄其角。以似以续，续古之人。"荒草、杂草腐烂了，高粱小米茂盛了。收割它们嚓嚓作响，堆积起来又高又密。打开百间粮仓，百间粮仓都装满了。宰杀肥大的公羊，用来报祭神灵，继续古人传统的祭祀。

第二，"百室盈止，妇子宁止。"预示着祭祀的时间是在秋节。《礼记·月令》云："季秋之月……乃命冢宰，农事备收，举五谷之要，藏帝籍之收于神仓，祗敬必饬。""藏帝籍之收于神仓"与"百室盈止"描写的都

---

① 李樗、黄櫄：《毛诗集解》卷三十九，《文渊阁四库全书》本。

是收获粮食、装满粮仓的情形，时间当在季秋之月。"妇子宁止"与"季秋之月……霜始降，则百工休。乃命有司曰：'寒气总至，民力不堪，其皆入室。'"描写的均是人们都停工休息从野外庐舍搬回家里御寒过冬的情形，时间也在季秋之月。

第三，"杀时犉牡，有捄其角"明确表明了报祭社稷之事。"犉"，毛《传》："黄牛黑唇曰犉。"① 孔颖达疏："《释畜》直云'黑唇犉'，以言黑唇，明不与身同色。牛之黄者众，故知黄牛也。某氏亦云'黄牛黑唇曰犉'，取此传为说也。《地官·牧人》云：'凡阴祀，用黝牲毛之。'注云：'阴祀，祭地北郊及社稷也。'然则社稷用黝，牛色以黑。而用黄者，盖正礼用黝，至于报功，以社是土神，故用黄色，仍用黑唇也。"② 季本《诗说解颐》云："犉者，牛之一色者也。"③ 牟庭《诗切》："诗言犉者，皆言高大之牛，无取黑唇之义。"④ 《尔雅·释畜》："牛七尺为犉"。对于"犉"的理解，各家说法不一。

相比之下，"犉牡"为大牛之义更为合理。如《诗经动物释诂》云："《小雅·无羊》中有'谁谓尔无牛？九十其犉'之句；《周颂·良耜》中有'杀时犉牡，有捄其角'之句，句中的'犉'皆指体形高大的牛。"⑤ 其实，不论"犉牡"是黑唇的黄牛，还是高大之牛，抑或是长七尺的黑唇黄牛，都说明此次祭祀的牺牲有牛。祭祀既然有牛，就说明所用的牺牲很可能是太牢。既然用牲为太牢，则此祭祀之神很可能是社稷之神。《礼记·王制》："天子社稷皆大牢。"《礼记·郊特牲》云："社稷大牢。"又《尚书·召诰》："越翼日戊午，乃社于新邑，牛一，羊一，豕一。"孔颖达云："社稷太牢，独云牛者，牛三牲为大，故特言之。"⑥ 所说有一定道理。

---

① 毛亨撰，郑玄笺，陆德明音义，孔颖达疏，阮元校勘《附释音毛诗注疏》卷十九，清嘉庆南昌府学重刊宋《十三经注疏》本。
② 毛亨撰，郑玄笺，陆德明音义，孔颖达疏，阮元校勘《附释音毛诗注疏》卷十九，清嘉庆南昌府学重刊宋《十三经注疏》本。
③ 季本：《诗说解颐》卷二十八，《文渊阁四库全书》本。
④ 牟庭：《诗切》，清嘉庆二十一年《雪泥屋遗书》抄本。
⑤ 高明乾、佟玉华、刘坤：《诗经动物释诂》，中华书局，2005，第115页。
⑥ 毛亨撰，郑玄笺，陆德明音义，孔颖达疏，阮元校勘《附释音毛诗注疏》卷十九，清嘉庆南昌府学重刊宋《十三经注疏》本。

"有捄其角"，毛《传》云："社稷之牛角尺。"① 郑玄云："捄，角
貌。"② 孔颖达疏："此'有捄其角'，与'觓觩其觩'、'角弓其觩'，觩皆
与角共文，故为角貌。"③ 朱熹《诗集传》："捄，曲貌。"④ 诸家之说看似
不同，实则意义相同。牛角长长则弯曲，弯曲后则显得角长，也即毛
《传》所说："社稷之牛角尺"之义。关于祭祀用牛的大小，《礼记·王
制》："祭天地之牛角茧栗，宗庙之牛角握，宾客之牛角尺。"祭祀天神地
神用小牛，牛角只能有蚕茧或栗子大小；宗庙中用牛，牛角可以有一握
粗；宾客用大牛，牛角一尺多长也行。此处并没有提及祭祀社稷用牛的大
小。孔颖达猜测社稷"卑于宗庙，宜与宾客同尺也"⑤。而孙志祖则推测：
"宾客二字即社稷之讹。《王制》盖以'祭'字贯下三句也。若'宾客'
则不得言祭也。《礼器》'牲不及肥大。'疏谓：'郊牛茧栗、宗庙角握、
社稷角尺。'是礼疏所据作社稷不讹。《诗》疏引《礼纬·稽命征》云：
'宗庙社稷角握。'《公羊传》（僖三十一年）何注：'祭天牲角茧栗，社稷
宗庙角握，六宗五岳四渎角尺'，是何用《礼纬》说与《王制》异而亦不
及宾客可证。"⑥ 顾广誉赞同此说，并进一步补充：

> 蒙谓孙说得之。《郊特牲》疏引《圣证论》王肃难郑云：'祭天
> 牛角茧栗而用特牲。祭社牛角尺而大牢。'马昭等通之云：'以天神至
> 尊而简质事之，故牛角茧栗而用特牲。社稷是地之刑体有功于人，报
> 其载养之功，故用大牢。贬降于天，故角尺也。'足知王、马所见
> 《王制》本并作'社稷之牛角尺'，与毛《传》《礼》疏合。而《诗》

---

① 毛亨撰，郑玄笺，陆德明音义，孔颖达疏，阮元校勘《附释音毛诗注疏》卷十九，清嘉
　庆南昌府学重刊宋《十三经注疏》本。
② 毛亨撰，郑玄笺，陆德明音义，孔颖达疏，阮元校勘《附释音毛诗注疏》卷十九，清嘉
　庆南昌府学重刊宋《十三经注疏》本。
③ 毛亨撰，郑玄笺，陆德明音义，孔颖达疏，阮元校勘《附释音毛诗注疏》卷十九，清嘉
　庆南昌府学重刊宋《十三经注疏》本。
④ 朱熹：《诗集传》卷十九，民国二十四年至二十五年上海商务印书馆《四部丛刊三编》
　影宋本。
⑤ 毛亨撰，郑玄笺，陆德明音义，孔颖达疏，阮元校勘《附释音毛诗注疏》卷十九，清嘉
　庆南昌府学重刊宋《十三经注疏》本。
⑥ 转引自顾广誉《学诗详说》卷二十八，《续修四库全书》本。

疏所据本已同，今刻此必南北诸儒流传互异。社稷是，而宾客非也。陈氏《疏》谓桓八年《公羊》注《礼》天子之牲角握，诸侯角尺。而《秋官·掌客》注：'凡宾客则皆角尺'，即用古礼说诸侯角尺之义。今本《王制》或引此而误耳。《掌客》疏以为《王制》文，可见当时本已有歧异。①

顾广誉此说很有道理。"有捄其角"意为牛角一多尺长，有一尺长角的牛必为大牛，而这大牛正是所谓七尺长的牛——"犉牡"。可见，"杀时犉牡"与"有捄其角"相呼应，指出了选择作为牺牲的牛的大小标准。

由此可见，《良耜》很可能是秋报社稷之诗。

---

① 顾广誉：《学诗详说》卷二十八，《续修四库全书》本。

第三章　周代祭祖礼与《诗经》农事祭祖诗

在古代的国家宗教中，祭祖的重要性仅次于祭天。祭祖是为了表达子孙后代们对祖先开创之功的感激之情，如《礼记·祭法》所云："夫圣王之制祭祀也，法施于民则祀之，以死勤事则祀之，以劳定国则祀之，能御大灾则祀之，能捍大患则祀之。……此皆有功烈于民者也。"祭祖是为了报答父母的养育之恩，如《史记·礼书》云："天地者，生之本也；先祖者，类之本也。"祭祖是为了推行以孝为本的仁道，如《礼记·礼运》曰："祖庙，所以本仁也。……礼行于祖庙，而孝慈服焉。"《诗经》中就保存了大量的有关祭祖的诗歌。其中，农事祭祖诗①主要保存在《小雅》中。本章主要通过考察周代四时之祭是否存在、祭祖的仪节过程等问题，来考证《小雅·楚茨》和《小雅·信南山》的主旨。

第一节　周代祭祖礼考论

关于周代祭祖礼，本书只讨论周代是否有四时之祭、四时之祭的含义、祭祖礼仪节过程和尸的角色四个问题。

一　关于"四时之祭"的讨论

据《周礼》《礼记》等文献记载，周代天子和诸侯在一年四季都要举

---

① "农事祭祖诗"是本书所使用的一个概念。它主要指诗中既含有农事的成分，又有祭祖内容的诗。或者说是因农业丰收而祭祖的诗。

行祭祖活动，前人称其为时祭。至于时祭的名称和内容，主要有如下两种说法。

1. 春祭曰礿，夏祭曰禘，秋祭曰尝，冬祭曰烝。

此说出于《礼记·王制》和《礼记·祭统》。郑玄《礼记注》认为这是"夏殷时礼也"。① 雷学淇同意此说并稍加修改，认为夏人春祭曰禘，殷人夏祭曰禘。其《介菴经说》卷八云："《商颂》、《祭统》商周之尝皆有乐，而《祭义》、《郊特牲》谓禘有乐而尝无乐，故知春禘秋尝是夏礼；《周礼》、《尔雅》皆云春祠夏礿，故知春礿夏禘是殷祭。"②

2. 春祭曰祠，夏祭曰礿，秋祭曰尝，冬祭曰烝。

此说见于《尔雅·释天》、《春秋公羊传》"桓公八年"和《春秋繁露》。《周礼》也持此说，但文字稍有出入。《周礼·春官·大宗伯》云："以祠春享先王，以礿夏享先王，以尝秋享先王，以烝冬享先王。"《诗经·小雅·天保》中有"礿祠烝尝，于公先王"一句，毛《传》释为："春曰祠，夏曰礿，秋曰尝，冬曰烝。公，事也。"③ 将"礿祠烝尝"释为四时之祭名。郑玄同意此说，并认为周代将春礿、夏禘改为春祠、夏礿，而以禘为合祭。孙诒让认为"礿与礿同"。④ 后人遂多从此说。

可见，根据文献中的记载，周代四时之祭当是春祠、夏礿、秋尝和冬烝。然而，根据现存典籍和出土文献资料来看，西周时期并不实行四时之祭、春秋时期开始出现个别的四时之祭现象，四时之祭的说法兴起于战国时期。下面将逐一加以考察。

（一）祠

西周金文中不见祠祭。祠祭见于东周金文，春秋晚期赵孟庎壶（集成9678）铭文载"介邗王之赐金，以为祠器"⑤。但没有记载举行祠祭的时

---

① 郑玄注，陆德明音义，孔颖达疏《礼记注疏》卷四十九，《文渊阁四库全书》本。
② 转引自刘源《商周祭祖礼研究》，商务印书馆，2004，第56页。
③ 毛亨撰，郑玄笺，陆德明音义，孔颖达疏，阮元校勘《附释音毛诗注疏》卷九，清嘉庆南昌府学重刊宋《十三经注疏》本。
④ 孙诒让：《周礼正义》，中华书局，1987，第1332页。
⑤ 中国社会科学院考古研究所编《殷周金文集成释文》第五卷，香港中文大学出版社，2001，第438页。

间。《金文诂林》将"祠"释为祭祀，其云："名词，祭也。以为祠器。"①
并无春季祭祀之意。战国初年中山王墓出土的盗壶铭文有"敬命新地，雨祠先王"②句，也无记载祠祭的时间，所以无法从以上二器铭来判断祠祭在春季举行。

先秦典籍中有祠祭的记载，但也无法确定其举行祭祀的具体时间。《诗经·小雅·天保》云："吉蠲为饎，是用孝享。禴祠烝尝，于公先王。"毛《传》释为："春曰祠，夏曰禴，秋曰尝，冬曰烝。"后世大多数学者都根据毛《传》所言将此句诗看成是时祭的有力证据。但是，正如刘源所说："我们无法从诗句中了解'禴祠烝尝'几个字的意思，不能判断毛传的说法是否有根据。"③

《战国策·齐策》载："楚有祠者，赐其舍人卮酒。"从文中也无法判断祠祭是在春季举行，因此，高诱只注："祠，祭。"④

（二）礿（禴）

由于以孙诒让为代表的大多数学者认为"禴与礿同"，故本书将禴和礿放在一起考察。"禴"见于西周昭王时期的士上卣（集成 5421）铭文，其载："佳王大禴于宗周，……在五月既望辛酉……。"⑤"禴"，《商周青铜器铭文选》作"禴"。《金文诂林》说："经典作禴"，并引郭沫若曰："'禴，禴省。《尔雅·释文》夏祭曰礿。《周官·大宗伯》以禴夏享先王，此在五月为时正合。"又，"郭沫若曰：卜辞及金文每假禴为禴。"并认为"原字卜辞借为祭名，后人变之为禴"。⑥

"礿"见于西周早期的我方鼎⑦（集成 2763）金文："唯十月又一

---

① 周法高主编《金文诂林》，香港中文大学出版社，1974，第 107 页。
② 中国社会科学院考古研究所编《殷周金文集成释文》第五卷，香港中文大学出版社，2001，第 478 页。
③ 刘源：《商周祭祖礼研究》，商务印书馆，2004，第 59 页。
④ 高诱注、姚宏续注：《战国策》卷九，《文渊阁四库全书》本。
⑤ 中国社会科学院考古研究所编《殷周金文集成释文》第四卷，香港中文大学出版社，2001，第 164 页。
⑥ 周法高主编《金文诂林》，香港中文大学出版社，1974，第 1115~1119 页。
⑦ 关于我方鼎的所属年代，学界有不同观点。刘雨《金文论集》认为它属于殷代器物，《殷周金文集成》和《商周青铜器铭文选》则将我方鼎归为西周早期之器，本书采纳后者观点。

月，丁亥，我作御褅祖乙、妣乙、祖己、妣癸，延礿繫二母。咸。畏遣祼二、 贝五朋，用作父己宝尊彝。亚若。"① 《商周青铜器铭文选》注："我御祭祖乙、妣乙、祖己、妣癸，又继续祭祀妣乙、妣癸二人。……礿，祭名。"②

从以上两处金文来看，《士上卣》中的"禴"祭在五月，为夏祭名之说似乎合理。但《我方鼎》中载"礿"祭在十一月，与夏祭名之说相矛盾。从金文来看，西周早期"礿"祭的时间并不固定在夏季举行，说"礿"是夏祭名的观点很难得到证据的支持。

禴，在《周易》中凡三见，即：

> 《象》曰："乃乱乃萃"，其志乱也。六二：引吉无咎，孚乃利用禴。（《下经·萃卦》）
>
> 《象》曰："允升大吉"，上合志也。九二：孚乃利用禴，无咎。（《下经·升卦》）
>
> 《象》曰："终日戒"，有所疑也。九五：东邻杀牛，不如西邻之禴祭，实受其福。（《下经·既济卦》）

郑康成释"禴"为夏祭名。③ 王弼《周易注》、孔颖达《周易集解》等皆释"禴"为殷春祭名。但是，我们无法从文中判断出"禴"为春祭还是夏祭，只能根据"东邻杀牛，不如西邻之禴祭"句推测出"禴"祭是祭品俭省的薄祭这一点。

（三）尝

"尝"多与"烝"以"×烝×尝"的形式出现在金文中，如姬鼎（集成2681）中的"用烝用尝"，十四年陈侯午敦（集成4646）、陈侯因脊敦（集成4649）中的"以烝以尝"。姬鼎产生于西周晚期，十四年陈侯午敦

---

① 中国社会科学院考古研究所编《殷周金文集成释文》第二卷，香港中文大学出版社，2001，第341页。
② 马承源主编《商周青铜器铭文选》卷三，文物出版社，1988，第86页。
③ 王应麟：《周易郑康成注》，《文渊阁四库全书》本。

和陈侯因瓷敦是战国晚期的器物，这说明金文中"×烝×尝"的形式从西周一直持续至战国晚期，如果按照时祭的说法来看，"烝""尝"不应同时出现。可见，"×烝×尝"形式中的"烝""尝"应与时祭无关。

"尝"单独出现在六年召伯虎簋和蔡侯尊铭文中。六年召伯虎簋（集成4293）铭文云："唯六年四月甲子，王在莽……用作朕烈祖召公尝簋……用享于宗"。① 刘雨认为："召伯虎簋作于四月，却用以尝祭刺祖，似乎可以成为反证（笔者按，"反证"是指"尝"为秋祭的反证）。"② 所言极是。此外，"尝簋"是祭祖时所用之器物，是只有在"尝"祭时才可使用，还是一年四季祭祖时皆可使用，从此处金文中也还无法确知。

蔡侯盘（集成10171）载："元年正月初吉辛亥，蔡侯申虔共大命，上下陟禘，敕敬不惕，肇佐天子。用作大孟姬滕彝盘，祼享是以，祗盟尝禘，祐受毋已，……。"③ 此则金文记载了蔡平侯元年正月第一周初吉之辛亥日，蔡平侯祭天之事。文中提到"尝"祭，如若是祭天同时又举行"尝"祭，则"尝"祭在元年正月，与秋祭之说不符。若是按《商周青铜器铭文选》注所说"祗盟尝禘"指的是"春禘秋尝"④，则从文中无法确知。六年召伯虎簋是西周晚期器物，蔡侯尊是春秋晚期器物，由此可知，至西周晚期，"尝"还不具有秋祭之义。

《诗经》中保留了有关"尝"祭的记载，《鲁颂·闷宫》云："秋而载尝，夏而楅衡。白牡骍刚，牺尊将将。"郑玄《笺》释"载，始也。秋将尝祭，于夏则养牲。"⑤ 据此可知，此处的"尝"已有秋祭之意。《闷宫》是春秋鲁僖公时期的诗，这说明"尝"作为秋祭的时祭之名在春秋时期开始出现。而"尝"有秋祭之义多出现在战国时期，如《左传·桓公五年》："凡祀，启蛰而郊，龙见而雩，始杀而尝，闭蛰而烝。"

---

① 中国社会科学院考古研究所编《殷周金文集成释文》第三卷，香港中文大学出版社，2001，第414页。

② 刘雨：《金文论集》，紫禁城出版社，2008，第41页。

③ 中国社会科学院考古研究所编《殷周金文集成释文》第六卷，香港中文大学出版社，2001，第128页。

④ 马承源主编《商周青铜器铭文选》卷三，文物出版社，1988，第394页。

⑤ 毛亨撰，郑玄笺，陆德明音义，孔颖达疏，阮元校勘《附释音毛诗注疏》卷二十，清嘉庆南昌府学重刊宋《十三经注疏》本。

（四）烝

"烝"单独出现在以下的金文中：

酒无敢酗，有柴烝祀无敢酖。（大盂鼎，西周早期集成2837）①
[按，《商周青铜器铭文选》注："官吏们举行柴、烝等祭祀不敢劝酒
肇事。"②]

唯王十又四祀十又一月丁卯，王贞毕烝。（段簋，西周中期集成
4208）③[按，《商周青铜器铭文选》注："西周懿王十四年十一月丁
卯日，……此铭王于十一月在文武周公墓的所在地举行烝祭，正与
《周礼》所载相合。"④]

大师虘作烝尊豆，用招格朕文祖考，用祈多福，用介永命，虘其
永宝用享。（大师虘豆，西周晚期集成4692）⑤

从以上几处金文记载来看，大盂鼎、大师虘豆器物并没有记载举行烝
祭的具体时间。段簋所载举行烝祭的时间为十一月，似与冬祭的时间相吻
合。但是，仅凭这一处记载还不能断定"烝"就是冬祭这一点，还需要其
他先秦典籍和出土文献的进一步证明。

《尚书》中有关烝祭的记载只有一处，见于《周书·洛诰》：

戊辰，王在新邑，烝祭岁，文王骍牛一，武王骍牛一。王命作
册，逸祝册，惟告周公其后。王宾，杀禋，咸格，王入太室裸。王命
周公后，作册逸诰。在十有二月，惟周公诞保文武受命，惟七年。

---

① 中国社会科学院考古研究所编《殷周金文集成释文》第二卷，香港中文大学出版社，
2001，第411页。
② 马承源主编《商周青铜器铭文选》卷三，文物出版社，1988，第38页。
③ 中国社会科学院考古研究所编《殷周金文集成释文》第三卷，香港中文大学出版社，
2001，第335页。
④ 马承源主编《商周青铜器铭文选》卷三，文物出版社，1988，第189页。
⑤ 中国社会科学院考古研究所编《殷周金文集成释文》第三卷，香港中文大学出版社，
2001，第604页。

学者一般认为"烝"即冬祭，其根据是"十有二月"，如郑玄所说："明月，夏之仲冬，始于新邑烝祭，故曰'烝祭岁'。"① 但"烝"与冬季祭祖并没有直接关系。关于这一点，刘源在《商周祭祖礼研究》中有明确阐述，他说："但通读《洛诰》全文，可以知道这次祭祀文王武王是因为卜定了洛邑宫室基址后举行的告祭（详见下文），与冬季祭祖没有直接关系。而且祭祀的地点是新邑，不在周京的宗庙，可以作为上述看法的旁证。此外，烝只是说明这次祭祀仪式内容的动词之一，不必理解为这次祭祀仪式的名称。"② 本书同意刘源的观点。

《诗经》中有关烝祭的记载，见于《小雅·宾之初筵》《周颂·丰年》和《周颂·载芟》，从诗歌的内容来看，无论是"烝衎烈祖，以洽百礼"，还是"为酒为醴，烝畀祖妣，以洽百礼"，都无法作为烝祭是冬季祭祀的直接证据，而只能作为烝祭是祭祖的证据。

《春秋》中记载"烝"在桓公八年："八年，春，正月，己卯，烝。天王使家父来聘。夏，五月，丁丑，烝。秋，伐邾。"由于礼家认为《春秋》的特点是"常祀不书"③"过则书"（《左传·桓公五年》），所以这两处记载无法作为判断烝祭时间的证据。

"烝"在《左传》中凡三见：

> 凡祀，启蛰而郊，龙见而雩，始杀而尝，闭蛰而烝。过则书。（《左传·桓公五年》）〔按，闭蛰在夏历十月，杜预《春秋左传注》云："建亥之月，昆虫闭户，万物皆成，可荐者众，故烝祭宗庙。"④〕

> 葬僖公，缓作主，非礼也。凡君薨，卒哭而祔，祔而作主，特祀于主，烝、尝、禘于庙。（《左传·僖公三十三年》）

> 十二月，晋既烝，赵孟适南阳，将会孟子余。甲辰，朔，烝于温。庚戌，卒。郑伯如晋吊，及雍乃复。（《左传·昭公元年》）

① 孔安国传，陆德明音义，孔颖达疏《尚书注疏》卷十四，《文渊阁四库全书》本。
② 刘源：《商周祭祖礼研究》，商务印书馆，2004，第58页。
③ 范宁集解，陆德明音义，杨士勋疏《春秋穀梁传注疏》卷八，《文渊阁四库全书》本。
④ 杜预注，陆德明音义，孔颖达疏《春秋左传注疏》卷五，《文渊阁四库全书》本。

从桓公五年和昭公元年的两处记载来看，"烝"祭是在冬季举行。因《左传》成书于战国时期，可知，在战国时期，"烝"祭的时间已较为固定。

《国语》中有几处关于"烝"的记载，如"收攟而烝，纳要也"（《国语·鲁语上》）、"先臣惠伯以命于司里，尝、禘、烝、享之所致君胙者有数矣"（《鲁语上》）、"社而赋事，烝而献功"（《鲁语下》）、"郊禘不过茧栗，烝尝不过把握"（《国语·楚语下》）。因《国语》与《春秋》《左传》所载史实有些相同，与《左传》所作时间相近，故此处不再赘述。

通过考察周代金文和相关先秦典籍，我们发现祠、礿两种祭祀在西周至战国时期的文献中并不常见，且在西周时，祠、礿并不具有时祭之义。烝祭和尝祭经常出现在西周至战国时期的文献中，尝祭在春秋时已具有秋祭之义，至战国时期，尝为秋祭、烝为冬祭的含义就已经比较固定了。

二 关于"四时之祭"的含义

关于宗庙祠、礿、烝、尝之祭的含义，前人众说纷纭，待一一加以辨析。

祠，前人多释为"食"或进献品物少之义。如《说文》云："春祭曰祠，品物少，多文辞也。"① 何休《公羊传·桓公八年》注曰："祠犹食也，犹继嗣也。春物始生，孝子思亲继祠而食之，故曰祠，因以别死生。"②《春秋繁露》释为："始生故曰祠，善其司也。"③ 又郭璞《尔雅·释天》注曰："祠之言食"。④

何休和郭璞将"祠"训为"食"比较合理，许慎认为"祠"是"品物少，多文辞"之义则无从考证。因为"祠"，甲骨文作"司"，徐中舒

---

① 许慎：《说文解字》卷一上，毛氏汲古阁本。
② 何休注，陆德明音义，徐彦疏《春秋公羊传注疏》卷五，《文渊阁四库全书》本。
③ 董仲舒：《春秋繁露》卷十六，《文渊阁四库全书》本。
④ 郭璞注，陆德明音义，邢昺疏《尔雅注疏》卷五，《文渊阁四库全书》本。

《甲骨文字典》云："卜辞用司为祠。"① 如："甲戌，余卜，取司"（合集 21796）②。徐中舒认为"司"，"从彐从匸，彐象倒置之栖，栖所以取食。以倒栖覆于口上会意为进食，自食为司，食人食神亦称司，故祭祀时献食于神祇亦称司，后起字为祠。③ 如："丁卯卜，司姒咎"（合集 21555）④。这里的司"读如祠，献食于先公，先妣或神鬼之祭。"⑤ 这种用法延续并保留在周代金文中，如："敬命新地，雨祠先王"（姧蛮壶）。可能由于献食于先公，先妣或神鬼发生在祭祀的过程中，所以后来"祠"又有祭祀之义了。如："邢王之赐金，以为祠器"（赵孟庎壶）。

礿，古代学者或解为煮新麦、煮新菜，如何休《公羊传·桓公八年》注礿："麦始熟可礿，故曰礿。"⑥ 郭璞《尔雅·释天》注："新菜可汋。"⑦ 或解为祭品简约，如董仲舒《春秋繁露》云："夏约故曰礿，贵所初礿也。"⑧

甲骨文中礿又作勺，徐中舒说："象勺形，所从短划为勺中之实。商代勺多见，为挹酒之器。《说文》：'勺，挹取也。象形。中有实，与包同意。'"用作"祭名，读若礿。"如："癸亥贞又勺于上甲菁雨"（小屯·殷墟文字甲编 750）⑨。从这个意义上推测，可能是用勺舀取食物来祭祀先祖，若按此义，则煮新麦和煮新菜之义较为接近，祭品简约之义则与"礿"无关。

"礿"与"禴"同，"禴"甲骨文和金文又作"龠"。龠，"《说文》释为'乐之竹管，三孔以和众声也。'甲骨文作龠、龠，正象编管之乐器，▽▽▽、⼝⼝象管端之孔，此即乐器笙之初形，卜辞用为祭名，盖用乐以祭也，

① 徐中舒主编《甲骨文字典》，四川辞书出版社，1989，第 23 页。

② 胡厚宣主编《甲骨文合集释文》，中国社会科学出版社，1999。

③ 徐中舒主编《甲骨文字典》，四川辞书出版社，1989，第 998 页。

④ 胡厚宣主编《甲骨文合集释文》，中国社会科学出版社，1999。

⑤ 徐中舒主编《甲骨文字典》，四川辞书出版社，1989，第 998 页。

⑥ 何休注，陆德明音义，徐彦疏《春秋公羊传注疏》卷五，《文渊阁四库全书》本。

⑦ 郭璞注，陆德明音义，邢昺疏《尔雅注疏》卷五，《文渊阁四库全书》本。

⑧ 董仲舒：《春秋繁露》卷十六，《文渊阁四库全书》本。

⑨ 徐中舒主编《甲骨文字典》，四川辞书出版社，1989，第 1487 页。

后世增示作禴。"如："戊戌卜王贞王其宾中丁肜龠亡蚩"（甲骨续存2.611）①。"礿"同"禴"，但"礿"又作"勺"，可能是用勺舀取食物来祭祀先祖，"禴"又作"龠"是用音乐来祭祀先祖，这二种含义很难统一在一起。因此，"礿"祭的本义目前还不清楚。

尝，前人主要有两种解释。1.品尝之义。如郑玄《周礼·春官·肆师》注云："尝者，尝新谷。"②《说文》言："口味之也，从旨尚声。"③又董仲舒《春秋繁露》："先成故曰尝，尝言甘也。"④ 2.首先之义。如何休《公羊传·桓公八年》注："尝者，先辞也。秋谷成者非一，黍先熟可得荐，故曰尝。"⑤

《说文》所言很有道理。尝，"从旨尚声"。《金文常用字典》云："旨字甲骨文作🖼、🖼、🖼等形，从匕从口或从匕从甘，金文同。林义光谓字'象以匕入口形'。匕为取食之具。或于匕上增饰一画作🖼，与《说文》古文同。"⑥ 可见，尝为品味之义。祭祀先祖时，呈上美味让先祖加以品尝，因此，尝有祭祀之义，被用作祭祀动词。

烝，《说文》云："火气上行也。"⑦ 何休《公羊传·桓公八年》注："烝，众也，气盛貌。冬万物毕成，所荐众多，芬芳备具，故曰烝。"⑧ 董仲舒《春秋繁露》云："毕熟故曰蒸，蒸言众也。"⑨ 又郭璞《尔雅·释天》注："烝，进品物也。"⑩ 无论是"火气上行""气盛貌"还是"众"义都与"烝"祭无关。烝，金文作🖼，是甲骨文、金文"登"字之讹。"甲骨文登字作🖼、🖼、🖼等形，金文登或从豆从🖼，或从🖼从豆从🖼与《说文》籀文同。"⑪ 象双手持豆进献之形，所以郭璞所言"烝，进品物

---

① 徐中舒主编《甲骨文字典》，四川辞书出版社，1989，第199页。
② 郑玄注，陆德明音义，贾公彦疏《周礼注疏》卷十九，《文渊阁四库全书》本。
③ 许慎：《说文解字》卷五上，毛氏汲古阁本。
④ 董仲舒：《春秋繁露》卷十六，《文渊阁四库全书》本。
⑤ 何休注，陆德明音义，徐彦疏《春秋公羊传注疏》卷五，《文渊阁四库全书》本。
⑥ 陈初生编纂，曾宪通审校《金文常用字典》，陕西人民出版社，1987，第513页。
⑦ 许慎：《说文解字》卷十上，毛氏汲古阁本。
⑧ 何休注，陆德明音义，徐彦疏《春秋公羊传注疏》卷五，《文渊阁四库全书》本。
⑨ 董仲舒：《春秋繁露》卷十六，《文渊阁四库全书》本。
⑩ 郭璞注，陆德明音义，邢昺疏《尔雅注疏》卷五，《文渊阁四库全书》本。
⑪ 陈初生编纂，曾宪通审校《金文常用字典》，陕西人民出版社，1987，第147页。

也"更接近"烝"的本义。

经过考察，我们发现"祠"训为"食"，"礿"义不明，"尝"为品味和"烝"训"进品物"皆与四个季节无必然的联系。

三　周代贵族祭祖礼仪式的一般程序

因史料的缺失，关于周代王室祭祖的情况，我们现在已知之甚少。相比之下，借鉴《仪礼·特牲馈食礼》《仪礼·少牢馈食礼》《有司彻》和《诗经》等文献，我们对周代贵族的祭祖仪式则有更多、更确切的了解。因此，本书这里将主要考察的是周代贵族祭祖的一般仪式过程，因重大事件而进行的临时告祭仪式不做重点讨论。

根据周代金文和礼书等文献的记载，周代贵族祭祖仪式一般程序如下。

（一）祭祀前的准备

主要有卜日、筮尸、宿尸、宿宾、斋戒和准备祭品等活动。

1. 卜日、筮尸、宿尸和宿宾

宗庙祭祀前，要占卜祭日和尸的人选。《周礼·天官·太宰》云："前期十日，帅执事而卜日。"《周礼·春官·大宗伯》载："凡祀大神，享大鬼，祭大示，帅执事而卜日。"又《龟人》载："祭祀先卜。若有祭事，则奉龟以往。"卜日，是为了通过占卜来判断吉凶以决定最终的祭日。《仪礼·特牲馈食礼》云："筮来日某，诹此某事，适其皇祖某子。"《诗经·生民》言："载谋载惟"，即占卜吉日以祭祀。卜定吉日后，则筮尸，选定鬼神的代言人。择定尸后，主人要前去邀请尸，即宿尸。宿尸是宿宾，主人和宗人又前去邀请嘉宾。关于卜牲问题，虽然《特牲馈食礼》和《少牢馈食礼》没有提及，但据《左传·僖公三十一年》"而卜其牲日"的记载，则周代祭祖前很可能是卜牲的。

2. 斋戒

《周礼·天官·太宰》云："前期十日，帅执事而卜日，遂戒。……祀大神示亦如之。享先王亦如之。"据此可知，在祭祀前参加祭祀的人是需要斋戒的。《礼记·坊记》载："子云：'七日戒，三日齐，承一人焉以为尸，过之者趋走。以教敬也。'"至于斋戒的原因自然是为了让与祭者稳定心思，调整身心达到整齐专一，以致与神交接。如《礼记·祭统》所言："及时将祭，君子乃齐，齐之为言齐也，齐不齐以致齐者也。……齐者，精明之至也，然后可以交于神明也。"斋戒时，孝子们要思想祖先之声容嗜好。"致齐于内，散齐于外。齐之日，思其居处，思其笑语，思其志意，思其所乐，思其所嗜。齐三日，乃见其所为齐者。祭之日，入室，僾然必有见乎其位。周还出户，肃然必有闻乎其容声。出户而听，忾然必有闻乎其叹息之声。"（《礼记·祭义》）只有做到这些，祭祀之日，孝子们进入庙门看到装扮祖先的尸后，才能仿佛见到祖先真人一样。

3. 准备祭品

祭祀自少不了祭品，所以在祭祀之前准备祭品是十分重要的。祭品主要包括祭器、酒醴、瓜果和牺牲。在祭祀前，要将祭祀场所打扫干净并清洁祭器，祭器被清洁后，要按照规定被摆放好。主人和宗人要对此进行检查。如《周礼·天官·大宰》所言："与其具修。……及执事，眂涤濯。"再如《仪礼·特牲馈食礼》有详细的记载："厥明夕，陈鼎于门外，北面北上。有鼏。棜在其南，南顺，实兽于其上，东首。牲在其西，北首，东足。设洗于阼阶东南，壶禁在西序，豆、笾、铏在东房，南上。几、席、两敦在西堂。"祭祀用的牺牲也要被清洗干净，宗人要查看它们的声音、气息，看它们是否肥硕，是否健康，是否符合祭祀要求。

（二）祭祀中的主要仪节和程序

主要有宰杀牺牲、烹煮祭品、阴厌、迎尸、飨尸、送尸、阳厌、馂、燕私同族。

1. 宰杀牺牲、烹煮祭品

据《特牲馈食礼》和《少牢馈食礼》所载，祭祀当日清晨，主人要亲自检视宰杀牺牲，牺牲被宰杀烹煮后，会按照不同的要求被分割成不同的部分，并被放入不同的祭器中。一切准备就绪后，祭祀就正式开始了。

2. 阴厌

阴厌，即尸入室之前，在屋角设祭席飨神。《特牲馈食礼》和《少牢馈食礼》中记载主妇要进献分别盛放葵菜和螺酱的豆笾、盛着黍稷的敦、盛肉羹和菜羹的铏，佐食者要准备好俎来盛放牲体等，用以飨神。

3. 迎尸

迎接尸的任务是由祝来完成的，主人不迎尸。《仪礼·少牢馈食礼》云："祝出，迎尸于庙门之外。"至于主人不迎尸的原因，是为了避开辈分上的嫌疑。《礼记·祭统》中明确说明了国君不迎尸的原因："君迎牲而不迎尸，别嫌也。尸在庙门外则疑于臣，在庙中则全于君。君在庙门外则疑于君，入庙门则全于臣、全于子。是故不出者，明君臣之义也。"祝将尸迎入后，还要浇水为尸盥手。《周礼·小祝》云："大祭祀，逆盅盛，送逆尸，沃尸盥，赞隋、赞彻、赞奠。"据《周礼·大司乐》："尸出入则令奏《肆夏》"，可知，迎尸和送尸时是有音乐伴随的。音乐在祭祀中是非常重要的，《礼记·祭统》云："夫祭有三重焉：献之属莫重于祼，声莫重于升歌，舞莫重于《武宿夜》，此周道也。"青铜器的编钟编镈多是为祭祀祖先时节歌节舞而作的，如戏钟（集成88）："唯正月初吉，丁亥，戏作宝钟，用追孝于己伯，用享大宗。"① 又《周礼·大司乐》："乃奏无射，歌夹钟，舞大武，以享先祖。"把尸迎进庙后，请尸安坐。

4. 飨尸

飨尸是祭祖仪式中最重要、最复杂的一个环节，包括尸饭，主人、主妇、宾三献，主人、主妇遍献祝、众宾、兄弟、长兄弟、宾长、佐食加献尸，旅酬、无算爵等活动。

尸饭，即尸代表先祖享用祭品。所谓"饭"，郑玄解释为："小数曰饭。"何谓"小数曰饭"？孔颖达云："'小数曰饭'者，此《少牢》、《特牲》言三饭、五饭、九饭之等，据一口谓之一饭，五口谓之五饭之等，据小数而言，故云小数曰饭也。"② 等级不同，尸饭的次数也不同。郑玄《仪礼注》认为："凡十一饭，士九饭，大夫十一饭，其余有十三饭，十五饭。"③ 孔颖达补充说："释曰：上篇士礼九饭，《少牢》上、下大夫同十

① 中国社会科学院考古研究所编《殷周金文集成释文》第一卷，香港中文大学出版社，2001，第53页。

② 郑玄注，陆德明音义，贾公彦疏《仪礼注疏》卷十六，《文渊阁四库全书》本。

③ 郑玄注，陆德明音义，贾公彦疏《仪礼注疏》卷十七，《文渊阁四库全书》本。

一饭，士、大夫既不分命数为尊卑，则五等诸侯同十三饭，天子十五饭可知。"①

主人、主妇、宾三献是指主人、主妇和宾分别依次给尸献酒，使尸安乐。主人给尸献酒时，来宾之长献上肝，尸饮酒后，又回敬主人，佐食者将黍饭搓成团交给祝，祝献给尸，尸拿着饭团向主人致祝福之辞（即嘏辞）。主人酢酒献祝，献佐食者。主妇亚献、宾三献和主人初献的仪节基本相同，不同的是参与者和祭品。

接着是兄弟、众宾按次序互相敬酒，即旅酬。后兄弟、众宾互相劝饮，不计次序，称为无算爵。

5. 送尸、阳厌

礼毕送尸，《特牲馈食礼》云："祝东面告利成。尸谡，祝前，主人降。"《少牢馈食礼》："祝告曰：'利成。'祝入。尸谡。主人降立于阼阶东，西面。祝先，尸从，遂出于庙门。"祝送尸时应该有音乐伴奏，《周礼·大司乐》云："尸出入则令奏《肆夏》。"又《诗经·小雅·楚茨》"鼓钟送尸"即可证明这一点。飨尸后，撤去俎、豆、笾，陈设在室的西北角以飨神称为阳厌。

6. 馂

飨尸之后，参与祭祀的人分享尸享用过的供品的活动叫作馂。馂有着非常重要的政治意义，通过分享祭品来象征由上而下施加的恩惠。《礼记·祭统》云："是故古之君子曰'尸亦馂鬼神之余'也。惠术也，可以观政矣。是故尸谡，君与卿四人馂。"《特牲馈食礼》和《少牢馈食礼》详细记载了馂食礼的仪节。关于馂食的方法和次序，《礼记》中有所记载。《祭统》云："凡馂之道，每变以众，所以别贵贱之等，而兴施惠之象也。""君起，大夫六人馂，臣馂君之余也。大夫起，士八人馂，贱馂贵之余也。士起，各执其具以出，陈于堂下，百官进，彻之，下馂上之余也。"

7. 燕私同族、傧尸

祭祖后燕私同族的活动金文中有记载，如：

① 郑玄注，陆德明音义，贾公彦疏《仪礼注疏》卷十七，《文渊阁四库全书》本。

　　杜伯作宝毁，其用享孝于皇神祖考，于好倗友，用夰寿，介永命，其万年永宝用。（杜伯毁，集成4448）①

　　用作朕皇考武乓几王尊簋，用好宗庙享夙夕，好倗友雩百诸婚媾，用祈纯禄永命，鲁寿子孙。归夆其万年日用享于宗室。（羌伯簋，集成4331）②

　　以上两例所载的就是在享孝祖考、宗庙享后燕飨同族的兄弟。倗友指的就是同族兄弟。③

　　《仪礼》中没有记载祭祖后燕私同族的环节，但在《周礼》中有所记载，《周礼·大宗伯》："以飨燕之礼，亲四方之宾客。"即用赏赐祭祀社稷和宗庙祭肉之礼，使同姓兄弟及异姓兄弟之国相亲和。国君燕飨同姓兄弟之国，以类推之，贵族可以燕飨同姓的兄弟，可见，燕私同族确实是存在的。《尚书传》曰："宗室有事，族人皆侍终日。大宗已侍于宾奠，然后燕私。"④ 就宗法关系而言，祭祖后的燕私活动是维系宗族血缘关系的重要方式之一。

　　傧尸，即"以宾客之礼燕为尸者"，上大夫礼在正祭结束后当日在堂上便举行傧尸之礼。据《礼记·郊特牲》孔颖达疏"上大夫曰傧尸，与祭同日，于庙堂之上而行礼也。下大夫及士虽有献尸及宾等相酬酢行礼于庙之事，不谓之傧尸也"⑤ 可知，上大夫有傧尸之礼，下大夫无傧尸之礼。傧尸时的气氛如同燕飨时的气氛，轻松愉快。傧尸还希望尸的高兴满意能带给主人福禄。如《诗经·大雅·凫鹥》云：

　　凫鹥在泾，公尸来燕来宁。尔酒既清，尔殽既馨，公尸燕饮，福禄来成。

① 中国社会科学院考古研究所编《殷周金文集成释文》第三卷，香港中文大学出版社，2001，第513页。
② 中国社会科学院考古研究所编《殷周金文集成释文》第三卷，香港中文大学出版社，2001，第466页。
③ 朱凤瀚：《商周家族形态研究》，天津古籍出版社，1990，第306~311页。
④ 引自郑玄注，陆德明音义，贾公彦疏《仪礼注疏》卷十五，《文渊阁四库全书》本。
⑤ 郑玄注，陆德明音义，孔颖达疏《礼记注疏》卷二十五，《文渊阁四库全书》本。

兔罝在沙，公尸来燕来宜。尔酒既多，尔殽既嘉，公尸燕饮，福禄来为。

　　兔罝在渚，公尸来燕来处。尔酒既湑，尔殽伊脯。公尸燕饮，福禄来下。

　　兔罝在溇，公尸来燕来宗。既燕于宗，福禄攸降。公尸燕饮，福禄来崇。

　　兔罝在亹，公尸来止熏熏。旨酒欣欣，燔炙芬芬。公尸燕饮，无有后艰。

　　此诗描绘了傧尸宴上主人的虔诚周到，宴会的美酒佳肴，尸的舒畅愉悦，以及祈求福禄来临的目的。

　　至此，周代祭祖礼的一般仪式和过程就基本结束了。

四　周代祭祖礼中的主要角色——尸

　　《礼记·曲礼》孔颖达疏："天子祭天地、社稷、山川、四方、百物及七祀之属，皆有尸也。"[1] 说明在各种祭祀活动中都有尸。王国维也说："古之祭也必有尸。宗庙尸之，以子弟为之。至天地百神之祀，用尸与否，虽不可考，然《晋语》载'晋祀夏郊，以董伯为尸'，则非宗庙之祀，固亦用之。"[2] 确如王国维所说，不但宗庙之祭用"尸"，其他祭祀也用"尸"。如《周语·晋语》载："祀夏郊，董伯为尸。"说明郊祀用"尸"。《周礼·秋官·士师》云："祀五帝，则沃尸。"说明祭祀五帝用"尸"。《周礼·秋官·士师》言："若祭胜国之社稷，则为之尸。"表明祭祀胜国之社稷用"尸"。可见，西周时期祭祀用"尸"情况已较为普遍。在这一节，我们只介绍在祭祖礼中的尸的主要情况。

　　祭祀仪式中对所祭神灵的装扮称为尸，一切祭祀礼仪均围绕他来进行。王国维认为尸在殷商时期就已经存在了，他说："殷礼器铭屡有'𣊟'语，其异文或作'𣊟'，或作'𣊟'。自宋以来均释为'析子孙'三字。余

---

① 郑玄注，陆德明音义，孔颖达疏《礼记注疏》卷三，《文渊阁四库全书》本。

② 王国维：《宋元戏曲史》，上海古籍出版社，1998，第3页。

谓此乃一字，象大人抱子置诸几间之形。子者，尸也。"① 据《礼记·礼器》云："夏立尸而卒祭，殷坐尸，周旅酬六尸。"夏代祭祀时就用尸了。虽然，我们无法考证夏代是否有尸的存在，但祭祀用尸很早就已出现是可能的。

那么，为何祭祀时要用"尸"呢？这是因为"孝子之祭，不见亲之形象，心无所系，立尸而主意焉"②。孝子在祭祀死去的亲人时，因鬼神无声无形，只有用活人扮演"尸"，作为死者的替身，作为亡灵或鬼神的所附之体，这样，祭祀者在祭祀过程中仿佛看到受祭者的真人一样，主祭者和与祭者的心和祭祀才能有所寄托。正如班固所说："祭所以有尸者，鬼神听之无声，视之无形，升自阼阶，仰视榱桷，俯视几筵。其器存，其人亡。虚无寂寞，思慕哀伤，无所泻泄，故坐尸而食之，毁损其馔，欣然若亲之饱，尸醉若神之醉矣。"③

祭礼中的"尸"通常是由晚辈或下属来扮演的。《公羊传·宣公八年》载："壬午，犹绎。万入去籥。绎者何？祭之明日也。"何休注："祭必有尸者，节神也。礼，天子以卿为尸，诸侯以大夫为尸，卿大夫以下以孙为尸。"④《礼记·曾子问》中记述孔子的话："祭成丧者必有尸，尸必以孙。孙幼，则使人抱之。无孙，则取于同姓可也。"又《礼记·曲礼上》云："《礼》曰：'君子抱孙不抱子。'此言孙可以为王父尸，子不可以为父尸。"可见，宗庙祭祀时，"尸"是由死者的孙子辈的人来充当的。在宗庙祭祀之前，"尸"的人选是由卜筮来决定的。《特牲馈食礼》和《少牢馈食礼》中就记载了筮尸的有关情况。

祭祖时，尸要穿上主人生前的衣服，《仪礼·士虞礼》云："尸服卒者之上服。"上服，即生前服之最尊者。如先王之尸则服衮服，先公之尸则服鷩服。又《周礼·守祧》云："掌守先王先公之庙祧，其遗衣服藏焉。若将祭祀，则各以其服授尸。……既祭，则藏其隋与其服。"为何尸要穿

---

①　王国维：《观堂集林》，中华书局，1959，第157页。
②　郑玄注，陆德明音义，贾公彦疏《仪礼注疏》卷十四，《文渊阁四库全书》本。
③　秦蕙田：《五礼通考》卷六十二，《文渊阁四库全书》本。
④　何休注，陆德明音义，徐彦疏《春秋公羊传注疏》卷五，《文渊阁四库全书》本。

上主人生前的衣服呢？是为了"以象生时"。① 尸在祭祀过程中的行为和动作是如何呢？《礼记·礼器》曰："周坐尸，诏侑武方，其礼亦然，其道一也。夏立尸而卒祭，殷坐尸，周旅酬六尸。"夏代时的尸无事时站着，直到祭祀结束。殷代则无事有事，尸总是坐着的。周代的尸也是坐着，告尸、劝尸时是随意的，三代也是这样。周代还把六庙之尸聚集到太庙，一起互相酬酢。"周坐尸"这一点在《特牲馈食礼》《少牢馈食礼》和《诗经·小雅·楚茨》中能得到证明。

据文献记载，"祭立尸"的制度到秦汉以后便被废除了。唐人杜佑《通典》卷四十八"立尸义"云："古之人朴质，中华与夷狄同，有祭立尸焉，有以人殉葬焉，……自周以前，天地、宗庙、社稷，一切祭享，凡皆立尸；秦汉以降，中华则无矣。"② 但作为一种有着悠久历史传统的礼俗，"祭立尸"仍然留存在民间。

第二节 《小雅·楚茨》主旨辨正

楚楚者茨，言抽其棘。自昔何为？我蓺黍稷。我黍与与，我稷翼翼。我仓既盈，我庾维亿。以为酒食，以享以祀。以妥以侑，以介景福。

济济跄跄，絜尔牛羊，以往烝尝。或剥或亨，或肆或将。祝祭于祊，祀事孔明。先祖是皇，神保是飨。孝孙有庆，报以介福，万寿无疆！

执爨踖踖，为俎孔硕，或燔或炙。君妇莫莫，为豆孔庶，为宾为客。献醻交错，礼仪卒度，笑语卒获。神保是格，报以介福，万寿攸酢！

我孔熯矣，式礼莫愆。工祝致告："徂赉孝孙。苾芬孝祀，神嗜饮食。卜尔百福，如几如式。既齐既稷，既匡既勑。永锡尔极，时万时亿。"

礼仪既备，钟鼓既戒。孝孙徂位，工祝致告。神具醉止，皇尸载起。鼓钟送尸，神保聿归。诸宰君妇，废彻不迟。诸父兄弟，备言燕私。

---

① 郑玄注，陆德明音义，贾公彦疏《周礼注疏》卷二十一，《文渊阁四库全书》本。
② 杜佑：《通典》卷四十八，《文渊阁四库全书》本。

乐具入奏，以绥后禄。尔殽既将，莫怨具庆。既醉既饱，小大稽首。"神嗜饮食，使君寿考。孔惠孔时，维其尽之。子子孙孙，勿替引之。"

一　《楚茨》主旨众说种种

关于《楚茨》一诗的主旨，主要有以下几种观点。

（一）"刺幽王"说。此说出自《毛诗序》："楚茨，刺幽王也。政烦赋重，田莱多荒，饥馑降丧，民卒流亡，祭祀不飨，故君子思古焉。"[①] 后郑玄《笺》、孔颖达《疏》、陈奂《毛诗传疏》等皆从此说。

（二）"思古"说。见李樗、黄櫄《毛诗集解》："观《楚茨》一篇乃是思古人之意。如《信南山》《甫田》《大田》全篇尽是思古人之诗，全无一句及于刺幽王。《楚茨》之诗亦然也。"[②]

（三）"宗庙祭祀"说。此说为大多数学者所赞同。

按祭祀时间的不同，又有以下两种观点。1. 秋冬祭祖。牟应震《诗问》云："《楚茨》，天子宗庙时祭之礼也。"[③] 且学者们多认为《楚茨》是秋、冬祭祀宗庙之诗，如陈子展《诗三百解题》云："《楚茨》，当是有关王者秋冬祭祀先祖，和祭后私宴同姓诸臣之诗。"[④] 王质《诗总闻》、何楷《诗经世本古义》、方玉润《诗经原始》、魏源《诗古微》等也赞同此说。2. 庙祀通用。见尹继美《诗管见》："《楚茨》《信南山》《甫田》《大田》皆祭祀之乐章，《雅》非独用于燕飨也。……《楚茨》《信南山》庙祀通用之乐章也。《楚茨》言祀事之节次尤详。"[⑤] 祝敏彻《诗经译注》、崔富章《诗骚合璧》、唐莫尧《诗经新注全译》等皆持此说。

---

① 毛亨撰，郑玄笺，陆德明音义，孔颖达疏，阮元校勘《附释音毛诗注疏》卷十三，清嘉庆南昌府学重刊宋《十三经注疏》本。
② 李樗、黄櫄：《毛诗集解》卷二十七，《文渊阁四库全书》本。
③ 牟应震：《诗问》卷四，清嘉庆间牟氏刻道咸间朱氏补修《毛诗质疑》本。
④ 陈子展：《诗三百解题》，复旦大学出版社，2001，第810页。
⑤ 尹继美：《诗管见》卷四，《续修四库全书》本。

依据祭祀的等级不同，又可分为以下两种观点。1. 公卿宗庙祭祀之诗。朱熹《诗集传》最先提出此观点："此诗述公卿有田禄者力于农事，以奉其宗庙之祭。"① 方苞《朱子诗义补正》、魏源《诗古微》、高亨《诗经今注》等同意此说。2. 天子宗庙祭祀之诗。此说出自明丰坊伪申培《诗说》："《楚茨》农事既成，乃祭宗庙，燕及王族之诗赋也。"② 陈启源《毛诗稽古编》云："《楚茨》所咏皆天子祭礼也。"③ 后郝懿行《诗问》、牟应震《诗问》、刘始兴《诗益》等皆同意此说。

（四）"描写盛世"说。见刘克《诗说》："《楚茨》《信南山》二、三诗几于《大雅》，皆述文、武、成康之盛际。大抵言周家兴王之初，自荆棘中芟治以成播种之功绩，而至于礼仪之备，神人之享，公私无缺，久长而不坠，其始如此，其盛如此。"④

（五）"劝农"说。此说出自毛奇龄《诗传诗说驳义》："《楚茨》《甫田》，皆所以劝农也。"⑤

（六）"陈王业"说。见汪梧凤《诗学女为》："戴氏震曰：'《楚茨》以下四诗，皆言农事与祭祀，然玩其词意，非用于祭祀之乐章也，亦犹《豳诗》之为陈王业耳。'"⑥姜炳璋《诗序补义》也同意此观点，并说："按，幽王承宣王之后，先朝老臣如方叔、召虎、吉甫、程伯诸公，应有愁遗，当其即位之始，以先王勤民事神之政，朝夕讽詠以教之，犹之周公以文王《大明》之什、《七月》之篇陈于成王也。成王，贤主也，故曰戒、曰陈。幽王，暴主也，故曰刺。皆史官从后之辞也。"⑦

（七）"刺燕私"说。此说出自牟庭《诗切》："《楚茨》，刺燕私也。"⑧

以上七类观点，到底哪类观点更接近诗歌主旨，有待一一辨析。

---

① 朱熹：《诗集传》卷十三，民国二十四年至二十五年上海商务印书馆《四部丛刊三编》影宋本。
② 丰坊伪撰《诗说》，民国二十四至二十六年上海商务印书馆影《百陵学山》本。
③ 陈启源：《毛诗稽古编》卷十四，清道光九年广东学海堂刊《皇清经解》本。
④ 刘克：《诗说》卷九，《续修四库全书》本。
⑤ 毛奇龄：《诗传诗说驳义》卷四，清萧山书留草堂刊《西河合集》本。
⑥ 汪梧凤：《诗学女为》卷十九，《续修四库全书》本。
⑦ 姜炳璋：《诗序补义》卷十八，《文渊阁四库全书》本。
⑧ 牟庭：《诗切》，清嘉庆二十一年《雪泥屋遗书》抄本。

二　《楚茨》主旨众说辨析

第一，看"刺幽王"说。

《毛诗序》作者、郑玄等学者受到汉代诗歌美刺传统的影响，认为此诗的主旨是刺幽王，刺幽王之时"政烦赋重，田莱多荒，饥馑降丧，民卒流亡，祭祀不飨"。其理由有三。其一，孔颖达等学者认为诗歌采用的是反衬手法，以古时之政教清明反衬幽王时政教混乱。孔颖达说："经六章，皆陈古之善，以反明今之恶，故笺每事属之。"① 但"每事属之"则显牵强。从整首诗来看，很难看出诗歌所使用的是反衬手法，且也没有表现出政教繁重、田地荒芜、人民饥馑、神不飨祭祀的内容。正如朱鉴《诗传遗说》所说："《楚茨》《信南山》《甫田》《大田》诸篇不待看《序》，自见得是祭祀及稼穑、田政分明，到《序》说出来便道是伤今思古、陈古刺今，这哪里见得？"② 其二，郝敬等学者认为此诗是刺幽王的关键在于篇首的四句，其《毛诗原解》云："按诗辞庄严典则多赞颂语，与下篇《信南山》《甫田》《大田》皆讽幽王，而惟此篇首四语思古伤今，余皆极陈古时和年丰，祭祀燕享，宛然身逢其盛，而衔恨于生今之世，意在言外。《豳风·七月》周公遭乱，述古以讽成王，意与此类。"③ 然而，首句"楚楚者茨，言抽其棘。自昔何为？我艺黍稷"无非是表明周代种植黍稷、发展农业由来已久。如果仅凭"自昔何为"句，就认为此诗是"刺幽王"实不可信。正如姚际恒所说："此唯泥'自昔何为'一句耳。不知此句正唤起下'黍、稷'句，以见黍、稷之所由来也。其余皆详叙祭祀，自始至终，极其繁盛，无一字刺意"。④ 其三，郭晋稀根据宣王和幽王两代存世的时间，确定诗歌作者经历两代的兴衰是可能的，于是认为"刺幽王"说是可信的。他说："《诗序》云云，并非无据。""此诗作者一人之身，既曾在昔艺黍稷以孝祀先人矣，今乃抽茨棘置身蒿莱矣，其经历盛衰两代，可

---

① 毛亨撰，郑玄笺，陆德明音义，孔颖达等疏，阮元校勘《附释音毛诗注疏》卷十三，清嘉庆南昌府学重刊宋《十三经注疏》本。
② 朱鉴：《诗传遗说》卷二，清同治十二年粤东书局刊《通志堂经解》本。
③ 郝敬：《毛诗原解》卷二十二，《续修四库全书》本。
④ 姚际恒：《诗经通论》十八卷，成都书局据道光十七年韩城王笃刻本重刊本，1927。

以知也。……宣王初年，故当盛世也。……宣王凡三十九年，使诗人生于孝王之世，至于宣王，年未冠也。身历宣王之世，至于幽王末世，亦不过七十左右耳，恒人之常寿也。诗中不言作者时代，《诗序》以为刺幽王，情理推之，实为近是。"① 后陈戍国进一步补充了郭晋稀的论据，认为"宣王在位实为四十六年，比郭先生说的三十九年还长七年。这对郭先生的论证（包括有关的推算）更为有利。"② 郭晋稀和陈戍国的论证角度是新颖的，但是，考证诗歌主旨应从诗歌文本入手，而不是通过假定一个符合论证者观点的作者来考察诗歌的主旨。因此，郭晋稀和陈戍国的论据不够充分。

第二，看"思古"说。

李樗和严粲等学者认为此诗是"思古"之诗，其理由在于，其一，篇首二句，写的是当时所见之景，其他诗句描写的全是古时之事，于是诗歌首章就表现了"伤今思古"的主题。如严粲说："首章伤今思古，述古者先成民而后致力于神也。"③ 但是，不能仅凭"自昔何为"句，就认为此诗是"思古"之诗，前面已有说明，在此不再赘述。其二，严粲等学者认为诗歌结尾"子子孙孙，勿替引之"句是"刺今之废礼也"。④ 严粲所说看似合理，实则牵强。"子子孙孙，勿替引之"并非讽刺之语，而应是一种习语，一个美好的愿望，希望不要废弃祭祖之礼，子子孙孙要永远地继承下去。类似的习语在周代金文中很常见，既有带肯定词语的习语，如：刺鼎（集成2776）"其孙孙子子永宝用"。⑤ 段簋（集成4208）"孙孙子子万年用享祀"。⑥ 也有带否定词语的习语，如：量侯簋（集成3908）"量侯虎作宝尊簋，子子孙万年永宝簋勿丧"。⑦ 希望子孙后代将宝尊簋传承下去，不

---

① 引自陈戍国《诗经校注》，岳麓书社，2004，第274页。

② 引自陈戍国《诗经校注》，岳麓书社，2004，第274~275页。

③ 严粲：《诗缉》卷二十二，明味经堂刊本。

④ 严粲：《诗缉》卷二十二，明味经堂刊本。

⑤ 中国社会科学院考古研究所编《殷周金文集成释文》第二卷，香港中文大学出版社，2001，第355页。

⑥ 中国社会科学院考古研究所编《殷周金文集成释文》第三卷，香港中文大学出版社，2001，第335页。

⑦ 中国社会科学院考古研究所编《殷周金文集成释文》第三卷，香港中文大学出版社，2001，第196页。

要丢失，并非讽刺其已将宝尊簋遗失。再如《少牢馈食礼》中尸的嘏辞："来女孝孙，使女受禄于天，宜稼于田，眉寿万年，勿替引之。"赐福于你这位孝孙，使你受福于天，耕稼于田，长寿万年，永远不废。这是美好的祝愿，而不是讽刺之语。由此可见，李樗和严粲等学者所持的"思古"说有欠稳妥。

第三，看"描写盛世"说。

从诗歌文本来看，如刘克所说，此诗确实描写了开垦土地、播种、收割、祭祀的繁盛场面。但是，诗歌大部分篇章所描写的是祭祀的场面，如用"描写盛世"来概括诗歌主旨，则显得过于宽泛，而不够具体明确。

第四，看"劝农"说。

毛奇龄认为此诗是劝农之诗，但并没有说明理由。从诗歌文本中似乎看不出劝农之意，因此，《楚茨》并非是"劝农"之诗。

第五，看"陈王业"说。

汪梧凤和姜炳璋等学者以为《楚茨》是幽王即位后，朝中老臣"朝夕讽咏以教之"之诗，其根据是诗歌的首章。姜炳璋认为先祖开垦贫瘠土地，使之成为一片沃野并造福于后代子孙的功绩是值得后王深思和学习的，这一点体现了《楚茨》的主旨是"陈王业"。但是，《楚茨》全诗共六章，除第一章外，其他几章所描写的都是祭祀之事，不能仅根据第一章来判断诗歌的主旨。因此，姜炳璋等学者的观点有以偏概全之嫌。

第六，看"刺燕私"说。

牟庭的"刺燕私"说缺乏合理性。其一，《楚茨》一诗共六章，"备言燕私"出现在第五章末，只有第六章描写的是燕私一事。如果说此诗是"刺燕私"之诗，那么讽刺的也只是第六章的内容，与前五章内容毫不相干。诗歌作者是不会占用大量篇幅来写与诗歌主旨毫不相关的内容的，显然，"刺燕私"并不符合诗歌的实际情况。其二，牟庭以为"刺燕私"主要是"刺福酒不逮于甸人也"。[1] 这一点显然是讲不通的。因为，祭祖后燕私的对象是同族兄弟，并不包括甸人。据《周礼·甸师》《仪礼·公食大夫礼》载，祭祀时，甸师的职责是供给所需的香蒿和白茅；并供给野生的

---

[1]　牟庭：《诗切》，清嘉庆二十一年《雪泥屋遗书》抄本。

瓜果；率领徒属用薪柴，做替外饔和内饔服役的事；陈鼎；等等。可见，甸人只是一个服务人员，并不是燕私的对象。另外，据《周礼·大宗伯》："以飨燕之礼，亲四方之宾客。"《尚书大传》曰："燕私者何？而与族人饮。"可知，祭祖后燕私的是同族的兄弟，并没有甸人。既然甸人不在燕私的行列，"福酒不逮于甸人"也属正常。那么为何还要"刺福酒不逮于甸人也"呢？很显然，这是不合情理的。因此，《楚茨》并不是"刺燕私"之诗。

相比较而言，以朱熹为代表的大多数学者所持的"宗庙祭祀"说比较接近诗歌的主旨。那么，《楚茨》描写的是秋冬时节的宗庙祭祀，还是宗庙祭祀的通用乐章呢？是公卿的宗庙祭祀，还是天子的宗庙祭祀呢？这些问题留待下面进行详细论述。

三 《楚茨》主旨辨正

《楚茨》是宗庙祭祀之诗，诗作描写了祭祀典礼的全过程。那么，描写的是什么时节的祭祀，又是哪个等级的祭祀呢？

（一）宗庙祭祀的时间辨析

1. "秋冬祭祖"说辨析

牟应震、姚际恒等学者持此观点的理由在于诗句"以往烝尝"，但这一论据是不充分的。首先，西周时并不实行四时之祭，关于这一点在上一节已经论证过，此处不再赘述。其次，"烝尝"出现在同一句中时，更无时祭之义，只是含有祭祖之义的惯用语，如"用烝用尝"（姬鼎）、"以烝以尝"（十四年陈侯午敦、陈侯因𬱟敦）等。因此，"秋冬祭祖"说过于牵强。

2. "庙祀通用"说辨析

关于"庙祀通用"，这里只强调没有"时祭"意义一点，至于是不是祭祀乐歌，留待后面讨论。以尹继美为代表的学者没有囿于"烝尝"二字，指出《楚茨》通用于各种季节的宗庙祭祀，并非只用于秋冬时节祭祖，这一点是比较符合西周的实际情况的。

（二）宗庙祭祀的等级辨析

1.“公卿宗庙祭祀”说辨析

以朱熹、魏源等为代表的学者以为《楚茨》是公卿宗庙祭祀之诗。其根据有，其一，“天子祭祀乐章列于颂，公侯祭祀乐章列于雅。”[1]《楚茨》在《小雅》中，则《楚茨》应是公卿之诗。其二，“先王望祀不求其福，而四篇无一不言福。”[2] 则应是公卿之诗。

首先，确如魏源所说，《颂》诗皆是用于祭祀所唱的乐歌，是敬神之歌。《楚茨》被保存在《小雅》中，确实不应是天子祭祀时所唱的歌曲。但不能排除《楚茨》是描写天子宗庙祭祀的场面的可能性。因此，魏源的理由不够充分。

其次，据方苞《朱子诗义补正》“先王望祀不求其福”之意，《楚茨》言“报以介福”“卜尔百福”等，表明《楚茨》不是先王望祀。望祀，谓祭祀四方、名山、大川及海等。《楚茨》描写的乃是宗庙祭祀，不是望祀。既然不是望祀，又何谈“先王望祀不求福”呢？又如何断定一定就是公卿之诗呢？可见，方苞说法有失偏颇。

由此可见，以上两个理由皆无法确定《楚茨》一定是公卿之诗。

2.“天子宗庙祭祀”说辨析

陈启源、刘始兴等提出“天子宗庙祭祀”说的理由有三。一，“皇尸”、“君妇”、“寿考”、“万寿”、“万年”和“孝孙”等词语典重，应用于天子之礼（见蒋悌生《五经蠡测》）。二，“或剥或亨”、“祝祭于祊”和“鼓钟送尸”等礼仪盛备，应是天子之礼。见陈启源《毛诗稽古编》：“其天子祭礼载《周礼》《戴记》而亦见于此诗者，则如‘剥’‘亨’‘祭祊’‘鼓钟送尸’之类是也。”[3] 三，《小雅》中也可以有天子之诗。如陈启源说：“谓天子诗不应列于《小雅》，夫《小雅》诸篇何一非天子诗哉？”[4]

① 魏源：《诗古微》卷十七，清光绪十四年南菁书院刊《皇清经解续编》本。
② 方苞：《朱子诗义补正》卷五，《续修四库全书》本。
③ 陈启源：《毛诗稽古编》卷十四，清道光九年广东学海堂刊《皇清经解》本。
④ 陈启源：《毛诗稽古编》卷十四，清道光九年广东学海堂刊《皇清经解》本。

首先，我们来看"皇尸""君妇""寿考""万寿""万年"和"孝孙"等词语是否只能用于天子的宗庙祭祀。

（1）"皇尸"

"皇尸"一词，除见于《楚茨》外，还见于《特牲馈食礼》和《少牢馈食礼》，如：

> 祝受尸角，曰："送爵！皇尸卒爵。"（《特牲馈食礼》）
>
> 祝西面于主人之南，独侑，不拜。侑曰："皇尸未实，侑。"（《少牢馈食礼》）
>
> 卒命祝，祝受以东，北面于户西，以嘏于主人曰："皇尸命工祝，承致多福无疆于女孝孙。来女孝孙，使女受禄于天，宜稼于田，眉寿万年，勿替引之。"（《少牢馈食礼》）

从以上三处来看，"皇尸"是祝对尸的尊称。《楚茨》"工祝致告：神具醉止，皇尸载起"也可证明这一点。《特牲》和《少牢》记载的是士和大夫的宗庙祭祀之礼，士和大夫的祝也可使用"皇尸"一词，可见"皇尸"并非是天子宗庙祭祀的专用语。

（2）"君妇"

"君妇"除见于《楚茨》外，还见于周代金文，如：

> 圖君妇媿霝（作）旅尊鼎，其万年永宝用。（圖君鼎，春秋早期，集成2502）①
>
> 江君妇龢作其壶，子孙孙永宝用之。（邛君妇龢壶，春秋，集成9639）②［按，江，《商周青铜器铭文选》作"邛"。③］

① 中国社会科学院考古研究所编《殷周金文集成释文》第二卷，香港中文大学出版社，2001，第252页。

② 中国社会科学院考古研究所编《殷周金文集成释文》第五卷，香港中文大学出版社，2001，第422页。

③ 马承源主编《商周青铜器铭文选》卷三，文物出版社，1988，第417页。

囸君鼎产生在春秋早期，就目前所掌握的资料来看，"囸"是不是诸侯国的名字这一问题，还不清楚。因此，就囸君妇媿霝是不是诸侯国君的妻子这一问题，目前还不能给出答案。

据《商周青铜器铭文选》注："邝君妇鍸，邝国君长之妃，名鍸。"① 可知，"君妇"在这是指诸侯国国君的妻子。在周代金文中，诸侯国国君的妻子还可称为"王妇"，如：

> 王妇異孟姜作旅匜，其万年眉寿用之。（異孟姜匜，西周晚期，集成10240）② [按，《商周青铜器铭文选》注："異，即己，就是纪国。"③ 则"王妇異孟姜"很可能就是異国国君的妻子。]

而卿大夫的妻子称"命妇"，如"卿大夫从君，命妇从夫人"（《礼记·礼器》）。由此看来，蒋悌生等学者据"君妇"来判断《楚茨》是天子之礼还是有一定道理的。

（3）"寿考"

"寿考"在先秦文献和周代金文中比较常见，如：

> 佩玉将将，寿考不忘！（《诗经·秦风·终南》）
> 其德不爽，寿考不忘。（《诗经·小雅·蓼萧》）
> 周王寿考，遐不作人？（《诗经·大雅·棫朴》）
> 寿考维祺，以介景福。（《诗经·大雅·行苇》）
> 寿考且宁，以保我后生。（《诗经·商颂·殷武》）
> 毛公旅鼎，亦唯簋，我用饮厚眔我友，皲其用友，亦引唯考。肆毋有弗竞，是用寿考。（毛公旅方鼎，西周早期，集成2724）④

---

① 马承源主编《商周青铜器铭文选》卷三，文物出版社，1988，第417页。
② 中国社会科学院考古研究所编《殷周金文集成释文》第六卷，香港中文大学出版社，2001，第152页。
③ 马承源主编《商周青铜器铭文选》卷三，文物出版社，1988，第344页。
④ 中国社会科学院考古研究所编《殷周金文集成释文》第二卷，香港中文大学出版社，2001，第329页。

胱作尊簋，其寿考宝用。（胱簋，西周中期，集成 3700）①

唯王五月甲寅，向智作旅簋，智其寿考万年，孙子子永宝用。
（向智簋，西周晚期，集成 4033）②

寿考惟祺，介尔景福。……承天之休，寿考不忘。（《仪礼·士
冠礼》）

"寿考"也即长寿之义。《礼记·曲礼下》云："寿考曰'卒'"，即
老年人死叫作卒。《礼记》并没强调是否只有天子老年才可称"寿考"。上
述文献中，除《终南》《蓼萧》《棫朴》《行苇》和《殷武》中的"寿考"
可能与天子有关外，其他几例文献中的"寿考"皆与天子无关。毛公旅方
鼎铭文大意为：毛公旅以其鼎和簋，以丰厚的饮食致于我的僚友，也长久
地孝事父母。没有不顺利的事，直到父母百年。毛公旅与其父母都不是天
子，但毛公旅却可以用"寿考"来祝福父母。胱簋、向智簋中的"胱"与
"向智"也不是天子，但也使用了"寿考"一词。《士冠礼》记录的是贵
族男子年满二十岁的加官仪礼。其中"寿考惟祺，介尔景福。……承天之
休，寿考不忘"句是对正在加冠的男子所说的祝福之语，正在加冠的男子
显然不是天子。所以，以上几例皆说明"寿考"并不是天子的专用词语。

（4）"万寿"

"万寿"一词见于下列文献中：

跻彼公堂，称彼兕觥，万寿无疆！（《诗经·豳风·七月》）

君曰卜尔，万寿无疆。（《诗经·小雅·天保》）

乐只君子，邦家之基。乐只君子，万寿无期。（《诗经·小雅·南
山有台》）

先祖是皇，报以介福，万寿无疆。（《诗经·小雅·信南山》）

① 中国社会科学院考古研究所编《殷周金文集成释文》第三卷，香港中文大学出版社，
2001，第 138 页。

② 中国社会科学院考古研究所编《殷周金文集成释文》第三卷，香港中文大学出版社，
2001，第 244 页。

报以介福，万寿无疆！（《诗经·小雅·甫田》）

天子万寿！明明天子，令闻不已。矢其文德，洽此四国。（《诗经·大雅·韩奕》）

唯正初吉丁亥，其次择其吉金铸句镯。以享以孝，用祈万寿。子子孙孙，永保用之。（其次句镯，春秋时期，集成421）①

《韩奕》诗中的"万寿"用于天子。《天保》《信南山》《甫田》中的"万寿"不能确定是否与天子有关。《七月》《南山有乐》和其次句镯铭文中的"万寿"明显不用于天子。由此可见，"万寿"一词不仅只是用于天子。

（5）"万年"

"万年"经常出现在先秦文献和周代金文中，如：

界我尸宾，寿考万年。（《诗经·小雅·信南山》）

君子万年，保其家室。（《诗经·小雅·瞻彼洛矣》）

君子万年，福禄宜之。（《诗经·小雅·鸳鸯》）

君子万年，介尔景福。（《诗经·大雅·既醉》）

皇尸命工祝，承致多福无疆于女孝孙。来女孝孙，使女受禄于天，宜稼于田，眉寿万年，勿替引之。（《仪礼·少牢馈食礼》）

唯王五月甲寅，向智作旅簋，智其寿考万年，孙子子永宝用。（向智簋，西周晚期，集成4033）②

"万年"在周代金文中出现的概率非常高，除向智簋外，还出现在伯康簋、杜伯壶、颂簋、王妇匜、子仲匜、颂壶、颂鼎、鲁伯簋、铸公簋、伯其父簋、余卑盘等铭文中。多以"万年眉寿""眉寿万年"等的形式出现，表达美好的祝愿。

---

① 中国社会科学院考古研究所编《殷周金文集成释文》第一卷，香港中文大学出版社，2001，第454页。

② 中国社会科学院考古研究所编《殷周金文集成释文》第三卷，香港中文大学出版社，2001，第244页。

《诗经》中的"万年"一词不能确定是否用于天子，但《少牢馈食礼》中的"眉寿万年"和向詧簋中的"寿考万年"是一定与天子无关的。可见，"万年"也不是天子的专用词语。

（6）"孝孙"

何楷《诗经世本古义》云："对先祖称孝孙，乃主祭之人谓天子也。"① 程俊英也说："诗中的'我'、'孝孙'都是指周王。"② 那么，"孝孙"是不是天子的专称呢？"孝孙"常见于《仪礼》《礼记》等先秦典籍中，如：

> 万舞洋洋，孝孙有庆。（《诗经·鲁颂·闷宫》）
> 祝曰："孝孙某，孝子某，荐嘉礼于皇祖某甫，皇考某子。"（仪礼·聘礼）)
> 宰自主人之左赞命，命曰："孝孙某，筮来日某，诹此某事，适其皇祖某子。尚飨！"（《仪礼·特牲馈食礼》）
> 主人曰："孝孙某，来日丁亥，用荐岁事于皇祖伯某，以某妃配某氏，尚飨！"（《仪礼·少牢馈食礼》
> 祭称"孝孙"、"孝子"，以其义称也。（《礼记·郊特牲》）
> 祭，称孝子、孝孙。（《礼记·杂记》）

《闷宫》是歌颂鲁僖公的诗。鲁国可以施行天子之礼，此处的"孝孙"可能是天子在祭祖时对自己的称呼。《仪礼·聘礼》记载的是诸侯之间的聘礼。可知，诸侯可用"孝孙"一词。《特牲馈食礼》和《少牢馈食礼》记载的是士和大夫之礼，士和大夫在祭祖时也可使用"孝孙"。如此看来，"孝孙"并不是天子的专用语，它只是子孙在祭祀先祖时所使用的专有词语。

通过以上考证，我们发现，除"君妇"外，"皇尸""寿考""万寿""万年"和"孝孙"五个词语既可用于天子之祭礼，也可用于大夫、士的

---

① 何楷：《诗经世本古义》卷十，《文渊阁四库全书》本。
② 程俊英：《诗经评注》，上海古籍出版社，2004，第356页。

祭礼。所以，仅凭这五个词语不能断定《楚茨》描写的是天子祭礼。

其次，再看"或剥或亨""祝祭于祊""鼓钟送尸"等礼仪是否属于天子的祭礼。

剥，郑玄注："解剥其皮"①。亨，即烹，孔颖达《疏》曰："亨谓煮之使熟"。② 陈奂《诗毛氏传疏》言："剥亨犹割亨也。"③《周礼·天官·内饔》云："凡宗庙之祭祀，掌割亨之事。"凡在宗庙祭祀时，内饔掌管宰割、烹煮的事。可知，剥和亨这两种处置祭品的方式，可用于天子宗庙祭礼。又《仪礼·特牲馈食礼》载："亨于门外东方，西面北上。"郑玄注："亨，煮也。煮豕、鱼、腊以镬，各一爨。"④ 这是写宗庙祭祀时祭品的陈列情况，其中烹煮猪、鱼、腊肉的灶在门外东方，都面朝西，从北向南排列，以北首的灶为最尊。既然有烹煮猪、鱼、腊肉的灶，就说明在宗庙祭祀时使用"烹"的方式来处置祭品。《仪礼·少牢馈食礼》云："雍人概鼎、匕、俎于雍爨，雍爨在门东南，北上。""雍人"，郑玄注云："掌割亨之事者。"⑤ 也即《周礼》中的"内饔"。既有"雍人"出现在大夫宗庙祭祀的活动中，则表明大夫的宗庙祭祀有"割亨之事"。这说明"剥"和"亨"既是天子也是大夫宗庙祭祀活动所具有的。

对于"祝祭于祊"句的解释，大多数学者根据《礼记·郊特牲》中"直祭祝于主；索祭祝于祊。"和"绎之于库门内，祊之于东方。"的记载，认为"祊"有两种：一为正祭之祊，即正祭之时，既设于庙，又求神于庙门之内；二为绎祭之祊，即明日绎祭之时，请神于庙门之外。从《楚茨》诗歌文本来看，"祝祭于祊"是正祭的可能性比较大。但是，无论是正祭还是绎祭，都应是天子的祭礼。其一，《少牢馈食礼》和《特牲馈食礼》中都没有关于"祊祭"的描述和记载，说明大夫和士不实行"祊祭"，那么，很可能是天子才可以实行"祊祭"。其二，《礼记》和《仪礼》中所

① 毛亨撰，郑玄笺，陆德明音义，孔颖达疏，阮元校勘《附释音毛诗注疏》卷十三，清嘉庆南昌府学重刊宋《十三经注疏》本。
② 毛亨撰，郑玄笺，陆德明音义，孔颖达疏，阮元校勘《附释音毛诗注疏》卷十三，清嘉庆南昌府学重刊宋《十三经注疏》本。
③ 陈奂：《诗毛氏传疏》卷二十，清道光年间武林爱日轩刊本。
④ 郑玄注，陆德明音义，贾公彦疏《仪礼注疏》卷十五，《文渊阁四库全书》本。
⑤ 郑玄注，陆德明音义，贾公彦疏《仪礼注疏》卷十六，《文渊阁四库全书》本。

记载的"祊祭"多与天子有关。如《礼记·礼器》云：

> 太庙之内敬矣！君亲牵牲，大夫赞币而从。君亲制祭，夫人荐
> 盎。君亲割牲，夫人荐酒。卿大夫从君，命妇从夫人。洞洞乎其敬
> 也，属属乎其忠也，勿勿乎其欲其飨之也！……设祭于堂，为祊乎
> 外，故曰：于彼乎？于此乎？

此段描写的是君王在太庙举行祭祀时的祭仪，其中就有"祊祭"。且郑玄《仪礼·有司彻》注："天子诸侯，明日祭于祊而绎。"① 由此可见，"祝祭于祊"很可能是天子的祭礼。

"鼓钟送尸"，陈启源等学者认为是天子之礼，并说："鼓与钟，二器也。《疏》云：'鸣钟鼓以送尸'而已。《周礼》'钟师掌金奏。''以钟鼓奏《九夏》'，《肆夏》，其一也，尸出入奏之。虽钟鼓偕作，仍以钟为主，故谓之金奏而掌以钟师，此王礼也。《集传》以为公卿奉祭，而后又引《钟师》文以释'送尸'，自相违戾，《名物疏》驳之允当。"② 所言极是。又《周礼·大祝》云："隋衅、逆牲、逆尸，令钟鼓。"在向祖先进献牲血、迎取祭祀用牲、迎接尸的时候，就命令演奏钟鼓。迎尸和送尸时皆演奏钟鼓，此是天子之礼。从"皇尸""寿考""万寿""万年"和"孝孙"等词语以及"或剥或享"礼仪来看，《楚茨》是天子之礼具有一定的可能性。从"君妇""祝祭于祊""鼓钟送尸"等词语和礼仪来看，《楚茨》是描写天子宗庙祭祀诗的可能性非常大。

那么，《小雅》中是否可有天子之诗呢？

关于何谓"雅"的问题历来众说纷纭，或为正政之说，或为正声之说，或为乐器之说，"今人一般认为雅是正的意思。'天子之乐曰雅'（《左传·昭公二十年》）"③。关于《大雅》与《小雅》的划分标准有政有大小说、音乐有别说、用途有别说、文体风格有别说、内容有别说、新

---

① 郑玄注，陆德明音义，贾公彦疏《仪礼注疏》卷十五，《文渊阁四库全书》本。
② 陈启源：《毛诗稽古编》卷十四，清道光九年广东学海堂刊《皇清经解》本。
③ 鲁洪生：《诗经学概论》，辽海出版社，1998，第46页。

旧音乐有别说、编辑时间不同说等多种说法，目前学术界尚未达成共识。由于秦火的原因，虽然今本《诗经》有赖经师记忆得以重现，但很可能已有颠倒错乱，所以，不能排除《小雅》中有天子之诗的可能性。如：《彤弓》是天子燕飨并赏赐诸侯的诗。《鱼藻》是表现周王在镐京饮酒安乐之诗。由此可见，《楚茨》是天子之诗的可能性很大。

通过分析"君妇""祝祭于祊""鼓钟送尸"等词语和祭祖礼仪，可知，《楚茨》是描写天子祭祖仪式和过程的诗。诗歌首章叙述了开垦土地，种植黍稷，作物丰收并用于宗庙祭祀之事，强调了"夫民之大事在农，上帝之粢盛于是乎出"（《国语·周语上》）这一点。第二章叙写祭祀前的一些准备工作，即清洁宰杀牺牲、烹煮祭品，摆放祭品、祝迎神等，仪式非常完备。第三章除继续描写烹煮祭品、摆放祭品外，还写了主人向宾客敬酒之事，场面隆重不失礼仪。第四章是飨尸的环节，描述了主祭者态度的恭顺，礼节的周到，祝官代主祭者致词，并为孝孙祈福。第五章是礼毕送尸环节，祝官宣布祭礼结束，钟鼓乐响起，在钟鼓声中送尸离开。厨师和主妇们撤去祭品准备燕私同族兄弟。第六章描述的是同族燕私的宴会场景。在音乐齐奏的祖庙内，子孙们在享用祭后的佳肴美酒，一片其乐融融的景象，祝福声声，祝主人长寿福祥，并希望子孙们永远不要废弃祭祖之礼。祭祖圆满！

第三节　《小雅·信南山》主旨辨正

信彼南山，维禹甸之。畇畇原隰，曾孙田之。我疆我理，南东其亩。

上天同云，雨雪雰雰。益之以霡霂，既优既渥。既沾既足，生我百谷。

疆场翼翼，黍稷彧彧。曾孙之穑，以为酒食。畀我尸宾，寿考万年。

中田有庐，疆场有瓜。是剥是菹，献之皇祖。曾孙寿考，受天之祜。

祭以清酒，从以骍牡，享于祖考。执其鸾刀，以启其毛，取其血膋。

是烝是享，苾苾芬芬，祀事孔明。先祖是皇，报以介福，万寿无疆。

一 《信南山》主旨众说种种

关于《信南山》的主旨历来众说纷纭，主要有以下几种观点。

（一）"刺幽王"说。见于《毛诗序》："《信南山》，刺幽王也。不能修成王之业，疆理天下，以奉禹功，故君子思古焉。"① 苏辙《诗集传》、范处义《诗补传》等同意此说。

（二）"思古"说。此说见于李樗、黄櫄《毛诗集解》："《信南山》《甫田》《大田》全篇尽是思古人之诗，全无一句及于刺幽王。"② 杨简《慈湖诗传》、严粲《诗缉》等赞同此说。

（三）"宗庙祭祀"说。

此说又按时间的不同，分为以下三种观点。1. 冬季祭祖。如姚际恒《诗经通论》云："此篇……独言烝。盖言王者'烝祭岁'也。"③ 范家相《诗瀋》、方玉润《诗经原始》、魏源《诗古微》、袁梅《诗经译注》、雒江生《诗经通诂》和陈子展《诗三百解题》等皆从此说。2. 庙祀通用。见尹继美《诗管见》："《楚茨》《信南山》《甫田》《大田》皆祭祀之乐章，《雅》非独用于燕飨也。……《楚茨》《信南山》庙祀通用之乐章也。"④ 祝敏彻《诗经译注》、唐莫尧《诗经新注全译》等皆同意此观点。3. 荐新之礼。荐新，郑玄《仪礼·士丧礼》注："荐五谷若时果物新出者。"⑤ 因

① 毛亨撰，郑玄笺，陆德明音义，孔颖达疏，阮元校勘《附释音毛诗注疏》卷十三，清嘉庆南昌府学重刊宋《十三经注疏》本。
② 李樗、黄櫄：《毛诗集解》卷二十七，《文渊阁四库全书》本。
③ 姚际恒：《诗经通论》卷十一，成都书局据道光十七年韩城王笃刻本重刊本，1927。
④ 尹继美：《诗管见》卷四，《续修四库全书》本。
⑤ 郑玄注，陆德明音义，贾公彦疏《仪礼注疏》卷十二，《文渊阁四库全书》本。

在不同的季节皆有荐新之祭，如孔颖达《礼记·月令》疏云："以四时荐新，是其常事"①，故将荐新划为祭祀时间不同的一类。提出《信南山》是"荐新之祭"的学者是宋代学者王质，其《诗总闻》曰："《楚茨》烝尝之祭也，其仪差详。《信南山》荐新之祭也，其仪差略。"②

按照祭祀等级的不同，又可分为以下两种观点。1.公卿宗庙祭祀之诗。见于朱熹《诗集传》："此诗大指与《楚茨》略同。"（笔者按，朱熹认为《楚茨》诗述公卿有田禄者力于农事，以奉其宗庙之祭。）③ 龚橙《诗本谊》也说："《信南山》，公卿冬祭之乐章。"④ 雒江生《诗经通诂》等赞同此说。2.天子宗庙祭祀之诗。见朱朝瑛《读诗略记》："此盖述先王勤于农政以奉宗庙之祭也。"⑤ 刘始兴《诗益》、程俊英《诗经评注》等同此观点。

（四）"耕籍田"说。见郝懿行《诗问》："《信南山》，耕籍田也。帝藉之收，藏之御廪，以事天地、山川、社稷。先古，国非无良农也，以为人为之不若其自为之也，故修其疆畎，顺其天时，因其地利，成而祭之。天地先祖，降之福焉，以教天下之孝也。"⑥

（五）"刺烝祭不及后稷"说。此说出自牟庭《诗切》："《信南山》，刺烝祭不及后稷也。"⑦ "刺典祀独丰于昵也。"⑧

以上五种观点，到底哪一种更接近诗歌的本意呢？待一一辨析。

二　《信南山》主旨众说辨析

首先，看"刺幽王"说。

毛亨、孔颖达等学者持"刺幽王"说的理由在于，其一，《毛诗序》

---

① 毛亨撰，郑玄笺，陆德明音义，孔颖达疏，阮元校勘《附释音毛诗注疏》卷十三，清嘉庆南昌府学重刊宋《十三经注疏》本。
② 王质：《诗总闻》卷十三，清道光二十六年钱氏刊本。
③ 朱熹：《诗集传》卷十三，民国二十四年至二十五年上海商务印书馆《四部丛刊三编》影宋本。
④ 龚橙：《诗本谊》，清光绪年间仁和谭氏刊《半厂丛书初编》本。
⑤ 朱朝瑛：《读诗略记》卷四，《文渊阁四库全书》本。
⑥ 郝懿行：《诗问》，《续修四库全书》本。
⑦ 牟庭：《诗切》，清嘉庆二十一年《雪泥屋遗书》抄本。
⑧ 牟庭：《诗切》，清嘉庆二十一年《雪泥屋遗书》抄本。

云："《信南山》，刺幽王也。不能修成王之业，疆理天下，以奉禹功，故君子思古焉。"然而，诗中既不见成王，也不见幽王，不知"刺幽王不能修成王之业"之义从何而来？其二，孔颖达认为诗歌采用的是反衬手法，他说："经六章，皆陈古而反以刺今。言成王能疆理天下，以奉禹功，而幽王不能修之。……今幽王不能述修成王之业，非责幽王令奉禹功也，故笺云：'言成王乃远修禹之功，今王反不修其业乎？'"① 但从诗歌内容来看，描写的是开垦土地，种植庄稼，喜获丰收，祭祀求福之事，看不出刺幽王之意。正如朱鉴《诗传遗说》所说："《楚茨》《信南山》《甫田》《大田》诸篇不待看《序》，自见得是祭祀及稼穑、田政分明，到《序》说出来便道是伤今思古、陈古刺今，这哪里见得？"② 因此，"刺幽王"不是诗歌的主旨。

其次，看"思古"说。

李樗、严粲认为《信南山》是"思古"之诗，其理由在于，其一，以"曾孙"为成王，思"禹成丘甸之法而成王能继禹功"③ 理其疆界之事。但是，"曾孙"是不是成王，从诗歌本身无法获知，更无法确定诗歌是否表现了成王继承禹功一事。其二，李樗以为成王时"疆场有瓜"，而幽王时疆场无瓜，相比之下可见"思古"之意。他说："夫成王之时，非独黍稷之茂，而疆场有瓜，则万物皆以成熟，况于黍稷乎？至幽王之时，田莱多荒，黍稷尚且不熟，况于瓜者乎？但以疆场有瓜求之，于是以见古今之异也。"④ 李樗之说缺乏依据。此诗描写的是否是成王时事，尚不能确定，又如何知道成王时"疆场有瓜"呢？又怎能知道幽王时疆场就无瓜呢？李樗的观点近乎想象之辞，故不具备合理性。

再次，看"耕籍田"说。

郝懿行提出的"耕籍田"说有一定的道理，因为祭祀所需的醴酪斋盛确实来源于籍田，诗歌的首章也表明了这一点。但是，从诗歌内容上来看，此诗主要描写的应是宗庙祭祀之事，"献之皇祖""享于祖考""先祖

---

① 毛亨撰，郑玄笺，陆德明音义，孔颖达疏，阮元校勘《附释音毛诗注疏》卷十三，清嘉庆南昌府学重刊宋《十三经注疏》本。
② 朱鉴：《诗传遗说》，清同治十二年粤东书局刊《通志堂经解》本。
③ 李樗、黄櫄：《毛诗集解》卷二十七，《文渊阁四库全书》本。
④ 李樗、黄櫄：《毛诗集解》卷二十七，《文渊阁四库全书》本。

是皇"等诗句即可表明诗歌的这一主旨（见下文论述）。另外，郝懿行将"曾孙寿考，受天之祜"看作"祭天神"有些欠妥。"受天之祜"意为受到上天的赐福，此句式还出现在其他作品中，如：

> 君子乐胥，受天之祜。（《诗经·小雅·桑扈》）
>
> 于万斯年，受天之祜。受天之祜，四方来贺。（《诗经·大雅·下武》）

以上两处"受天之祜"或写君子受到上天的赐福，或写文王、武王的后代承受上天的福禄，都没有"祭天神"之意，可见，"受天之祜"句与"祭天神"之意无必然联系。

最后，看"刺烝祭不及后稷"说。

牟庭将《信南山》第四章中的"皇祖"释为"后稷"，"周以后稷配天，故献后稷而受天诂"。① 将第六章中的"先祖"解为"祖庙也。祖可以兼考，言先祖以别于皇祖也"②。于是认为"是烝是享"的对象是"先祖"而非"皇祖"后稷，此谓"刺烝祭不及后稷也"。牟庭之说过于牵强。其一，"皇祖"并不专指后稷，无法确定《信南山》诗中的"皇祖"就是后稷。牟庭将"皇祖"释为"后稷"，很可能是根据《诗经·鲁颂·閟宫》"皇皇后帝！皇祖后稷！"句，但是《閟宫》中又有"周公皇祖"一句，说明周公和后稷都可称为"皇祖"，"皇祖"并不专指后稷。又如：

> 丕显皇祖考穆穆克哲厥德，严在上，广启厥孙子于下，媚于大服。（番生簋盖，集成4326）③ ［按，《商周青铜器铭文选》认为此为西周孝王时器，首句为"周铭中褒美祖先品德的程式语"④。］
>
> 念兹皇祖，陟降庭止。《诗经·周颂·闵予小子》

---

① 牟庭：《诗切》，清嘉庆二十一年《雪泥屋遗书》抄本。

② 牟庭：《诗切》，清嘉庆二十一年《雪泥屋遗书》抄本。

③ 中国社会科学院考古研究所编《殷周金文集成释文》第三卷，香港中文大学出版社，2001，第461页。

④ 马承源主编《商周青铜器铭文选》卷三，文物出版社，1988，第225页。

郑玄《笺》："嗣王者，谓成王也。除武王之丧，将始即政，朝于庙也。"① 郑玄将"皇祖"看作"武王"。

昔我皇祖伯父昆吾，旧许是宅。(《左传·昭公十二年》)

卫大子祷曰："曾孙蒯聩，敢昭告皇祖文王、烈祖康叔、文祖襄公：郑胜乱从，晋午在难，不能治乱，使鞅讨之。(《左传·哀公二年》)

祭王父曰"皇祖考"，王母曰"皇祖妣"，父曰"皇考"，母曰"皇妣"，夫曰"皇辟"。(《礼记·曲礼下》)

既然"皇祖"不是后稷的专有名称，那么，《信南山》中的"皇祖"又怎会一定是后稷呢？又何谈"刺烝祭不及后稷"呢？其二，从本诗中也看不出任何刺义。因此，牟庭的"刺烝祭不及后稷"说不合理。

比较而言，以朱熹为代表的学者所提出的"宗庙祭祀"说更为合理，至于其宗庙祭祀的具体情况留待下面详细分析。

三 《信南山》主旨辨正

《信南山》描写的是宗庙祭祀之事，关于这一点，大多数学者都很赞同。但其所涉祭祀时间、祭祀等级等问题，学者的观点则各不相同，下面针对这些问题进行辨析。

(一) 宗庙祭祀的时间辨析

1. "冬季祭祖"说辨析

姚际恒、方玉润等学者认为《信南山》一诗是冬季祭祖之诗，其根据有三点。其一，学者们根据诗中"是烝是享"句判断此诗描写的是冬季祭祖。如姚际恒说："此篇……独言烝。盖言王者'烝祭岁'也。"其二，陈子展根据"雨雪雰雰"认定此诗为冬季祭祖之诗。其《诗三百解题》云："烝祭是一年最后的而且是在一年农事完毕心（笔者按，"心"字可能是衍文）后的一次祭典，看来更觉重要。诗次章说：'雨雪雰雰'这正表明了

---

① 毛亨撰，郑玄笺，陆德明音义，孔颖达疏，阮元校勘《附释音毛诗注疏》卷十九，清嘉庆南昌府学重刊宋《十三经注疏》本。

冬祭的时节。"①

　　关于"烝"在西周和春秋时期并没有冬祭之义这一点，在"周代祭祖礼考论"一节已有阐释，不再赘述。这里重点要讨论的是"雨雪雰雰"句是否与冬季祭祖有关。诗歌首章言开垦田地，次章"上天同云，雨雪雰雰。益之以霢霂，既优既渥，既霑既足，生我百谷。"所言为经过雨雪的润泽，百谷得以生长之意。此时的百谷刚刚生长还没有成熟丰收，所以，此处的"雨雪雰雰"描写的应是冬末春初之时的情形，并非百谷收获后秋冬时节的天气情况。"雨雪雰雰"无非是为了表明上天赐福，风调雨顺之意。正如刘玉汝《诗缵绪》所说："先言疆理而后及雪雨者，地平而天成也。此诗言力田，故先从人力上说起。言人力至而地利治，故天泽降而百谷生。"② 至于"雨"在前，"雪"在后，这只是词语组合习惯的问题，与季节先后无关。这种语言习惯特点，《诗经》中还有类似的情况，如"雨雪其雰"（《邶风·北风》）、"雨雪霏霏"（《小雅·采薇》）、"雨雪载涂"（《小雅·出车》）等。因此，以"烝"和"雨雪雰雰"作为论据来支持"冬季祭祖"说，显然比较牵强。

　　2. "庙祀通用"说辨析

　　尹继美所提出的"《楚茨》《信南山》庙祀通用之乐章也"的观点，在上一节论述《楚茨》的祭祀时间问题时已有所提及，这里不再赘述。

　　3. "荐新之礼"说辨析

　　"荐"指献或进，"新"指新谷或时鲜收获物。荐新，是以新鲜食物荐于宗庙。荐，繁体为薦，《说文》云："薦，兽之所食艸。从廌，从艸。古者神人以廌遗黄帝，帝曰：'何食何处？'曰：'食薦，夏处水泽，冬处松柏。'"③ 高田忠周《古籀篇》曰："盖谓经传薦字，假借为荐。管子问：'令薦者'注草之美者。又转为《尔雅·释诂》：'荐，进也。陈也。'《广雅·释器》：'薦，席也。'《易》：'豫殷薦之上帝。'《周礼·笾人》：'薦

---

①　陈子展：《诗三百解题》，复旦大学出版社，2001，第814页。
②　刘玉汝：《诗缵绪》卷十一，《文渊阁四库全书》本。
③　许慎：《说文解字》卷十上，毛氏汲古阁本。

羞之实。'铭意亦是也。"① 所言极是。周代金文中也有"薦"字，如：

唯十月初吉庚午，叔朕择其吉金，自作薦匜，以保稻粱，万年无疆，
叔朕眉寿，子子孙孙永宝用之。（叔朕簠，春秋早期，集成4620）②
唯正月初吉庚午，华母自作薦壶。（华母壶，春秋早期，集成9638）③
邵王之諻之薦簋。（邵王之諻簋，战国时期，集成3634）④
郑登伯作叔嬬薦鬲。（郑登伯鬲，春秋早期，集成598）⑤

从这几处金文来看，"薦"为进献之意。薦匜（按，即簠）、薦壶、薦
簋和薦鬲皆为宗庙祭祀时进献祭品所用的祭器。"薦新"也即"荐
新"，不同于普通的进献，而是进献刚成熟的五谷、果蔬等。即郑玄所说的："荐
五谷若时果物新出者。"因其具有时令性，所以不同的季节皆有荐新之祭，
如孔颖达所说："以四时荐新，是其常事。"且随着时令的变化，荐新的物
品也会各不相同。

关于"荐新"之礼的具体仪节，根据礼书中的记载，可知其与"祭"
不同，荐礼的仪节相对比较简省。《礼制·王制》："大夫、士宗庙之祭，
有田则祭，无田则荐。"有封地的用祭礼，没有封地的用荐礼。《大戴礼
记》云："无禄者稷馈，稷馈者无尸。"据此推测，荐无尸。何休《公羊
传·桓公八年》注云："无牲而祭谓之荐。"又荐无牲。后清代学者金鹗将
"祭"与"荐"进行了总体比较，其《求古录礼说·荐考》言："荐者，仿
乎祭礼而为之，而与祭异者也。祭必卜日，荐不卜日；祭必有尸，荐则无

① 转引自周法高主编《金文诂林》，香港中文大学出版社，1974，第5911页。
② 中国社会科学院考古研究所编《殷周金文集成释文》第三卷，香港中文大学出版社，
2001，第580页。
③ 中国社会科学院考古研究所编《殷周金文集成释文》第五卷，香港中文大学出版社，
2001，第421页。
④ 中国社会科学院考古研究所编《殷周金文集成释文》第三卷，香港中文大学出版社，
2001，第118页。
⑤ 中国社会科学院考古研究所编《殷周金文集成释文》第一卷，香港中文大学出版社，
2001，第498页。

尸。……祭有牲，荐则无牲……祭有乐，荐则无乐：此其异也。"①

根据金鹗等学者总结的荐礼的特点，我们来看一下《信南山》描写的是不是荐礼。1. 荐礼无尸，但《信南山》"畀我尸宾"句说明有尸，则《信南山》描写的是荐礼的可能性小。2. 荐礼无牲，但《信南山》"从以骍牡……执其鸾刀，以启其毛，取其血膋"句说明有牲，则此诗描写的不是荐礼。3. 即使如王质所说："虽荐新亦用牲，但不用大牲。《礼》荐冰以羔，荐麦以雉，荐桃以雏，荐麻、荐稻皆以犬，惟荐鲔、荐鱼、荐谷无牲，此荐瓜之牲也。"② 暂且不说"骍牡"一词，只"是烝是享""享于祖考"也可证明《信南山》描写的不是荐礼。因为，如季本《诗说解颐》注所云："然荐以荐新为义，非正祭之礼。而享祀，则正祭之名也。"③

由此可见，《信南山》描写的既不是冬季祭祖，也非单纯的荐礼，而很可能是某一次宗庙祭祖的情形或宗庙祭祖的常态。

（二）宗庙祭祀的等级辨析

1. "公卿宗庙祭祀"说辨析

学者们提出此诗为"公卿宗庙祭祀"之说的依据与《楚茨》为公卿宗庙祭祀诗的依据相同，即"天子祭祀乐章列于颂，公侯祭祀乐章列于雅"和"先王望祀不求其福，而四篇无一不言福"。对此，上一节已有阐释，此处从略。

2. "天子宗庙祭祀"说辨析

以朱朝瑛《读诗略记》等为代表的学者认为此诗主旨为"天子宗庙祭祀"的主要依据在于，其一，诗中所用的"我疆我理""曾孙"等词语与天子宗庙祭祀有关。如朱朝瑛《读诗略记》云：

> 《左传》齐国佐曰："先王疆理天下物土之宜，而布其利，故《诗》曰：'我疆我理，南东其亩。'"明指周初天子而言，故拟以禹

---

① 转引自张艳《荐新和荐新的特点》，《科协论坛》2007 年第 5 期（下），第 236 页。
② 王质：《诗总闻》卷十三，清道光二十六年钱氏刊本。
③ 季本：《诗说解颐》正释卷二十七，《文渊阁四库全书》本。

功，以其功在天下也。如美公卿，语觉不伦。①

又如顾广誉《学诗详说》云："此诗且以曾孙配禹功，岂公卿所敢当也？"② 其二，礼仪盛备，诗歌描写的应是天子宗庙祭祀之礼。顾广誉《学诗详说》云："详数诗规模宏远，礼仪周备，绝非公卿气象。"③

首先，本书认为"我疆我理"和"曾孙"二词确有可能与天子有关。"我疆我理"，《左传·成公二年》曾引过此句诗。齐晋鞌之战时，齐侯使国佐赂晋师，晋人没有答应，并要求齐国境内的田垄全都改成东西向，于是齐国使国佐说：先王给天下划定疆界、区分地理，观察土地所宜，来安排最有利的种植。又引《诗》"我疆我理，南东其亩"来说明晋人要求的做法并不符合先王的政令。从此处引诗来看，虽然齐侯使国佐"赋诗断章，余取所求"（《左传·襄公二十八年》），但是他为了使自己的话更具有说服力，会选取赞美先王的诗句，不会用赞颂公卿的诗句的。因此，"我疆我理"说的应是天子之事。

"曾孙"，在先秦典籍中有两种含义和用法。一是指孙之子，如《礼记·祭法》云："王下祭殇五：适子、适孙、适曾孙、适玄孙、适来孙。"一是指在祭祀天神地祇等外神时的自称。如《礼记·郊特牲》："称曾孙某，谓国家也。"从本诗的"献之皇祖""享于祖考"等诗歌来看，本诗为宗庙祭祀诗，并非祭祀天地、山川等神灵的诗，所以本诗中的"曾孙"应为孙之子的意思。诗歌首章言"信彼南山，维禹甸之。畇畇原隰，曾孙田之"中，能与"禹"相配的"曾孙"应是天子，正如顾广誉《学诗详说》所说："此诗且以曾孙配禹功，岂公卿所敢当也？"

其次，本书认为顾广誉说《信南山》诗中的"礼仪周备，绝非公卿气象"是有一定道理的。因为，"祭以清酒，从以骍牲，享于祖考。执其鸾刀，以启其毛，取其血膋"描写的正是天子之礼。

"祭以清酒，从以骍牲"，郑玄注："清，谓玄酒也。酒，郁鬯五齐三酒

---

① 朱朝瑛：《读诗略记》卷四，《文渊阁四库全书》本。
② 顾广誉：《学诗详说》卷二十，《续修四库全书》本。
③ 顾广誉：《学诗详说》卷二十，《续修四库全书》本。

也。祭之礼，先以郁鬯降神，然后迎牲。享于祖考，纳亨时。"① 《礼记·郊特牲》云："既灌，然后迎牲。"指在迎牲前有裸祭的礼仪。《说文》："裸，灌祭也。"裸，即主祭人以酒灌地，请鬼神受飨。《周礼·大宗伯》云："以肆献裸享先王"，郑玄《周礼注》曰："裸之言灌，灌以郁鬯，谓始献尸求神时也。"② 以酒灌地的目的是招致地下的阴气。古人认为人死后灵魂升天，而形体被埋入地下，所以祭祀时，要上致阳气，下致阴气。《礼记·郊特牲》云："魂气归于天，形魄归于地，故祭求诸阴阳之义也。殷人先求诸阳，周人先求诸阴。"因此周人的做法是用郁金草浸过的酒，浇到束茅之上，香气可以直透到地下，以此来招致地上的阴气。焚烧裹上动物油脂并粘有黍稷的艾蒿，使香气弥漫于墙屋之间，以此来招致天上的阳气。如《礼记·郊特牲》云："周人尚臭，灌用鬯臭，郁合鬯，臭阴达于渊泉。灌以圭璋，用玉气也。既灌，然后迎牲，致阴气也。萧合黍、稷，臭阳达于墙屋，故既奠，然后焫萧合膻、芗。凡祭，慎诸此。"

"执其鸾刀，以启其毛，取其血膋"，即拿起有铃的刀，剖开祭牛，取它的血和脂肪。郑玄注："毛以告纯也。膋，脂膏也。血以告杀，膋以升臭，合之黍稷，实之于萧，合馨香也。"③ 此处写的是荐血腥之礼。《礼记·祭义》载："祭之日，君牵牲，……既入庙门，丽于碑，卿大夫袒，而毛牛尚耳，鸾刀以刲，取膟膋，乃退。爓祭祭腥，而退，敬之至也。"又《礼记·礼器》："太庙之内敬矣！君亲牵牲，大夫赞币而从。君亲制祭，夫人荐盎。君亲割牲，夫人荐酒。"所记皆为荐血腥之事。裸鬯和荐血腥之礼，不见于《特牲馈食礼》和《少牢馈食礼》，郑玄《周礼注》："《特牲》、《少牢》，诸侯之大夫士祭礼也。不裸、不荐血腥，而自荐孰始，是以皆云馈食之礼。"④ 可知，裸鬯和荐血腥皆是天子所行之礼，甲骨文、金文及先秦典籍中多有记载，如：

① 毛亨撰，郑玄笺，陆德明音义，孔颖达疏，阮元校勘《附释音毛诗注疏》卷十三，清嘉庆南昌府学重刊宋《十三经注疏》本。

② 郑玄注，陆德明音义，贾公彦疏《周礼注疏》卷十八，《文渊阁四库全书》本。

③ 毛亨撰，郑玄笺，陆德明音义，孔颖达疏，阮元校勘《附释音毛诗注疏》卷十三，清嘉庆南昌府学重刊宋《十三经注疏》本。

④ 郑玄注，陆德明音义，贾公彦疏《周礼注疏》卷五，《文渊阁四库全书》本。

乙未，又岁于祖乙牡卅牢隹萑岁。（甲2386）［按，徐中舒《甲骨文字典》释"萑"云："祭名，疑即灌祭。"①］

……饮萑王每福大乙。（甲1850）

……卜王其遘萑又大乙弜又。（南明543）［按，徐中舒《甲骨文字典》解"萑"字云："卜辞中萑、萑用法略同，当为一字之异形。……祭名。"②］

王在圄萑京。（御尊王在圄萑京）③

王宾，杀禋，咸格，王入太室裸。（《尚书·洛诰》）

殷士肤敏，裸将于京。厥作裸将，常服黼冔。（《诗经·大雅·文王》）

清酒既载，骍牡既备。以享以祀，以介景福。（《诗经·大雅·旱麓》）

大祭祀，后裸献，则赞，瑶爵亦如之。（《周礼·内宰》）

甲骨文中的"萑""萑"和金文中的"萑"很可能就是"灌""裸"，即灌祭。甲骨文中的"萑"和"萑"可见徐中舒的解释。金文中的"萑"，强运开《说文古籀三补》卷一曰："萑，御览尊王在圄萑京。运开按，《说文》裸、灌祭也。萑京，即灌京。《诗》'裸将于京'可证。萑本萑爵假借。灌，古萑、灌、裸、盥均通。……萑，效卣：'王萑于尝'，亦假借，裸，灌字。萑，王人方匕辅归萑，言归而行灌祭之礼也。运开按，此三篆均为裸之假借字，亦即萑之古文也。"④

从上述所引文献可知，裸祭和荐血腥应是天子所行之祭礼。又宋代学者李如圭《仪礼集释》卷二十六云："大夫、士之祭不裸不荐，血腥而自荐孰始，故名其礼曰馈食。天子、诸侯荐孰以前有裸鬯、荐血腥之礼。"

---

① 徐中舒：《甲骨文字典》，四川辞书出版社，1989，第408页。

② 徐中舒：《甲骨文字典》，四川辞书出版社，1989，第409页。

③ 转引自周法高主编《金文诂林》，香港中文大学出版社，1974，第2329页。

④ 转引自周法高主编《金文诂林》，香港中文大学出版社，1974，第2330~2331页。

　　综上所述，《信南山》描写的是天子宗庙祭祀之礼。宗庙祭祀的时间不能确定为冬季。诗歌前四章叙写了农事与祭祀的关系，末两章主要描写了宗庙祭祀的情况。《信南山》与《楚茨》内容相似，互为补充，正如李光地《诗所》所说："上篇（按，指《楚茨》）详于祀事，此篇详于田事。"①

---

　　①　李光地：《诗所》卷五，清道光九年李维迪刊《榕村全书》本。

第四章　周代祭方社田祖礼与《诗经》祭方社田祖诗

除郊天、籍田和祭祖外，与农事活动密切相关的祭祀还有社祀、方祀和祭田祖等活动。本章主要通过考证社祀、方祀和祭田祖礼的相关问题，来辨正《小雅·甫田》和《小雅·大田》的主旨。

第一节　周代祭方社田祖礼考论

本节主要讨论社祀、方祀和祭祀田祖礼的含义及其与农业的关系，以及祭祀的时间和祭义等问题。

一　周代社祀礼考略

因研究的侧重点和文章篇幅有限的原因，本书主要讨论的是与农事相关的社祀问题，至于诸侯分封时的社祀、战争的社祀、会盟时的社祀、丧国失地时的社祀等有关问题不在本书的讨论范围之内。

（一）社的含义及其与农事的关系

《说文》："社，地主也。"社是土地之神。徐中舒《甲骨文字典》云："土，读为社，乃土地之神。"① 《诗经·大雅·绵》："乃立冢土"，毛《传》

---

① 徐中舒：《甲骨文字典》，四川辞书出版社，1989，第1454页。

云："冢土，大社也。"① 可知，土为社字的初文。土地是万物的负载者。刘熙《释名·释地》："地者，底也，其体底下载万物也"，"土，吐也，吐生万物也。"② 先民在长期的农业劳动实践中，逐渐发现了土地对作物生长至关重要，于是便对土地之神加以祭祀，以期求得农业的丰收。《礼记·郊特牲》："社祭土而主阴气也。" 对土地之神进行的祭祀，也即社祀，据《礼记》记载，出现在夏代，"共工氏之霸九州也，其子曰后土，能平九州，故祀以为社"。但是，目前发现的有关社祀具体情况的最早的大量记载则见于甲骨卜辞，卜辞中的社祀多与风、雨等自然现象有关。其中，有为求雨而行的祭祀，如：

> 癸丑卜，甲寅从宅土，燎牢，雨。（屯南 4400）
> □午卜，方帝三豕又犬，卯于土宰，燊雨。三月。（合集 12855）
> ……夒土不其介雨。（合集 14393 反）
> 乙亥卜，夒于土雨。（合集 22048）
> 其又夒亳土又雨。（合集 28108）
> 王燊雨于土。（合集 32301）
> 辛未卜，［燊］于土雨。（合集 33959）

也有为止淫雨、宁风而行的祭祀，如：

> 丙辰卜，于土罜［风］。（合集 32301）
> 乙未卜，罜雨于土。（合集 34088）
> 乙卯卜，王燊雨于土。（合集 34493）
> 辛巳贞，雨不既，其燎于亳土。（屯 665）

无论是为求雨而举行的祭祀，还是为止淫雨、宁风而举行的祭祀，其

---

① 毛亨撰，郑玄笺，陆德明音义，孔颖达疏，阮元校勘《附释音毛诗注疏》卷十六，清嘉庆南昌府学重刊宋《十三经注疏》本。
② 刘熙：《释名》卷一，《文渊阁四库全书》本。

最终目的无非是为了求得农业上的风调雨顺，祈求农业的丰收。如：

> 贞，勿燊年于邦土。（合集846）
>
> 丙子卜，宄，贞燊年于邦［土］。（合集10104）
>
> 贞，求年于土，九年。（英藏216）

祈求农业丰收是古代先民们最朴素的生存要求，这种朴素的要求和愿望在周代仍然保留着。周代，人们祭社以求丰产，主要见于以下先秦文献，如：

> 以我齐明，与我牺羊，以社以方。（《诗经·小雅·甫田》）
>
> 祈年孔夙，方社不莫。（《诗经·大雅·云汉》）
>
> 社之日，莅卜来岁之稼。（《周礼·肆师》）
>
> 土发而社，助时也。（《国语·鲁语》）
>
> 孟冬之月……天子乃祈来年于天宗，大割祠于公社及门闾。（《礼记·月令》）
>
> 仲春之月……择元日，命民社。（《礼记·月令》）
>
> 祀社于国，所以列地利也；……礼行于社，而百货可极焉。（《礼记·礼运》）

从上述所引资料来看，"社"与农业生产关系密切。

（二）农事社祀的时间

农事活动按照农作物一年四季有规律地生长而有规律地进行着，因农事而举行的社祀也因这一规律而有季节性地进行着。关于社祀的时间问题，不同的学者有着不同的看法。贾公彦认为："祭社有二时，谓春祈秋报。"[①]孔颖达提出社祀有三时："其社之祭，一岁有三：仲春命民社，一也；诗曰'以社以方'，谓秋祭，二也；孟冬云'大割祠于公社'，是三也。"[②] 宋镇豪

---

① 郑玄注，陆德明音义，贾公彦疏《周礼注疏》卷十九，《文渊阁四库全书》本。

② 引自卫湜《礼记集说》卷六十四，《文渊阁四库全书》本。

则以为："社祭分春、夏、秋、冬四季举行四次。"① 魏建震同意宋镇豪的观点，并列举出社祀的具体时间：春时祀社有"择元日"、春分和与军事训练有关者；夏季祀社在季夏六月"以祠宗庙社稷之灵，以为民祈福"（《礼记·月令》）；秋季祀社在仲秋"择元日，命人社"；② 冬季祀社在孟冬和季冬。如果仅从社祀的时间来看，宋镇豪和魏建震所说都很有道理。但若是从讨论与农事相关的社祀的角度来看，农事社祀的时间应只在春季，秋季和冬季三个季节。

1. 春季祀社

春季是一年的农事活动开始的时节。为求得农业的丰收，上至天子，下至百姓都要祭祀主管大地育长万物的社神。《礼记·月令》载："孟春之月……乃择元辰，天子亲载耒耜，措之于参保介御之间，帅三公、九卿、诸侯、大夫躬耕帝籍。"孟春时节，天子带领三公、九卿、诸侯、大夫等亲自耕种籍田，耕种籍田时祭祀社神。《国语·周语》云：

> 古者，太史顺时脉土，阳瘅愤盈，土气震发，农祥晨正，日月底于天庙，土乃脉发，先时九日，太史告稷曰：'自今至于初吉，阳气俱蒸，土膏其动，弗震弗渝，脉其满眚，谷乃不殖。'稷以告王曰：'史帅阳官以命我司事曰：距今九日，土其俱动，王其祗祓，监农不易。'王乃使司徒咸戒公卿、百吏、庶民，司空除坛于籍，命农大夫咸戒农用，先时五日，瞽告有协风至。王即斋宫，百官御事各即其斋三日。王乃淳濯飨醴。及期，郁人荐鬯，牺人荐醴，王裸鬯，飨醴乃行，百吏、庶民毕从。及籍，后稷监之，膳夫、农正陈籍礼，太史赞王，王敬从之。王耕一墢，班三之，庶人终于千亩。其后稷省功，太史监之。司徒省民，太师监之。毕，宰夫陈飨，膳宰监之。膳夫赞王，王歆大牢，班尝之，庶人终食。

其中"膳夫赞王，王歆大牢，班尝之，庶人终食"描写的应为分享祭

---

① 宋镇豪：《中国春秋战国习俗史》，人民出版社，1994，第226页。

② 白居易原本，孔传续撰《白孔六帖》卷六十七，《文渊阁四库全书》本。

祀社神的祭品的情形（见"周代籍田礼考论"一节）。《诗经·载芟》序言："春籍田而祈社稷也。"又《国语·鲁语上》："土发而社，助时也。"《周语》言"土发"时耕籍田，《鲁语》云"土发"时祭社神，可知，天子耕种籍田时应是祭祀社神的，其目的是为了"求福为农始也"。

《礼记·月令》云："仲春之月……安萌芽，养幼少，存诸孤。择元日，命民社。"郑玄注："社，后土也。使民祀焉。神其农业也。"① 于"仲春之月"的第一个"甲日"，命令人民祭祀社神，是为了祈求农业的丰收。又《国语·鲁语下》："社而赋事，烝而献功。"韦昭注："社，春分祭社也；事，农桑之属也。"② 高诱《吕氏春秋·仲春纪》注"择元日"时说："元，善也。日从甲至癸也，社祭后土，所以为民祈谷也。"③ 可见，无论是天子还是百姓，在春耕播种时祭于社，就是为了祈求五谷丰登，此谓之"春祈"。

2. 秋季祀社

《月令》佚文云："仲秋择元日，命人社。"④ "赛秋成也。元日，近秋分前后戊日也。"⑤ "赛秋成"即秋天收获后祭于社，报答社神的功劳，谓之"秋报"。《诗经·良耜》序曰："《良耜》，秋报社稷也。"孔颖达疏："《良耜》诗者，秋报社稷之乐歌也，谓周公、成王太平之时，年谷丰稔，以为由社稷之所祐，故于秋物既成，王者乃祭社稷之神，以报生长之功。诗人述其事而作此歌焉。"⑥ 秋季祭社，不仅为报答社神的功劳，还有祈求明年农业丰收的作用。如《周礼·肆师》："社之日，莅卜来岁之稼。"贾公彦疏："此社亦是秋祭社之日也。"⑦

3. 冬季祀社

冬季祀社在孟冬之月，《礼记·月令》云："孟冬之月，……天子乃祈来年于天宗，大割祠于公社及门间，腊先祖五祀。劳农以休息之。"郑玄

---

① 郑玄注，陆德明音义，孔颖达疏《礼记注疏》卷十五，《文渊阁四库全书》本。
② 韦昭注《国语》卷五，《文渊阁四库全书》本。
③ 高诱注《吕氏春秋》卷二，《文渊阁四库全书》本。
④ 白居易原本，孔传续撰《白孔六帖》卷六十七，《文渊阁四库全书》本。
⑤ 白居易原本，孔传续撰《白孔六帖》卷六十七，《文渊阁四库全书》本。
⑥ 毛亨撰，郑玄笺，陆德明音义，孔颖达疏，阮元校勘《附释音毛诗注疏》卷十九，清嘉庆南昌府学重刊宋《十三经注疏》本。
⑦ 郑玄注，陆德明音义，贾公彦疏《周礼注疏》卷十九，《文渊阁四库全书》本。

注："此《周礼》所谓蜡祭也。天宗，谓日月星辰也。大割，大杀群牲割之也。腊，谓以田猎所得禽祭也。五祀：门、户、中霤、灶、行也。或言祈年，或言大割，或言腊，互文。"① 孔颖达《疏》："'大割祠于公社'者，谓大割牲以祠公社，以上公配祭，故云'公社'。"② 可知，孟冬之月祭社主要是为了祈求明年的丰收，此外还慰劳农夫让他们休息。孟冬社蜡既有庆祝的目的，又有祈年的欲望。我国少数民族目前还有冬季祭社的风俗，如纳西族的一支摩梭人还保持着祭土地的宗教风俗。

> 每年冬月 30 日，家家户户都要祭地神，摩梭语名"底布"，意为"祭土地"。届时，各家以米粑、蜂蜜、猪肉和水果为祭品，分别到各家的地里进行祭祀。"底布"祭仪比较简单，一般由各家的家长（主妇）主持祭祀，念诵简单的赞颂地神口诵经，祈求地之灵魂赐给来年丰收，同时把祭品撒在地里，仪式即算结束。"底布"虽然是祭祀土地之神，但也有庆丰收之意，现已成为宗教和民俗相结合的传统风俗。③

总而言之，在周代的农业社会中，农业是经济命脉，对社神的祭祀，不论是"春祈"还是"秋报"，都不是为了追求"灵魂上的安慰"，而是为了农业生产的顺利，为了现实的生存。

（三）农事社祀的祭仪

在宗教祭祀过程中，祭品、祭祀方法、祭祀礼仪等是不可缺少的重要环节。人们通过这些环节向神灵表达自己的虔诚。那么，在社祀过程中，周代的人们又是通过什么样的祭品，怎样的祭祀方法和礼仪来表达他们祈盼五谷丰登的美好愿望的呢？

1. 祭品

《礼记·祭统》："夫祭之为物大矣，其兴物备矣。"祭祀的意义是重大

---

① 郑玄注，陆德明音义，孔颖达《礼记注疏》卷十七，《文渊阁四库全书》本。
② 郑玄注，陆德明音义，孔颖达《礼记注疏》卷十七，《文渊阁四库全书》本。
③ 吕大吉等主编《中国原始宗教资料丛编》（纳西族卷），上海人民出版社，1993，第60~61 页。

的，完备的荐献物品是不可或缺的。物质性的祭品是用来换取神灵的帮助和恩赐。农事社祀所用的祭品主要有血、牺牲、酒、粢盛和玉等几种。

《周礼·大宗伯》云："以血祭祭社稷、五祀、五岳，以狸沈祭山林、川泽、以疈辜祭四方百物。"血祭的方法，魏建震云："以血祀社，一种祀法是将血涂于社主之上以祀社，还有一种祭法有可能像金鹗《求古录·燔柴瘗埋考》所言'盖以滴血于地，如郁鬯（酒）以灌地也。'"① 社祀时，将祭祀的血和酒灌注于地，这样，血、酒很快就渗透到地下，人们认为这样不仅可以达之于神，还可以恢复地力使农业得到丰收。如冯汉骥先生所说："在许多原始民族的信仰中，只有用人血才能恢复地力，使农作物得到丰收，所以不惜用各种方法去寻找祭祀人牲。"②

在为祈祷农业丰收而举行社祀时，人们也常常用牺牲来献祭社神。《礼记·郊特牲》："郊特牲而社稷大牢。"又《礼记·王制》："天子之社稷用大牢，诸侯之社稷用少牢。"大牢为牛、羊、豕三牲；少牢为羊和豕。《诗经·小雅·甫田》："以我齐明，与我牺羊，以社以方。"便是用羊来作牺牲祭祀社神。至于用牲的颜色应为黑色，《周礼·牧人》云："凡阳祀，用骍牲毛之；阴祀，用黝牲毛之；望祀，各以其方之色牲毛之。"郑玄注："阴祀，祭地北郊及社稷也。…… 郑司农云：'…… 黝读为幽。幽，黑也。'"③ 即用毛色纯黑的牺牲来祭祀地和社神。祭祀完毕后，所用的牺牲或被埋在地下，如《礼记·祭法》："瘗埋于泰折，祭地也。"又《尔雅》："祭地曰瘗埋"。或被分赐给参加祭祀的与祭者，如《国语·周语》："膳夫赞王，王歆大牢，班尝之，庶人终食。"

酒是祭祀活动中不可或缺的祭品之一。社祀用酒，有黑黍酿的酒，如《周礼·春官·鬯人》："掌共秬鬯而饰之。凡祭祀，社壝用大罍。"郑玄注："壝，谓委土为墠坛，所以祭也。大罍，瓦罍。"④ 用瓦罍装黑黍酿的酒来祭祀社神。金鹗《求古录·燔柴瘗埋考》云："盖以滴血于地，如郁鬯（酒）以灌地也。"祭祀社神时，用郁鬯酒灌地。郁鬯，孔颖达《礼

① 魏建震：《先秦社祀研究》，人民出版社，2008，第225页。
② 转引自魏建震《先秦社祀研究》，人民出版社，2008，第226页。
③ 郑玄注，陆德明音义，贾公彦疏《周礼注疏》卷十二，《文渊阁四库全书》本。
④ 郑玄注，陆德明音义，贾公彦疏《周礼注疏》卷十九，《文渊阁四库全书》本。

记·王制》疏："鬯者，酿秬黍为酒，和以郁金之草，谓之郁鬯。"① 又
"凡鬯有二，若和之以郁，谓之郁鬯。"②

为报答土地生长万物的恩惠，人们在祭祀社神时也用土地生长出的农
作物作为祭品，即黍稷稻粱之类。《礼记·郊特牲》："唯为社事，单出里；
唯为社田，国人毕作；唯社，丘乘共粢盛，所以报本反始也。"何谓"粢
盛"？孔颖达《疏》云："'唯社，丘乘共粢盛'者，向说'祭社用牲'，
此明祭社用粢也。……粢，稷也。稷曰明粢，在器曰盛。……'所以报本
反始也'者，结美报也。……言粢盛是社所生，故云'反始也'。"③ 孔颖
达将"粢"释为"稷"。《左传·桓公六年》："公曰：'吾牲牷肥腯，粢盛
丰备，何则不信？'"杜预注："黍稷曰粢，在器曰盛。"④以黍稷为"粢"。
贾公彦《周礼·甸师》疏："六谷曰粢，在器曰盛，以共祭祀，故云以共
粢盛。"⑤ 认为六谷是"粢"。无论"粢"是黍、黍稷还是六谷，都是土地
生长出的农作物。

2. 祭祀方法

周代祭祀社神的方法，这里主要介绍两种处置祭品的方法，即宜、瘗
埋和用乐方法。

宜侯矢簋（集成，4320）载："唯四月辰在丁未，［王］省武王成王伐
商图，徙省东国图。王位于宜，入大飨。"⑥ 《商周青铜器铭文选》注：
"祭社名为宜，知宜是社中用牲之祭，而后受脤，则用牲之处所亦可称宜，
故铭云位于宜，而后云入土，土即社。"⑦ 可知，"宜"为祭祀社神的用牲
方法。甲骨卜辞中的记载也可证明这点，如"贞尞于社一牛宜牢"（续
1.1.5）徐中舒《甲骨文字典》释"宜"云："从
A（且），从夕（肉），

① 郑玄注，陆德明音义，贾公彦疏《仪礼注疏》卷十二，《文渊阁四库全书》本。
② 郑玄注，陆德明音义，孔颖达疏《礼记注疏》卷五十四，《文渊阁四库全书》本。
③ 郑玄注，陆德明音义，孔颖达疏《礼记注疏》卷二十五，《文渊阁四库全书》本。
④ 杜预注，陆德明音义，孔颖达疏《春秋左传注疏》卷五，《文渊阁四库全书》本。
⑤ 郑玄注，陆德明音义，贾公彦疏《周礼注疏》卷四，《文渊阁四库全书》本
⑥ 中国社会科学院考古研究所编《殷周金文集成释文》第三卷，香港中文大学出版社，
   2001，第451页。按，"王位于宜，入大飨"，《商周青铜器铭文选》作"王立（位）于
   宜，入土（社），南乡（向）"。
⑦ 马承源主编《商周青铜器铭文选》卷三，文物出版社，1988，第34页。

象肉在俎上之形，所从之夕或一或二或三，数目不等。且为俎之本字，本为以断木所作之荐，其侧面透视作台、台形，上陈肉则作台、台、台、台、台等形，故且、宜、俎实出同源。"① 宜与俎为一字，是将肉置于俎上的用牲方法。后"宜"又用为祭社之名，如：

> 予小子夙夜祗惧，受命文考，类于上帝，宜于冢土，以尔有众，底天之罚。（《尚书·泰誓上》）
>
> 天子将出，类乎上帝，宜乎社，造乎祢。（《礼记·王制》）
>
> 乃立冢土，戎丑攸行，起大事，动大众，必先有事乎社而后出，谓之宜。（《尔雅·释天》）

瘗埋是将祭品深埋于地下，目的是希望与土地之神相沟通。《周礼·春官·司巫》："凡祭事，守瘗。"郑玄注："瘗，谓若祭地祇有埋牲玉者也。"② 《仪礼·觐礼》："祭天，燔柴。祭山、丘陵，升。祭川，沉。祭地，瘗。"《礼记·祭法》："瘗埋于泰折，祭地也。"《尔雅·释天》："祭地曰瘗埋"。又《诗经·大雅·云汉》："上下奠瘗，靡神不宗。"郑玄注："上祭天，下祭地，奠其礼，瘗其物。"③ 可知祭祀地神用瘗的方式。

《礼记·祭统》载："夫祭有三重焉：献之属莫重于祼，声莫重于升歌，舞莫重于《武宿夜》。"除祼礼外，音乐和舞蹈在祭祀中也是非常重要的。《周礼·大司乐》："凡六乐者，……五变而致介物，及土示。"音乐演奏五遍而招致有甲壳的动物，以及土神。这表明在祭祀土地之神时是需要演奏音乐来迎接神灵的到来的。不仅用音乐来迎神，还需要用舞乐、舞蹈来迎接地神。《周礼·大司乐》："乃奏大蔟，歌应钟，舞《咸池》，以祭地示。"郑玄注："《咸池》、《大咸》也。地祇，所祭于北郊，谓神州之神及社稷。"④ 《咸池》是舞蹈的名字，祭祀社神时，要跳《咸池》之舞。

① 徐中舒：《甲骨文字典》，四川辞书出版社，1989，第806页。
② 郑玄注，陆德明音义，贾公彦疏《周礼注疏》卷二十六，《文渊阁四库全书》本。
③ 毛亨撰，郑玄笺，陆德明音义，孔颖达疏，阮元校勘《附释音毛诗注疏》卷十八，清嘉庆南昌府学重刊宋《十三经注疏》本。
④ 郑玄注，陆德明音义，贾公彦疏《周礼注疏》卷二十二，《文渊阁四库全书》本。

《周礼·大司乐》又载："凡乐，……灵鼓灵鼗，孤竹之管，空桑之琴瑟，《咸池》之舞，夏日至，于泽中之方丘奏之，若乐八变，则地示皆出，可得而礼矣。"凡是舞乐，敲响灵鼓、灵鼗，吹奏孤竹做的管，弹奏空桑山的木材做的琴瑟，表演《咸池》舞蹈，夏至那天，在泽中的方丘上进行演奏，如果舞乐演奏八遍，地神就会出来。率领舞队跳舞迎接社神的是舞师。《周礼·舞师》："舞师掌教兵舞，帅而舞山川之祭祀。教帗舞，帅而舞社稷之祭祀。"

二　周代方祀礼考略

（一）方的含义及其与农事的关系

方祀，即方神祭祀，是将四个方位看作四个神灵进行祭祀。方，《说文》："并船也，象两舟省总头形，凡方之属皆从方。"这一含义与方祀无关。徐中舒《甲骨文字典》释："𠂤象耒之形，上短横象柄首横木，下长横即足所蹈覆处，旁两短划或即饰文。古者秉耒而耕，刺土曰推，起土曰方，典籍中方或借伐发、墢等字为之而多用于四方之方。……借为四方之方。……祭名，即四方之祭。"① 而孙诒让则认为"方"是祊之义，即在门内祭祀。其《周礼正义》云："伐即坡之借字，其字又通作发，俗作墢。盖方、坡、伐、发、墢古皆读重唇音，故得互通。《诗·甫田》'以社以方，我田既臧。'《云汉》'祈年孔夙，方社不莫。'方社当即农家祈年之祭。社为后土，方自为连类而及之事。《月令》季冬'天子乃祈来年于天宗，大割祠于公社及门闾。'据此文则社即祠于公社，方即祠于门闾。《诗·楚茨》'祝祭于祊'，《传》：'祊，门内也。'《说文》引作𥛱，云'门内祭'，正与此合。祊、社同为祈年之祭，故字亦可互通。《左传·襄二十四年》'以守宗祊'，《周语》'今将大泯其宗祊'，'宗祊'即宗社，方社并称，祊社互称，故知方即坡之本字。"② 按照孙诒让所言，方与祊相同，方祀与祊祭相同。但是，根据先秦文献，方祀是祭祀四方之神，属外祭；而祊祭是祭祀祖先之神，属内祭，二者明显不同。孙诒让所说不太可

---

① 徐中舒：《甲骨文字典》，四川辞书出版社，1989，第953~954页。
② 转引自周法高主编《金文诂林》，香港中文大学出版社，1974，第5368页。

信。魏建震说："方字的原始含义究竟是什么，它与方祀有没有关系，目前语言学的研究还不能解释这些问题。"① 是有道理的。

甲骨卜辞中的方祀多与求雨、宁风雨有关，表明方祀与农业关系密切，正如陈梦家说："我们曾指出卜辞祭社与祭方性质之相同，皆与求雨有密切的关系。"② 如：

> 燎年于方，又大雨。（粹 808）
>
> 其燎年于方，受年。（合集 28244）
>
> 甲子卜其燎雨于东方。（合集 30173）
>
> 方燎，叀庚彫，又大雨。（佚 247）
>
> 甲寅卜，其帝方一羌一牛九犬。（合集 32112）
>
> 癸未卜，其宁风于方，又雨。（合集 30260）
>
> ……又于方又大雨。（合集 30395）
>
> 燎方叀癸酒又雨。（合集 30397）
>
> 戊申卜，㲋，贞方帝燎于土，🐖，卯上甲。（合集 1140 正）
>
> □午卜，方帝三豕又犬，卯于土宰，燎雨。三月。（合集 12855）
>
> 乙亥卜，贞方帝一豕一犬二羊。二月。（合集 14301）
>
> 于方雨𠚓燎年。（合集 28244）
>
> 方燎叀庚酒又大雨。大吉（合集 28628）
>
> 燎叀其方又大雨。（合集 30171）

求雨是为了获得丰收，宁风雨是为了消除灾害，所以，从上引卜辞皆用于求雨和宁风雨来看，方祀有祓禳和祈年的作用。方祀的这种作用在周代仍然保留着。《周礼·大宗伯》："以血祭祭社稷、五祀、五岳，以狸沈祭山林、川泽，以疈辜祭四方百物。"郑众云："罢辜，披磔牲以祭，若今时磔狗祭以止风。"③ 又《礼记·月令》："季春之月……命国难，

---

① 魏建震：《先秦社祀研究》，人民出版社，2008，第 189 页。
② 陈梦家：《殷墟卜辞综述》，中华书局，1988，第 585 页。
③ 转引自郑玄注，陆德明音义，贾公彦疏《周礼注疏》卷十八，《文渊阁四库全书》本。

九门磔攘，以毕春气。"郑玄注："又磔牲以攘于四方之神，所以毕止其灾也。"① 皆是为了祓除风灾、春气等。《诗经·小雅·甫田》："以我齐明，与我牺羊，以社以方。……以祈甘雨。"《诗经·大雅·云汉》："祈年孔夙，方社不莫。"两诗中的方祀具有祈年的作用。除祓攘和祈年的作用外，方祀还是为了报答四方之神的恩惠。如《礼记·月令》载："季秋之月……天子乃教于田猎，以习五戎，班马政。……天子乃厉饰，执弓挟矢以猎。命主祠祭禽于四方。"季秋之月，天子举行田猎。猎毕，命令主管祭祀的官员，将猎获的禽兽用来祭祀四方之神。郑玄注："以所获禽祀四方之神也。"② 孔颖达疏："四方，四方有功于方之神也。……秋时万物以成，猎则以报祭社及四方为主也。"③ 又《周礼·大司马》："中秋……罗弊致禽以祀祊。"郑玄注："祊当为方，声之误也。秋田主祭四方，报成万物。"④

由此看来，方祀与农业关系密切，人们通过在一年的不同时间对四方神进行祭祀，以达到祓攘、祈年和报地功的目的。

（二）农事方祀的时间

孔颖达《礼记·月令》"季秋之月"疏云："四方有功于方之神也。四时田猎皆祭宗庙，而分时各以为主也。春时土方施生，猎则祭社为主也。夏时阴气始起，象神之在内，猎则祭宗庙为主也。秋时万物以成，猎则以报祭社及四方为主也。冬时万物众多，猎则主用众物，以祭宗庙，而亦报于物有功之神于四方也。"⑤ 据此可知，方祀在一年四季都可举行。正是由于方祀具有祓攘、祈年和报地功的目的，所以因农事而举行的对四方神的祭祀主要在春季和秋季两个季节举行。

1. 春季方祀

为求雨、祈年而实行的方祀多在春季举行。《诗经·大雅·云汉》：

---

① 郑玄注，陆德明音义，孔颖达疏《礼记注疏》卷十五，《文渊阁四库全书》本。
② 郑玄注，陆德明音义，孔颖达疏《礼记注疏》卷十七，《文渊阁四库全书》本。
③ 郑玄注，陆德明音义，孔颖达疏《礼记注疏》卷十七，《文渊阁四库全书》本。
④ 郑玄注，陆德明音义，贾公彦疏《周礼注疏》卷二十九，《文渊阁四库全书》本。
⑤ 郑玄注，陆德明音义，贾公彦疏《礼记注疏》卷十七，《文渊阁四库全书》本。

"祈年孔夙，方社不莫。"郑玄《笺》云："我祈丰年甚早，祭四方与社又不晚。"① 又《诗经·小雅·甫田》："以我齐明，与我牺羊，以社以方。"郑玄《笺》云："以絜齐丰盛，与我纯色之羊，秋祭社与四方，为五谷成熟，报其功也。"② 认为"以社以方"为秋季方祀以报其功，这种说法不大可信。本书认为此诗描写的应是春季方祀，具体论述见"《小雅·甫田》主旨辨正"一节。

2. 秋季方祀

秋季对四方神的祭祀主要在中秋和季秋两个月内举行。《周礼·大司马》："中秋……致禽以祀祊。"郑玄注："秋田主祭四方，报成万物。"又《礼记·月令》载："季秋之月……天子乃教于田猎，以习五戎，班马政。……天子乃厉饰，执弓挟矢以猎。命主祠祭禽于四方。"孔颖达疏："秋时万物以成，猎则以报祭社及四方为主也。"秋季是收获的季节，在秋季里祭祀四方神是为了表达人们的感谢。

（三）方祀的祭仪

方祀的祭品主要有猎获的禽兽、酒等。《礼记·月令》："季秋之月……命主祠祭禽于四方。"郑玄注："以所获禽祀四方之神也。"孔颖达疏："禽者，兽之通名也。……此天子猎既毕，因命典祀之官，取田猎所获之禽，还祭于郊，以报四方之神也。""其祭四方，但用此禽，又用别牲。"③ 按孔颖达所言，方祀时不仅用猎获的禽兽，也用牺牲。所用牺牲要用各自代表各方颜色的纯毛的牲。《周礼·牧人》："凡阳祀，用骍牲毛之；阴祀，用黝牲毛之；望祀，各以其方之色牲毛之。"贾公彦疏："知望祀是四望者，以其言望与四望义同，故知是四望五岳等也。"④ 郑玄注《周礼·舞师》时说："四方之祭祀，谓四望也。"⑤ 可知，四望即四方之祭祀，也即望祀，

① 毛亨撰，郑玄笺，陆德明音义，孔颖达疏，阮元校勘《附释音毛诗注疏》卷十八，清嘉庆南昌府学重刊宋《十三经注疏》本。
② 毛亨撰，郑玄笺，陆德明音义，孔颖达疏，阮元校勘《附释音毛诗注疏》卷十四，清嘉庆南昌府学重刊宋《十三经注疏》本。
③ 郑玄注，陆德明音义，孔颖达疏《礼记注疏》卷十七，《文渊阁四库全书》本。
④ 郑玄注，陆德明音义，贾公彦疏《周礼注疏》卷十二，《文渊阁四库全书》本。
⑤ 郑玄注，陆德明音义，贾公彦疏《周礼注疏》卷十二，《文渊阁四库全书》本。

所用牲"各以其方之色牲毛之"。

除猎获的禽兽和牺牲外，方祀时还用到酒。《周礼·鬯人》："凡祭祀，社壝用大罍，禜门用瓢赍，庙用脩，凡山川四方用蜃，凡裸事用概，凡疈事用散。"郑玄注："脩、蜃、概、散，皆漆尊也。"[1] 指祀山川和四方神时用蜃尊来装酒。

祭祀四方神的过程中，有音乐的伴奏和舞蹈的表演。《周礼·大司乐》载："乃奏姑洗，歌南吕，舞《大韶》，以祀四望。"用姑洗宫的调式演奏（钟磬），用南吕宫的调式歌唱，跳《大韶》舞，以祭祀四方名山大川。又《周礼·舞师》："教羽舞，帅而舞四方之祭祀。"指出方祀时有表演舞蹈的环节，领舞者是舞师。

三　周代祭田祖礼初探

文献中鲜有记载祭祀田祖的礼仪，本书试根据出土文献和先秦古籍中散落的记载加以推求。

卜辞中的"田"除有田猎之意外，已有田地之意。徐中舒《甲骨文字典》云："田，象田猎战阵之形。古代贵族有圃以为田猎之所，圃有沟封以为疆界，亦即隄防，其形方，因谓之防，甲骨文田字从口从十卅丰等，口象其防，十卅丰等表示防内划分之狩猎区域，故封疆之起在田猎之世。围场之防，就田猎言，本以限禽兽之足，就封建言，则为封疆之界，故此古代之封疆，必为方形。而殷代行井田制，其井田之形亦必为方形。此井田乃农耕之田，已非田猎之所。后世不知农田阡陌之形初本田猎战阵之制，故《说文》云：'田，陈也。树谷曰田。象四口十，阡陌之制也。'不确。"[2] 卜辞中有几条关于"田"的记录，似与祭祀田祖有关，如：

> 其埜田父甲一牛。（明续606）
>
> 癸酉卜，于父甲埜田（南明631）
>
> 辛卯卜甲午埜禾田三牛（人2982）

---

① 郑玄注，陆德明音义，贾公彦疏《周礼注疏》卷十九，《文渊阁四库全书》本。

② 徐中舒：《甲骨文字典》，四川辞书出版社，1989，第1466~1467页。

燊，徐中舒《甲骨文字典》释云："甲骨文燊、燊当即《说文》燊字初文，本不从本。……卜辞及铜器铭文中燊皆有祈句之意。……（燊），有所祈句之祭。"① 燊是祈求之祭，那么"燊田"就应是祭祀"田"，并向田祈求丰年之意。此"田"很可能是田神或田祖。由此看来，此条卜辞所记录的很可能正是祭祀田祖的情形。祭祀田祖的目的是祈求五谷丰登。

周代的文献中明确出现了"田祖"一词，并载有祭祀田祖的情形。

琴瑟击鼓，以御田祖，以祈甘雨，以介我稷黍，以穀我士女。曾孙来止，以其妇子，馌彼南亩。田畯至喜，……（《诗经·小雅·甫田》）

田祖有神，秉畀炎火。有渰萋萋，兴雨祈祈，雨我公田，遂及我私。曾孙来止，以其妇子，馌彼南亩，田畯至喜。（《诗经·小雅·大田》）

凡国祈年于田祖，龡《豳雅》，击土鼓，以乐田畯。（《周礼·春官·籥章》）

从以上材料，我们可以看出祭祀田祖的目的在于"祈年"。祭祀地点是在"南亩"。祭祀田祖与祈雨同时进行，或者说，祭祀田祖同时也有祈雨的功能。祭祀田祖的过程中，有琴瑟和鼓的音乐伴奏。在祭祀田祖时，"田畯"与"田祖"同时出现，说明二者有着某种联系。到底"田祖"和"田畯"有着何种联系呢？本书将在下一节就这一问题进行研究。

第二节　"田祖""田畯"考

一　"田畯至喜"句与祭神有关

"田祖"与"田畯"在《周礼》和《诗经》中曾多次出现，关于二者

---

① 徐中舒：《甲骨文字典》，四川辞书出版社，1989，第 1174 页。

的身份问题目前还存在着较多分歧。在考证"田祖"和"田畯"前，首先来看"馌彼南亩，田畯至喜"句的解释。以郑玄、朱熹为代表的大多数学者认为此句描写的是"馌田"的情形，而姚小鸥则认为是描写"农人及其全家春耕开始时在'南亩'举行祭祀农神的野祭礼的情况"。①

本书同意姚小鸥的"馌礼"之说，因为如释"馌彼南亩，田畯至喜"为馌田，则《甫田》《大田》中曾孙及其妇子来到田中送饭，似不合情理。若是田畯见到曾孙及其妇子来馌田而喜，则更不合理，田官怎有权审查"曾孙"呢？所以"馌礼"之说可通则"田畯至喜"句与祭神有关。

二 "田祖"考

关于田祖的身份，古今学者主要有如下几种观点。《山海经》载"叔均乃为田祖"。毛《传》认为"田祖，先啬也"②。郑玄笺《毛诗》时与毛《传》同，但注《周礼·籥章》时却说"田祖，始耕田者，谓神农也"，③另注"设其社稷之壝而树之田主"（《周礼·大司徒》）时又说"田主，田神后土田正之所依也，诗人谓之田祖"④。应劭《风俗通义》以社为田祖。孔颖达和陈启源则认为田祖、先啬、神农是"一神而名不同"⑤。王安石云："田祖者，生而为田畯，死而为田祖。"⑥

从现存古籍来看，只有《山海经》明确指出叔均是田祖，而关于先啬、神农、后土、田正被称为田祖的说法，都是后人所加。

毛《传》认为田祖即先啬。先啬是八蜡之一，《礼记·郊特牲》载："天子大蜡八。……岁十二月，……蜡之祭也，主先啬而祭司啬也。"蜡祭在周历每年十二月（夏历十月）举行。而《甫田》和《大田》中祭祀田祖并不在此时。《甫田》云："以御田祖，以祈甘雨"，《大田》云："去其螟螣，及其蟊贼，无害我田穉。田祖有神，秉畀炎火。有渰萋萋，兴雨祈

① 姚小鸥：《诗经三颂与先秦礼乐文化》，北京广播学院出版社，2000，第225页。
② 毛亨撰，郑玄笺，陆德明音义，孔颖达疏，阮元校勘《附释音毛诗注疏》卷十四，清嘉庆南昌府学重刊宋《十三经注疏》本。
③ 郑玄注，陆德明音义，贾公彦疏《周礼注疏》卷二十四，《文渊阁四库全书》本。
④ 郑玄注，陆德明音义，贾公彦疏《周礼注疏》卷十，《文渊阁四库全书》本。
⑤ 陈启源：《毛诗稽古编》卷十五，清道光九年广东学海堂刊《皇清经解》本。
⑥ 陈启源：《毛诗稽古编》卷十五，清道光九年广东学海堂刊《皇清经解》本。

祈。"从诗中所见，祭祀田祖与雩祭、去除虫害的时间相近，或在同时。《左传·桓公五年》载："启蛰而郊，龙见而雩。"杜氏注："龙见，建巳之月"，建巳之月为夏历四月，雩祭正在此孟夏时节，去除虫害也应在春夏之交，与蜡祭时间不同。既然时间不同，祭祀的神灵就不应相同。况且，王夫之早已指出"祈年、祭蜡本非一祭。田祖、先啬本非一神"。① 因此，田祖不应是先啬。

孔颖达和陈启源认为田祖是先啬、神农。田祖不是先啬，前已论述。孔颖达云："神农始造田谓之田祖"②，关于神农的事迹，史料多有记载：

> 神农氏作，斲木为耜，揉木为耒，耒耨之利，以教天下。(《周易·系辞》)
>
> 伊耆氏始为蜡。(《礼记·郊特牲》)
>
> 据《资治通鉴外纪》载，伊耆氏即为神农。
>
> 神农乃始教民播种五谷，……尝百草之滋味，……当此之时，一日而遇七十毒。(《淮南子·修务训》)
>
> 神农之初作琴也。(《淮南子·泰族训》)
>
> 神农……（以）日中为市，致天下之民，聚天下之货，交易而退，各得其所。(《潜夫论·五德志》)

从上述记载来看，神农不仅曾教民播种百谷，制作农具、药草、琴及蜡辞，还以日中为市，发展贸易，涉及农业、医学、宗教、手工业和经济贸易等方面。因其功绩卓越，所以被后人尊为圣人、三皇之一。

而作为圣人和三皇之一的神农是不应屈尊而就田祖之位的。假设如孔颖达所说，"祭田祖之时，后稷亦食焉"、田畯"兼后土、后稷矣"。③ 则田祖为神农，田畯为后稷，那么《七月》"同我妇子，馌彼南亩，田畯至

---

① 王夫之：《诗经稗疏》卷二，清光绪十四年南菁书院刊《皇清经解续编》本。

② 毛亨撰，郑玄笺，陆德明音义，孔颖达疏，阮元校勘《附释音毛诗注疏》卷十四，清嘉庆南昌府学重刊宋《十三经注疏》本。

③ 毛亨撰，郑玄笺，陆德明音义，孔颖达疏，阮元校勘《附释音毛诗注疏》卷十四，清嘉庆南昌府学重刊宋《十三经注疏》本。

喜"句所描述的是庶民祭祀后稷，这于礼不合。西周的祭祀有着严格的等级制度，《礼记·王制》载："天子七庙，三昭三穆，与大祖之庙而七。诸侯五庙，二昭二穆，与大祖之庙而五。"据郑玄所言，天子的太庙是祭祀始祖后稷的，诸侯的太庙是祭祀始封之君的。可见，诸侯尚不能祭祀后稷，何况庶民？《礼记·明堂位》又载："祀帝于郊，配以后稷，天子之礼也。"既然，庶民不得祭祀后稷，那么作为被后稷配食的田祖，其地位更高于后稷，庶民则更不可祭祀了。正如顾栋高所云："神农为五帝，天子所祭，民间安得？"[1] 而且，后稷应配上帝（天），如"思文后稷，克彼配天"（《诗经·思文》），并无资料证明后稷配祭神农。况且，作为周人的始祖后稷也不应降为田畯。因此，田祖是神农、田畯是后稷的说法还缺乏有力的证据。

郑玄既认为田祖是神农，又说其是"田神后土田正之所依也"，此说自相矛盾，不能令人信服。应劭以社为田祖的说法，王夫之已给予了批驳："竟以社为田祖，其谬尤甚。"[2] 在此不再赘述。王安石认为："田祖者，生而为田畯，死而为田祖。"但从《七月》《甫田》《大田》三篇来看，田祖和田畯同时出现，且是祭祀神灵，而在世的田畯是不应该被祭祀的。因此，其说不妥。

那么，田祖到底是谁？《山海经》中已明确记载田祖是叔均，清代学者王夫之也赞同此说。《山海经》载：

　　蚩尤作兵伐黄帝，……黄帝乃下天女曰魃，雨止，遂杀蚩尤。魃不得复上，所居不雨。叔均言之帝，后置之赤水之北。叔均乃为田祖。（《大荒北经》）

　　后稷是播百谷。稷之孙曰叔均，是始作牛耕。（《海内经》）

　　有西周之国……有人方耕，名曰叔均。帝俊生后稷，稷降以百谷。稷之弟曰台玺，生叔均。叔均是代其父及稷播百谷，始作耕。（《大荒西经》）

---

① 顾栋高：《毛诗类释》卷六，《文渊阁四库全书》本。
② 王夫之：《诗经稗疏》卷二，清光绪十四年南菁书院刊《皇清经解续编》本。

从上述记载可知，叔均是后稷的后代，继承了其播种百谷的才能，并"始作牛耕"，且有抗旱兴雨的本领，一身兼二职。这可能就是《甫田》和《大田》二诗在祭祀田祖时又祈雨的原因，如"以祈甘雨""兴雨祈祈"。可见，祭祀田祖就能风调雨顺。

虽然，很多古今学者认为《山海经》所记内容驳杂，不可确信，如司马迁言："《山海经》所有怪物，余不敢言之也。"（《史记·大宛列传》）但据《四库全书总目·提要》载，《山海经》一书约成书于战国初年到汉代初年之间，去古未远，而且"山川草木多有确据"，所以"引以为征固贤于臆度之亡实也"。①

可见，将叔均视为田祖，既有典籍记载，又符合其职责特点，对其进行祭祀与周代礼乐制度也没有不符之处。

三 "田畯"考

田祖是叔均，那么田畯又是谁呢？是否如张希峰所说"田祖与田畯，本指一神"② 呢？本书认为二者并非异称同指。其一，从二者多次同时出现来看，绝非偶然，并非异称同指。其二，从《周礼·籥章》的句式结构来看，也并非同指。"凡国祈年于田祖，……以乐田畯。国祭蜡，……以息老物。"两句结构相同，"祈年于田祖"对应"祭蜡"，都是祭祀的类别。"以乐田畯"与"以息老物"相对，都是祭祀达到的效果。但"祭蜡"不完全等同于"以息老物"，其祭祀内容远不止"以息老物"。"祈年于田祖"也不完全等同于"以乐田畯"，"祈年"是目的，"以乐田畯"是达到这一目的的手段。因此，田祖与田畯并非异称同指。

毛《传》释田畯是"田大夫"，郑玄《周礼》注为"古之先教田者"③，孔颖达则云"尚及典田之大夫，明兼后土、后稷矣"。陈启源则提出《籥章》中的田畯是《郊特牲》中的司啬后稷，而《诗经》中的田畯是田

---

① 王夫之：《诗经稗疏》卷二，清光绪十四年南菁书院刊《皇清经解续编》本。
② 张希峰：《"田畯""后稷"考》，《古籍整理研究学刊》1994 年第 3 期，第 8 页。
③ 郑玄注，贾公彦疏《周礼注疏》，北京大学出版社，1999，第 631 页。

官，不是神。近年来，一些研究者又提出了新的观点，如丁士虎说是"扮演谷神后稷的'尸'的代称"。① 杨庆鹏则认为是"农神或者兼有传授农技职责的主祭人"。② 以上观点可归纳为田官、后稷、尸和主祭人四类观点。

首先，杨庆鹏说田畯是农神或主祭人，后又说是"主祭人或司仪"，说法含混不清。在周代祭祀制度中，被祭祀的神、主祭人和司仪（祝）是完全不同的三个角色，不能将三者混为一谈，田畯也不能在一次祭祀过程中分饰三个角色，更不能身兼数职。因此，其说很难成立。

其次，丁士虎的观点既有合理的成分，也有不合理的内容。田畯是"尸"的可能性不能排除，但认为田畯是扮演谷神后稷的"尸"，则不合情理。因为，他从文字学角度阐释："稷、畯字体相近，发音近同。""稷、畯均从'夋'得声兼得义。"③ 但是，畯在甲骨文中写作晙，罗振玉解释："古金文皆从允，与卜辞合。"④ 这就说明，最初畯字右半部分并不从"夋"。这样，丁士虎所持"田畯应与谷神，神神（笔者按，疑为稷神之误），也就是后稷有关"⑤ 的观点立论的根基就不稳了。另外，若田畯为扮演谷神后稷的"尸"，则《七月》中祭祀田畯实为祭祀后稷，与礼不符，前已论述。

再次，孔颖达、张希峰等人的观点也不合理。除庶民不得祭祀后稷，始祖不应降为田畯这两点原因外，还有以下几点原因。其一，包括《诗经》在内的先秦典籍没有称后稷为田畯的记载，说田畯是始祖后稷都是后人所加。其二，郊祀后稷配天的地点是南郊，而不是"南亩"。"周人禘喾而郊稷"（《礼记·祭法》），"郊之祭也，……兆于南郊，就阳位也"（《礼记·郊特牲》）。"南郊"与"南亩"的内涵与外延并不完全相同。"南亩"特指用于耕作田地的一部分，而"南郊"的范围要大于"南亩"。其三，若田畯是后稷，则后稷可配天，田畯也可配天。但《诗经》和《周

---

① 丁士虎：《"馌彼南亩，田畯至喜"新解》，《池州师专学报》2002年第2期，第46页。

② 杨庆鹏：《〈诗经〉之"田畯至喜"句再考》，《贵州文史丛刊》2007年第3期，第9页。

③ 丁士虎：《"馌彼南亩，田畯至喜"新解》，《池州师专学报》2002年第2期，第47页。

④ 松丸道雄、高岛谦一：《甲骨文字字释综览》，东京大学东洋文化研究所，1994，第371页。

⑤ 丁士虎：《"馌彼南亩，田畯至喜"新解》，《池州师专学报》2002年第2期，第46页。

礼》中并无田畯配天的记载。其四，田祖是叔均，则田畯不应是后稷。因据《山海经》所记，后稷辈分高于叔均，不能成为地位低于田祖叔均的田畯。可见，田畯不是后稷。

最后，毛《传》所说有一定道理。畯最初很可能是一个种田能手，后被选为田官。据《甲骨文字字释综览》所辑，畯有动词、方国名、地名、人名等几种解释。结合"田畯至喜"句，可知畯字在这里应是人名。畯，甲骨文和古金文皆从允。尹黎云说："允象人著高冠之形"①，人带着高帽子应与官职有关。由此可推，畯的最初意义应为种田人，其名为畯，后因其在种田方面才能突出被选为田官。《礼记·王制》载："凡官民材，必先论之。论辩，然后使之。任事，然后爵之。位定，然后禄之。"可见当时才能突出的农人"畯"被选为田官是可能的。

但是，田畯不应仅是个田官，在"田畯至喜"和"以乐田畯"的情况下，他很可能充当了"尸"的角色。其一，"至喜""以乐"符合祭祀时让"尸"高兴的情况。"至喜"，郑玄解为"饎"，并无根据。因为"喜"与"饎"在《诗经》中皆有出现，如：

> 且以喜乐，且以永日。（《唐风·山有枢》）
> 吉蠲为饎，是用孝享。（《小雅·天保》）

若是酒食，则可直接用饎，无需用喜字。因此，"田畯至喜"即田畯高兴之意，与"以乐田畯"意义相同。那么，为何要让田畯高兴呢？如只是田官，其高兴与否并不重要。而在祭祀时使田畯愉悦，则很可能与祭神有关。《周礼·籥章》载"以乐田畯"的目的是"祈年于田祖"。周人在祭祀神灵时，往往要用尸来代替神灵接受祭祀，因"鬼神听之无声，视之无形，……思慕哀伤，无所泻泄，故坐尸以食之，毁损其馔，欣然若亲之饱，尸醉若神之醉矣"②，则尸喜也就若神之喜了。《诗经·凫鹥》描绘了尸高兴的情形。"凫鹥在亹，公尸来止熏熏。旨酒欣欣，燔炙芬芬。""熏

---

① 尹黎云：《汉字字源系统研究》，中国人民大学出版社，1998，第11页。
② 秦惠田：《五礼通考》卷六十二，《文渊阁四库全书》本。

熏"，何楷认为："当依《说文》作醺醺，谓尸醉也。……然此两字意连下文旨酒句看，以其酒美而可悦，故至于醉，因摹尸饮酒之喜容曰：欣欣也。欣，《说文》以为喜笑也。"① 可见，尸因酒而醉，因醉而喜。"神具醉止"（《诗经·楚茨》）、"既醉以酒"（《诗经·既醉》）也即此意。

祭祀时，让尸高兴的情况，《礼记·祭统》中有明确记载：

> 及入舞，君执干戚就舞位。君为东上，冕而总干，率其群臣，以乐皇尸。是故天子之祭也，与天下乐之。

君王头戴冠冕，手握盾牌，率领群臣起舞，目的是供代表祖先的皇尸娱乐。可见"以乐皇尸"在祭祀过程中的重要性，若尸高兴则证明其所代表的神愉悦，祭祀也就圆满。"以乐皇尸"与"以乐田畯"句式结构相同，与"田畯至喜"达到的效果相同，所以，"田畯至喜""以乐田畯"，证明田祖之神高兴，祭祀取得成功。由此可知，田畯担当田祖的尸的角色具有很大的可能性。

其二，从用乐上看，田畯符合尸的角色。从"琴瑟击鼓，以御田祖"（《甫田》）、"击土鼓，以乐田畯"（《周礼·籥章》）两句可知，所使用的乐器以鼓为主。据《诗经》《周礼》等文献记载，尸出入时演奏钟鼓：

> 鼓钟送尸，神保聿归。（《诗经·楚茨》）
> 隋衅、逆牲、逆尸，令钟鼓。（《周礼·大祝》）

可知，在祭祀田祖时，用来愉悦田祖、田畯的乐器钟鼓与娱尸时所使用的乐器相类似，则田畯很可能是代表田祖的尸。

其三，从职官可担任尸的角色来看，田畯作为田祖的尸具有合理性。《周礼·冢人》载："大丧……遂为之尸。……凡祭墓，为尸。"在大丧时，冢人充当祭墓地之神的尸。又《周礼·士师》曰："若祭胜国之社稷，则

---

① 何楷：《诗经世本古义》卷八，《文渊阁四库全书》本。

为之尸。"士师可担当祭祀亡国社稷时的尸。再如"（晋）祀夏郊，董伯为尸"（《国语·晋语》）、"舜入唐郊，以丹朱为尸"（《尚书大传》）等，都表明了职官可充当为尸。为何职官可以担任尸呢？王安石认为："凡祭为尸，皆取所祭之类。故宗庙之尸，则以其昭穆之同；山林之尸，则以山虞；冢墓之尸，则以冢人。"① 从"凡祭为尸，皆取所祭之类"来看，祭祀田祖时，则正应以田官，即田畯，来担当尸的角色。

综上所述，《诗经》和《周礼》中的田祖是叔均，田畯是田官，在祭祀田祖时，田畯临时充当为田祖的尸。

第三节 《小雅·甫田》主旨辨正

倬彼甫田，岁取十千。我取其陈，食我农人，自古有年。今适南亩，或耘或耔，黍稷薿薿。攸介攸止，烝我髦士。

以我齐明，与我牺羊，以社以方。我田既臧，农夫之庆。琴瑟击鼓，以御田祖，以祈甘雨，以介我稷黍，以谷我士女。

曾孙来止，以其妇子，馌彼南亩。田畯至喜，攘其左右，尝其旨否。禾易长亩，终善且有。曾孙不怒，农夫克敏。

曾孙之稼，如茨如梁。曾孙之庾，如坻如京。乃求千斯仓，乃求万斯箱。黍稷稻粱，农夫之庆。报以介福，万寿无疆！

一 《甫田》主旨众说种种

关于《甫田》的主旨，主要有以下几种观点。

（一）"刺幽王"说。此说见于《毛诗序》："《甫田》，刺幽王也。君子伤今而思古焉。"② 郑玄补充说："刺者，刺其仓廪空虚，政烦赋重，农

---

① 王安石：《周官新义》卷九，《文渊阁四库全书》本。
② 毛亨撰，郑玄笺，陆德明音义，孔颖达疏，阮元校勘《附释音毛诗注疏》卷十四，清嘉庆南昌府学重刊宋《十三经注疏》本。

人失职。"① 苏辙《诗集传》、郝敬《毛诗原解》等皆同意此说。

（二）"思古"说。见李樗、黄櫄《毛诗集解》："《甫田》……全篇尽是思古人之诗，全无一句及于刺幽。"②

（三）"祭方社田祖"说。见朱熹《诗集传》："此诗述公卿有田禄者力于农事，以奉方社田祖之祭。"③ 辅广《诗童子问》、朱公迁《诗经疏义会通》、刘玉汝《诗缵绪》等赞同此说。

（四）"邠侯夏省耕因而雩祭"说。此说出自何楷《诗经世本古义》："愚按此诗记邠侯夏省耕因而雩祭。……以公刘固邠侯耳。亦可知其非天子之诗矣。"④ 魏源《诗古微》同意此说。

（五）"省耕"说。姚际恒持此观点，其《诗经通论》云："此王者祭方社及田祖，因而省耕也。"⑤ 方玉润《诗经原始》同此说。

（六）"祈年"说。见于庄有可《毛诗说》："《甫田》，孟春祈年也。……此诗春祈，则稷与社、方、田祖无不皆祭，而稷为先祖，与他神异，故不可列于社、方、田祖，而又以曾孙表其亲亲之义，此立言之体也。"⑥ 陆奎勋《陆堂诗学》、牟应震《诗问》、尹继美《诗管见》等同意此观点。

（七）"报祭"说。钱澄之《田间诗学》云："愚按《楚茨》为尝祭之诗。《信南山》为烝祭之诗。《甫田》《大田》皆田功报祭之诗。"⑦

（八）"籍田"说。此说见夏味堂《诗疑笔记》："窃疑此谓籍田也。"⑧ 聂石樵《诗经新注》进一步指出："此诗叙述籍田祈谷的典礼仪式。"⑨ 李山《诗经析读》也持此观点。

---

① 毛亨撰，郑玄笺，陆德明音义，孔颖达疏，阮元校勘《附释音毛诗注疏》卷十四，清嘉庆南昌府学重刊宋《十三经注疏》本。
② 李樗、黄櫄：《毛诗集解》卷二十七，《文渊阁四库全书》本。
③ 朱熹：《诗集传》卷十三，民国二十四年至二十五年上海商务印书馆《四部丛刊三编》影宋本。
④ 何楷：《诗经世本古义》卷一，《文渊阁四库全书》本。
⑤ 姚际恒：《诗经通论》卷十一，成都书局据道光十七年韩城王笃刻本重刊本，1927。
⑥ 庄有可：《毛诗说》卷四，《续修四库全书》本。
⑦ 钱澄之：《田间诗学》卷八，《文渊阁四库全书》本。
⑧ 夏味堂：《诗疑笔记》卷四，《续修四库全书》本。
⑨ 聂石樵：《诗经新注》，齐鲁书社，2000，第436页。

（九）"劝农"说。见于朱谋㙔《诗故》："《甫田》……非刺幽也，先公劝农之诗也。"① 范家相《诗瀋》言："《甫田》，美劝农也。"万时华《诗经偶笺》、傅恒《御纂诗义折中》、郝懿行《诗问》等赞同此说。

（十）"刺夺田"说。牟庭持此观点，其《诗切》云："《甫田》，刺夺田也。"②

（十一）"宗庙祷告词"说。此说出自祝敏彻《诗经译注》："这是一篇祭祀宗庙的祷告祠。祷告者是一个领主。他祈求神灵降雨，保佑他获得大丰收。祈求神灵赐福，让他万寿无疆。他还假惺惺地称赞农奴很能干，揭露了领主仁慈的虚伪性。"③

以上几种观点，哪一种更接近诗歌的主旨呢？接下来将一一加以辨析。

二 《甫田》主旨众说辨析

第一，看"刺幽王"说。

毛亨等学者持"刺幽王"说的主要依据在于，其一，诗歌运用反衬手法，通过言"成王庾稼，千仓万箱，是仓廪实，反明幽王之时，仓廪虚也。言适彼南亩，耘耔黍稷，是农人得职，反明幽王之时，农人失职也"④刺其仓廪空虚，政烦赋重，农人失职。其二，诗歌首章伤今人不如古人。如郝敬《毛诗原解》："首章伤今之意。宛然思昔曾孙能继古人，伤今人不能继曾孙也。凡诗讽上微婉，此篇与《楚茨》《信南山》皆见之首章，《大田》见之三章，使诵者罔觉所以为主文而谲谏也。"⑤

关于以上两点理由，我们在论述《楚茨》和《信南山》主旨时已谈到，反衬手法和首章的"自古有年"皆不具有说服力。

第二，看"思古"说。

① 朱谋㙔：《诗故》卷八，民国四年南昌豫章丛书编刻局刊《豫章丛书》本。
② 牟庭：《诗切》，清嘉庆二十一年《雪泥屋遗书》抄本。
③ 祝敏彻：《诗经译注》，甘肃人民出版社，1984，第500页。
④ 毛亨撰，郑玄笺，陆德明音义，孔颖达疏，阮元校勘《附释音毛诗注疏》卷十四，清嘉庆南昌府学重刊宋《十三经注疏》本。
⑤ 郝敬：《毛诗原解》卷二十三，《续修四库全书》本。

李樗认为此诗意在"思古","则是此诗之中幽王皆不能然也。如曰：
'我取其陈，食我农人'刺幽王之世民人困乏必不能然也。如'禾易长亩，
终善且有'，刺幽王之世田莱多荒必不能然也。以此观之，则此诗一篇之
中皆如是也。"① 李樗的理由过于牵强，对此王质给予了批驳，其《诗总
闻》云："前两诗不知何以见思古，此诗又不知何以见思古而伤今，当是
以'自昔何为''自古有年'，遂以为思古。以'今适南亩'，遂以为伤
今。诗援古及今甚多，且以田事言之。'振古如兹''续古之人'皆及古以
迄于今，'匪今斯今'皆及今，虽未敢即以为某王之盛时，亦未敢即以为
某王之乱世，识者更详。"② 王质所言极是，在此不再赘述。

第三，看"籍田"说。

聂石樵将诗中"甫田"释为籍田，于是认为《甫田》所描写的与籍田
有关，这样说似乎有一定的道理。但是他既说"此诗叙述籍田祈谷的典礼
仪式"，又说："从诗'今适南亩，或耘或耔'看，诗当是'耨获'之耨
时的篇章。"③ 有些自相矛盾。一方面，"籍田祈谷"是早春始耕典礼，
"耨"是除草典礼，二者并不是同一典礼。另一方面，"籍田祈谷"典礼在
孟春时节进行，而除草典礼则在夏季举行，典礼的时间并不相同。所以，
《甫田》叙述的不能既是"籍田祈谷"又是"耨"——除草典礼。夏味堂
以诗中的"曾孙"一词来判断《甫田》所写为籍田。他说："耕籍以奉先
祖，故称'曾孙'。若援外事曰：'曾孙某侯某'为例，则'曾孙来止'，
'曾孙不怒'于外事皆无所系。对农夫而称曾孙，似非所宜。"④ "曾孙"
一词既可用于内祭，如《礼记·祭法》云："王下祭殇五：适子、适孙、
适曾孙、适玄孙、适来孙。"又可用于外祭，如《礼记·曲礼下》："临祭
祀，内事曰'孝子某侯某'，外事曰'曾孙某侯某'。""外事"，孔颖达
疏："外事谓社稷山川在封内者也。"⑤ 此诗所言"以社以方"正所谓"外
事"，并非如夏味堂所说："'曾孙来止''曾孙不怒'于外事皆无所系。"

① 李樗、黄櫄：《毛诗集解》卷二十七，《文渊阁四库全书》本。
② 王质：《诗总闻》卷十四，清道光二十六年钱氏刊本。
③ 聂石樵：《诗经新注》，齐鲁书社，2000，第436页。
④ 夏味堂：《诗疑笔记》卷四，《续修四库全书》本。
⑤ 郑玄注，陆德明音义，孔颖达疏《礼记注疏》卷五，《文渊阁四库全书》本。

可见，夏味堂所言不大可信。因此，"籍田"说不够确切。

第四，看"劝农"说。

有关农事的诗都有一定的劝农作用，但"劝农"并非此诗的主旨。万时华等学者以为此诗"劝农"的理由是，其一，万时华以为《甫田》"虽力农奉祭，而大意主于劝农，故章内多归美农人之词"，"次章方社之祭，曰'我田既臧'，……'祈甘雨'……'农夫之庆'如云我何力之有？正所以劝也。"① 其二，傅恒认为诗中的祭祀之事重在劝农，他说："'粢盛''牺牲'教民以礼；'琴瑟击鼓'教民以乐；'不怒''克敏'教民以敬；'报福''祝寿'教民以爱。既厚其生，复正其德，本之以爱，敬文之以礼乐，而皆于劝农得之，君子是以知后稷、公刘之造周也。"②

在万时华看来，诗中的方社之祭、"祈甘雨"等都是农夫所为，于"我"无关，因而谓"劝农"。然而，诗云："以我齐明，与我牺羊，以社以方。""琴瑟击鼓，以御田祖，以祈甘雨，以介我稷黍，以谷我士女。"无论祭方社还是祈甘雨皆与"我"有关，并非农夫所为。傅恒将诗中祭祀的事情看作以劝农为目的，这样理解有失偏颇。因为无论是"粢盛""牺牲""琴瑟击鼓""报福"和"祝寿"都是以祭祀为目的的。"以社以方""以祈甘雨"是为了祈求五谷丰登，而并非为了教农知礼乐才这样做的。因此，此诗的主旨并非在于"劝农"。

第五，看"刺夺田"说。

牟庭所说"刺夺田"是指曾孙夺取了农人的劳动果实。其根据是"我取其陈，食我农人，自古有年"句和末章所写的内容。为与"刺夺田"之意相符，牟庭将"自古有年"译为："意谓自古赖此田，不劳人力有丰年。"③ 增加了"赖此田""不劳人力"改变了原诗句的含义。实际上，"自古有年"与"自昔何为""振古如兹"等含义相同，无非是为了表明开垦荒地、种植庄稼、虔诚祭祀自古如此，并无不劳而获之义。此外，诗歌末章"曾孙之稼，如茨如梁。曾孙之庾，如坻如京。乃求千斯仓，乃求

---

① 万时华：《诗经偶笺》卷八，明崇祯六年李泰刊本。
② 傅恒：《御纂诗义折中》卷十四，《文渊阁四库全书》本。
③ 牟庭：《诗切》，清嘉庆二十一年《雪泥屋遗书》抄本。

万斯箱。黍稷稻粱，农夫之庆。报以介福，万寿无疆！"表达的是丰收之后祭祀神灵以报福之意。但是，牟庭却理解为农人的劳动成果被曾孙剥夺了，并说："《甫田》，请发粟助耘农也。"① 此种理解曲解诗意，穿凿附会。所以，"刺夺田"说完全不合乎道理。

第六，看"宗庙祷告词"说。

祝敏彻的"宗庙祷告词"说显然与诗歌内容不符。从诗中的"以社以方""以御田祖""以祈甘雨"来看，都是祭祀"外事"，明显与宗庙祭祀无关。另外，如果是宗庙祭祀时的祷告之词，则应如《楚茨》和《信南山》一样，有"祖考""先祖"等词。因此，祝敏彻的观点不能令人信服。

第七，看"祭方社田祖""邠侯夏省耕因而雩祭"② "省耕""祈年"和"报祭"等几种观点。从诗歌内容来看，既描写了祭祀方社田祖之事，又叙述了曾孙省耕之事，因此，"祭方社田祖""雩祭"和"省耕"说互相补充，各有侧重。但无论是祭方社田祖、雩祭还是省耕，都是为了祈年或报祭。那么，《甫田》究竟是以祭祀方社田祖为主，还是以雩祭或省耕为主？是为祈年而祭，还是为报答而祭？

三　《甫田》主旨辨正

本书认为《甫田》虽也有雩祭、省耕的内容，但是以祭祀方社田祖为主，目的是为了祈年。

首先，不能将"雩祭"作为诗歌的主旨，原因在于：根据文献记载，周代雩祭的对象虽然包括社神，也可能有四方神，但并不包括田祖，所以，"雩祭"两个字无法涵盖诗歌的内容。《礼记·月令》云："命有司为民祈祀山川百源。大雩帝，用盛乐。乃命百县雩祀百辟卿士有益于民者，以祈谷实。"郑玄注："雩，吁嗟求雨之祭也。雩帝，谓为坛南郊之旁，雩五精之帝，配以先帝也。……百辟卿士，古者上公，若句龙、后稷之类

---

① 牟庭：《诗切》，清嘉庆二十一年《雪泥屋遗书》抄本。
② 何楷以《甫田》叙述的是"邠侯夏省耕因而雩祭"之事，故将此诗看作《豳雅》。《甫田》是否为《豳雅》之问题，我们将在第五章第一节"《周礼·籥章》与《豳风·七月》"中讨论。

也。……天子雩上帝，诸侯以下雩上公，……。"①"天子雩上帝，诸侯以下雩上公。""古者上公，若句龙、后稷之类也。"说明雩祭的对象包括社稷之神。关于雩祭是否祭祀四方神的问题，在先秦典籍文献中并没有相关的资料说明，但是在甲骨卜辞中有雩祭方神的记载，如：

于方霝卜，燎年。（明续 425）
方霝，燎年，又大雨。（甲 885）②

陈梦家《殷墟卜辞综述》云："卜辞的霝字从雨从舞，此字近于西周初（或篆）一尊文之'皇'，铭曰'□作厥皇考宝隓彝'（三代 11.28.1）。卜辞的皇从雨，仍是求雨之舞，而且是用于四方之祭祀者，略近于《舞师》之羽舞。"③ 由此推测，雩祭时祭祀方神具有一定的可能性。然而，雩祭时祭祀田祖却得不到先秦典籍文献和出土文献的证明。因有祭祀田祖的存在，所以，"雩祭"二字不能概括《甫田》诗歌的主旨。

其次，"省耕"也并非《甫田》的主旨。"省耕"是"周代关于农业生产的一种制度，指的是周王或领主巡视春耕秋收"④。并不包括祭祀方社田祖的内容。《孟子·梁惠王下》云："春省耕而补不足，秋省敛而助不给。"赵岐注："言天子、诸侯出，必因王事，有所补助于民，无非事而空行者也。春省耕，补耒耜之不足。秋省敛，助其力不给也。"⑤ 可见，天子、诸侯的"省耕"并无祭祀内容。又《周礼·地官·司稼》："司稼，掌巡邦野之稼，而辨穜稑之种，周知其名与其所宜地，以为法，而县于邑间。巡野观稼，以年之上下出敛法。"司稼掌管巡视王国野地的庄稼，辨别各种谷物的种类，全面了解其名称和谷物所适宜种植的土地，作为下年种植的法则，并将其悬挂在邑中里门上。巡视野地的庄稼，然后根据年成的好坏制定出征收赋税的标准。天子的田官——司稼在巡视王国野地的庄

---

① 郑玄注，陆德明音义，孔颖达疏《礼记注疏》卷十六，《文渊阁四库全书》本。
② 转引自陈梦家《殷墟卜辞综述》，中华书局，1988，第 600 页。
③ 陈梦家：《殷墟卜辞综述》，中华书局，1988，第 601 页。
④ 鲁洪生：《诗经学概论》，辽海出版社，1998，第 232 页。
⑤ 赵岐注，孙奭音义并疏《孟子注疏》卷二，《文渊阁四库全书》本。

稼时也不包括祭祀的内容。因此，"省耕"不能全面概括《甫田》的内容。

相比较而言，"祭祀方社田祖"作为《甫田》的主旨比较恰当。不仅是由于诗中的大部分诗句描写的就是祭祀方社田祖之事，更是因为祭祀方社田祖同时也具有祈雨的作用，可概括"雩祭"的内容。在本章"周代祭方社田祖礼考论"一节中，我们已经讨论了祭祀方社田祖与求雨的密切关系。甲骨卜辞中有较多因求雨而祭祀方社的记载，如：

王燎雨于土。（合集 32301）

辛未卜，［燎］于土雨。（合集 33959）

于方雨弜燎年。（合集 28244）

方燎叀庚酒又大雨。大吉（合集 28628）

☐叀其方又大雨。（合集 30171）[1]

又《诗经·大雅·云汉》云："祈年孔夙，方社不莫。"据《毛诗序》，此诗作于周宣王时期，是仍叔赞美宣王的作品。当时天下大旱，宣王非常忧虑，希望推行善政，消去灾难。诗言旱灾严重，天气酷热无比，为消去灾害，宣王勤于祭祀祷告，既祭天，又祀方社。可见，祭祀方社可以起到求雨的作用。此外，祭祀田祖也兼求雨的功能，如姚际恒《诗经通论》所言："以祈甘雨，只是祭田祖而顺祈之，非别为雩祭祀也。"[2]"琴瑟击鼓，以御田祖，以祈甘雨，以介我稷黍，以谷我士女"几句诗就表明了这一点。由此可见，《甫田》的主旨是"祭祀方社田祖"。

祭祀方社田祖的目的是为了祈年。虽然祭祀方社既可在春季举行，也可在秋季进行，这一点我们在本章"周代祭方社田祖礼考论"一节中也有所讨论。但从《甫田》诗歌的内容来看，此祭祀方社田祖应在春季举行，意在祈年。

其一，从诗歌内在逻辑来看，诗歌主要描写的是在南亩耕作的过程中举行的祭祀方社和田祖的仪式。

---

[1]　胡厚宣主编《甲骨文合集释文》，中国社会科学出版社，1999。

[2]　姚际恒：《诗经通论》卷十一，成都书局据道光十七年韩城王笃刻本重刊本，1927。

今适南亩，或耘或耔，黍稷薿薿。攸介攸止，烝我髦士。以我齐明，与我牺羊，以社以方。我田既臧，农夫之庆。琴瑟击鼓，以御田祖，以祈甘雨，以介我稷黍，以谷我士女。曾孙来止，以其妇子，馌彼南亩。田畯至喜，攘其左右，尝其旨否。

"以社以方"，郑玄《笺》："秋祭社与四方，为五谷成熟，报其功也。"① 但从此段引文中，我们可以看到"今适南亩，或耘或耔，黍稷薿薿"表明黍稷还没有成熟，此时祭祀方社，并非报功之祭而是祈年之祭。如贾公彦《周礼·地官·州长》疏曰："春祭社，以祈膏雨，望五谷丰熟。"②

其二，从诗中所用"以祈甘雨""以介我稷黍""乃求千斯仓，乃求万斯箱"等词语和诗句的运用来看，方社田祖当为祈年而祭。"琴瑟击鼓，以御田祖，以祈甘雨，以介我稷黍，以谷我士女"表明祭祀田祖是为了祈求甘雨，助黍稷之成长，养我士女。如郝敬《毛诗原解》所云："每岁春耕礼有祈年，奏琴瑟、击土鼓以迎始教农之田祖亦不自为，惟求甘和之雨，助我稷黍，以养我士女而已。"③ "乃求千斯仓，乃求万斯箱。"钱澄之《田间诗学》释为："承上章'农夫克敏'而预期其秋成大有，终归恩于上也。"④ 所言极是。因而，"曰'以祈甘雨''以介我稷黍'曰'禾易长亩''终善且有'皆冀望之辞。"⑤《甫田》方社田祖为祈年而祭。

其三，从诗歌部分描写"省耕"的内容来看，诗中的祭祀方社田祖也应是在春季举行的，并以祈年为目的。《孟子·梁惠王下》云："春省耕而补不足，秋省敛而助不给。"《甫田》云："我取其陈，食我农人"正所谓"春省耕而补不足"也。"省耕"在春季，则诗中的祭祀方社田祖也应在春

① 毛亨撰，郑玄笺，陆德明音义，孔颖达疏，阮元校勘《附释音毛诗注疏》卷十四，清嘉庆南昌府学重刊宋《十三经注疏》本。
② 郑玄注，陆德明音义，贾公彦疏《周礼注疏》卷十二，《文渊阁四库全书》本。
③ 郝敬：《毛诗原解》卷二十三，《续修四库全书》本。
④ 钱澄之：《田间诗学》卷八，《文渊阁四库全书》本。
⑤ 尹继美：《诗管见》卷四，《续修四库全书》本。

季举行用以祈年。正如陈祥道《礼书》卷九十一云："《周礼·大司马》：'春祭社，秋祀祊。'《舞师》：'教帗舞，帅而舞社稷之祭祀。教羽舞，帅而舞四方之祭祀。'《诗》曰：'以我牺羊，以社以方'，又曰：'方社不莫'。古者言社必及方，则社为民祈，方为民报。祈在春，报在秋。"①

　　综上所述，《甫田》描写的是为祈年而祭祀方社田祖之诗。那么，是天子、公卿还是农夫之祭呢？朱熹《诗集传》以为是"公卿有田禄者力于农事以奉方社田祖之祭"。范处义《诗补传》言："方社田祖农夫之祭也。"② 刘始兴《诗益》说："此美天子祀方社田祖之诗。"③ 从"我田既臧，农夫之庆"句来看，"我"与"农夫"相对，则"我"不是农夫。那么，"以我齐明，与我牺羊，以社以方"表明方社田祖不是农夫之祭。再据《礼记·月令》："命有司为民祈祀山川百源。大雩帝，用盛乐。乃命百县雩祀百辟卿士有益于民者，以祈谷实。"郑玄注："百辟卿士，古者上公，若句龙、后稷之类也。……天子雩上帝，诸侯以下雩上公，……。"可知，诸侯以下雩祭社神。又结合"曾孙""外事曰'曾孙某侯某'"（《礼记·曲礼下》）推测，此诗为诸侯公卿祭祀方社田祖的可能性比较大。

第四节　《小雅·大田》主旨辨正

　　　大田多稼，既种既戒，既备乃事。以我覃耜，俶载南亩。播厥百谷，既庭且硕，曾孙是若。

　　　既方既皂，既坚既好，不稂不莠。去其螟螣，及其蟊贼，无害我田稚。田祖有神，秉畀炎火。

　　　有渰萋萋，兴雨祈祈，雨我公田，遂及我私。彼有不获稚，此有不敛穧；彼有遗秉，此有滞穗，伊寡妇之利。

　　　曾孙来止，以其妇子，馌彼南亩，田畯至喜。来方禋祀，以其骍

---

① 陈祥道：《礼书》卷九十一，《文渊阁四库全书》本。
② 范处义：《诗补传》卷二十，清同治十二年粤东书局刊《通志堂经解》本。
③ 刘始兴：《诗益》卷五，《续修四库全书》本。

黑,与其黍稷。以享以祀,以介景福。

一 《大田》主旨众说种种

关于《大田》的主旨,主要有以下几种观点。

(一)"刺幽王"说。此说见于《毛诗序》:"《大田》,刺幽王也。言矜寡不能自存焉。"① 郑玄补充说:"幽王之时,政烦赋重,而不务农事,虫灾害谷,风雨不时,万民饥馑,矜寡无所取活,故时臣思古以刺之。"② 苏辙《诗集传》、郝敬《毛诗原解》等皆同意此说。

(二)"思古"说。见李樗、黄櫄《毛诗集解》:"《大田》……全篇尽是思古人之诗,全无一句及于刺幽王。"③

(三)"省敛"说。范处义持此观点,其《诗补传》云:"《大田》疑为省敛而作。"④ 姚际恒《诗经通论》等赞同此说。

(四)"农夫颂美其上"说。此说见于朱熹《诗集传》:"此诗为农夫之词,以颂美其上,若以答前篇(笔者按,指《甫田》)之意也。"⑤ 许谦《诗集传名物钞》、梁寅《诗演义》、万时华《诗经偶笺》等持此观点。

(五)"秋冬报赛"说。见顾梦麟《诗经说约》:"此诗本是报赛之乐,当作于秋祭之时。"⑥ 朱朝瑛《读诗略记》、方苞《朱子诗义补正》等赞同此说。

(六)"省敛祭方"说。根据"省敛"的等级不同,又有不同说法。何楷《诗经世本古义》以为此诗是"幽侯秋省敛因而报祭于方也"。⑦ 魏源《诗古微》观点与何楷相同。刘始兴《诗益》言:"此美天子秋省敛禋祭

---

① 毛亨撰,郑玄笺,陆德明音义,孔颖达疏,阮元校勘《附释音毛诗注疏》卷十四,清嘉庆南昌府学重刊宋《十三经注疏》本。
② 毛亨撰,郑玄笺,陆德明音义,孔颖达疏,阮元校勘《附释音毛诗注疏》卷十四,清嘉庆南昌府学重刊宋《十三经注疏》本。
③ 李樗、黄櫄:《毛诗集解》卷二十七,《文渊阁四库全书》本。
④ 范处义:《诗补传》卷二十,清同治十二年粤东书局刊《通志堂经解》本。
⑤ 朱熹:《诗集传》卷十三,民国二十四年至二十五年上海商务印书馆《四部丛刊三编》影宋本。
⑥ 顾梦麟:《诗经说约》卷十六,明崇祯十五年织帘居刊本。
⑦ 何楷:《诗经世本古义》卷一,《文渊阁四库全书》本。

四方之诗。"① 龚橙《诗本谊》又提出："《大田》，公卿省敛报方之诗。"②

（七）"刺税亩"说。此说出自牟庭《诗切》："《大田》，刺税亩也。"③

（八）"夏雩"说。见庄有可《毛诗说》："《大田》，盖夏雩也。"④

（九）"祈年"说。程俊英《诗经评注》说："这是周王祭祀田祖以祈年的诗。它和《楚茨》、《信南山》、《甫田》等诗，反映了西周时期的农业生产关系和生产力的情况，为我们提供了当时社会现实的可靠史料。"⑤

（十）"祷告词"说。此说出自祝敏彻《诗经译注》："这是一篇祷告词。祷告者是个小领主。他说庄稼长势很好，希望神灵保佑田里别长杂草，请神灵除掉害虫，请神灵降雨。他供献给神灵的，除了牛羊和谷物食品，还有一点善行，就是收获以后允许寡妇到地里去拾遗漏的谷穗。"⑥

以上这些观点，不能都符合诗歌的实际情况，有待于一一加以辨析。

二　《大田》主旨众说辨析

第一，看"刺幽王"说。

毛亨等学者认为《大田》是刺幽王之诗，主要是认为诗歌运用了反衬手法。孔颖达疏："四章皆陈古善，反以刺王之辞。经唯言寡妇，序并言矜者，以无妻为矜，无夫为寡，皆天民之穷，故连言之。由此而言孤独老疾，亦矜寡之类，其文可以兼之矣。"⑦ 关于此诗运用反衬手法的问题，我们在辨正《楚茨》《信南山》和《甫田》主旨时，已经进行了论述。认为"刺幽王"说并不可信。

第二，看"思古"说。

李樗持"思古"说的根据在于：他认为诗歌第三章描写的矜寡自存之事正是今世所没有的。李樗云："论人君之盛治，必以鳏寡孤独莫不得其

---

① 刘始兴：《诗益》卷五，《续修四库全书》本。

② 龚橙：《诗本谊》，清光绪年间仁和谭氏刊《半厂丛书初编》本。

③ 牟庭：《诗切》，清嘉庆二十一年《雪泥屋遗书》抄本。

④ 庄有可：《毛诗说》卷四，《续修四库全书》本。

⑤ 程俊英：《诗经评注》，上海古籍出版社，2004，第366页。

⑥ 祝敏彻：《诗经译注》，甘肃人民出版社，1984，第504页。

⑦ 毛亨撰，郑玄笺，陆德明音义，孔颖达疏，阮元校勘《附释音毛诗注疏》卷十四，清嘉庆南昌府学重刊宋《十三经注疏》本。

所为治。而有一夫不得其所，不足以为盛治也。孟子曰：'老而无妻曰鳏。老而无夫曰寡。老而无子曰独。幼而无父曰孤。此四者，天下之穷民而无告者也。文王发政施仁，必先斯四者。'则天下可使无穷民如尧舜之时矣。观文王之仁政，耕者九一，仕者世禄，关市讥而不征，泽梁无禁，罪人不孥，此周文王之仁政也。然必先以鳏寡孤独各得其所，然后可以见文王之世于斯为盛不可以有加矣。成王遵文王之法，故鳏寡能以自存。至幽王之时，则文王之道于是乎废。《大田》之诗所以作也。"① 然而，从诗歌内容来看，我们无法确定描写的是哪个王的盛世，也无法从诗中感受到"思古"的情怀。

第三，看"农夫颂美其上"说。

朱熹、万时华等学者根据此诗言"稼穑多""收成富"便以为此诗是农夫颂美其上并答《甫田》之诗。万时华说："《大田》，此为农夫之答甫田也，故多归美曾孙之词。田之大者稼必多，稼多故种不可不具，器不可不戒。'既备'二字足上种戒意；'乃事'二字，起下'覃耜'三句意。器戒故覃耜可耕。种具故百谷可播。由是庭硕之苗，可以顺曾孙之心矣。由是方而皂，坚而好，不稂不莠，庭硕之后，渐见昌隆，然虫之不去，雨之不降，何以至此，此非农人之力，非曾孙之贶，无以致之。曰：'田祖有神，秉畀炎火'，曰：'雨我公田，遂及我私'，徼福于曾孙也。由是收成之富，曾孙省敛于野，报赛之典修而景福介矣。"② 然而，祭祀田祖，求雨成功，不重在赞美曾孙能获福，而重在表明祭祀的重要性。《甫田》也有祭祀方社田祖之事，为何朱熹等学者没有说《甫田》是"农夫颂美其上"呢？所以，《甫田》的主旨并非"农夫颂美其上"。

第四，看"刺税亩"说。

牟庭所持"刺税亩"一说源于他对"曾孙是若"句的理解，他说："'若'字本训为择，其后用字通借，乃有顺、善、如、汝等义。学者习流而忘其朔，遂莫知'若'之训'择'者矣。如《烝民》曰：'天子是若，明命使赋'，言天子择而用之也。而毛《传》训'若'为顺矣。《晋语》

---

① 李樗、黄櫄：《毛诗集解》卷二十七，《文渊阁四库全书》本。
② 万时华：《诗经偶笺》卷八，明崇祯六年李泰刊本。

曰：'吾谁使先，若夫二公子而立之，言欲使人先往择二公子可立者立之也。'而韦注训'若'为'之'矣。此经'曾孙是若'言择取好苗税之，以为公田也。而郑《笺》亦训'若'为顺矣，皆非也。"① 牟庭将"若"释为"择"源于《说文》中的解释。《说文》云："若，择菜也。从艸从右。右，手也。"一曰："杜若，香草。"然而，容庚《金文编》："叒，《说文》籀文作叒，从口，隶变作若。与从艸右之若混而为一矣。"② 可见，"若"的字义有两个来源。所以不能见到"若"字就简单地解为"择"之义，要具体分析。

徐中舒《甲骨文字典》："卜辞用叒为若。"③ "叒，叶玉森谓叒象一人跽而理发使顺形，故有顺义。（《殷墟书契前编集释》）可从此为叒之本义。……金文叒或从口作叒（录伯簋）叒（昌鼎），为《说文》籀文叒所本，亦为经籍常用之若字所本。"④ 可知"顺"作为"若"的字义并非如牟庭所言是后起之义，而应是本义之一。容庚《金文编》："《尔雅·释诂》：'若，善也。'《释言》：'若，顺也。'申鼎'子孙是若'与《诗·烝民》'天子是若'同义。"⑤ "是若"二字连用除申鼎和《诗·烝民》外，还见于《诗经·鲁颂·閟宫》："莫敢不诺，鲁侯是若。""奚斯所作，孔曼且硕，万民是若。"这几处的"是若"都不能解为"择取"之义，而应为"顺"义。

　　　　淮夷蛮貊，及彼南夷，莫不率从，莫敢不诺，鲁侯是若。（唐莫尧译为：东南淮夷莫蛮貊，以及南方荆楚，莫不相率顺从，莫不唯命是诺，鲁侯真是顺心如意。⑥）
　　　　新庙奕奕，奚斯所作。孔曼且硕，万民是若。（唐莫尧译为：新

① 牟庭：《诗切》，清嘉庆二十一年《雪泥屋遗书》抄本。
② 容庚：《金文编》，中华书局，1985，第413页。
③ 徐中舒：《甲骨文字典》，四川辞书出版社，1989，第54页。
④ 徐中舒：《甲骨文字典》，四川辞书出版社，1989，第676页。
⑤ 容庚：《金文编》，中华书局，1985，第413页。
⑥ 唐莫尧：《诗经新注全译》，巴蜀书社，2004，第849页。

建的宗庙高高大大，是奚斯所建造。既长而又宏大，真是顺乎万民心愿！①）（《诗经·鲁颂·闷宫》）

天子是若，明命使赋。（唐莫尧译为：顺从天子周王，明令由他颁行。②）（《诗经·大雅·烝民》）

申鼎"子孙是若"应理解为子孙顺从。此诗中的"播厥百谷，既庭且硕，曾孙是若"则应是播种各种庄稼，长得挺拔又苗壮，顺乎曾孙的愿望，并无曾孙"择取好苗税之"的含义。因此，"刺税亩"说过于牵强，不能令人信服。

第五，看"夏雩"说。

诗中"兴雨祈祈"句表明此诗确实与祈雨有关。但是，正如本书"《小雅·甫田》主旨辨正"一节所讨论过的一样，因有祭祀田祖的存在，所以，"雩祭"二字不能概括《大田》诗歌的主旨。

第六，看"祷告词"说。

祝敏彻将此诗视为"一篇祷告词"。至于向哪个神灵祷告，却并未说明。据他所云："他说庄稼长势很好，希望神灵保佑田里别长杂草，请神灵除掉害虫，请神灵降雨。他供献给神灵的，除了牛羊和谷物食品，还有一点善行，就是收获以后允许寡妇到地里去拾遗漏的谷穗。"如若真是祷告词的话，应被编入《颂》中。因此，"祷告词"说并不合理。

比较而言，根据诗歌的内容，"省敛""秋冬报赛""省敛祭方"和"祈年"等几种观点都有一些道理，但哪一种更接近《大田》诗歌的主旨呢？

三 《大田》主旨辨正

本书认为《大田》描写的是为秋报而祭祀田祖和四方神之诗。

虽然，诗中也描写了"省敛"之事，但"省敛"二字并不能概括全诗内容。其一，正如我们在"《小雅·甫田》主旨辨正"一节所说，无论天

---

① 唐莫尧：《诗经新注全译》，巴蜀书社，2004，第 850 页。
② 唐莫尧：《诗经新注全译》，巴蜀书社，2004，第 732 页。

子、诸侯的"省耕""省敛"还是"司稼"巡视王国野地的庄稼都无祭祀之事。其二，范处义等学者以"稺""穉""秉"和"穗"为"补不足"来确定《大田》为"省敛"之作。但是，"稺""穉""秉"和"穗"只出现在第三章，无非是说田祖兴雨、庄稼丰收之义。因此，将"省敛"作为《大田》的主旨不够全面。

此诗的主旨应为祭祀田祖和四方神。因为，大部分诗句描写了祭祀田祖和方神之事，包括请求田祖灭虫、兴雨、田畯扮尸祭祀田祖；用骍黑的牺牲，以裡祀的方式祭祀方神，因获得福禄而报答神灵。在本章第一节，本书已经阐明祭祀方社田祖既可在春季祭祀用以祈年，也可在秋季祭祀用来报祭。从本诗的内容来看，祭祀方神和田祖可能是在秋季举行。

其一，从部分诗句描写"省敛"来看，此诗应为用于秋报之诗。《孟子·梁惠王下》云："春省耕而补不足，秋省敛而助不给。""秋省敛"说明"省敛"发生在秋季，则此诗中祭祀方神也应在秋季举行。既然在秋季祭祀方神，那么，祭祀的目的就是秋报。

其二，除"末章后半言餉神以外，曰：'既坚既好，不稂不莠。''彼有遗秉，此有滞穗'皆收成之事"[1]，所以祭祀四方神当为秋报而祭。正如牟应震《诗问》所云："《大田》述报赛之礼也。前篇（按，指《甫田》）先言祀，后言稼事，故知为祈。此篇先言稼事，后言祀，故知为报也。前'曾孙来止'下云'禾易长亩，终善且有'，此'曾孙来止'下云'与其黍稷，以享以祀'，义尤显然。"[2] 另据陈祥道《礼书》卷九十一云："《周礼·大司马》：'春祭社，秋祀祊。'《舞师》：'教帔舞，帅而舞社稷之祭祀。教羽舞，帅而舞四方之祭祀。'《诗》曰：'以我牺羊，以社以方'，又曰：'方社不莫'。古者言社必及方，则社为民祈，方为民报。祈在春，报在秋。《诗》言'来方裡祀'，《明堂位》言'春社，秋省'则秋省敛而因祀焉，此所谓'来方裡祀'也。"[3] 可知此诗为秋报的可能性比较大。

综上所述，《大田》是为秋报而祭祀田祖和四方神之诗。

① 尹继美：《诗管见》卷四，《续修四库全书》本。
② 牟应震：《诗问》卷四，清嘉庆间牟氏刻道咸间朱氏补修《毛诗质疑》本。
③ 陈祥道：《礼书》卷九十一，《文渊阁四库全书》本。

第五章　周代礼制与《豳风·七月》

《豳风·七月》是《诗经》中较长的一首诗。因诗歌文本的难以解释而产生很多焦点和分歧，如诗歌的主旨、作者、作年和历法等问题。考虑到本书的系统性，这里只研究与本书题目相关的周代礼制与《七月》相关的问题。

第一节　《周礼·籥章》与《豳风·七月》

一　《周礼·籥章》"豳诗""豳雅""豳颂"众说种种

《周礼·籥章》载：

> 籥章掌土鼓豳籥。中春昼击土鼓，吹《豳诗》以逆暑。中秋夜迎寒，亦如之。凡国祈年于田祖，吹《豳雅》，击土鼓，以乐田畯。国祭蜡，则吹《豳颂》，击土鼓，以息老物。

因其中的《豳诗》《豳雅》和《豳颂》未明确指出包括哪些诗篇，故引起了后世学者的研究兴趣，各种说法层出不穷，迄今无定论。概括起来，主要有五大类观点。

第一类观点认为"豳诗""豳雅""豳颂"仅与《豳风·七月》有关。

最早将"豳诗""豳雅""豳颂"与《七月》联系起来的学者是郑玄。他在为《周礼》作注和为《毛诗》作笺时曾两次提到了"豳诗""豳雅"

"豳颂"与《七月》的关系问题,其《周礼注》云:

> 《豳诗》,《豳风·七月》也。吹之者,以籥为之声。《七月》言寒暑之事,迎气歌其类也。此《风》也,而言《诗》,《诗》总名也。迎暑以昼,求诸阳。……《豳雅》,亦《七月》也。《七月》又有于耜举趾,馌彼南亩之事,是亦歌其类。谓之雅者,以其言男女之正。……《豳颂》,亦《七月》也。《七月》又有"获稻作酒,跻彼公堂,称彼兕觥,万寿无疆"之事,是亦歌其类也。谓之颂者,以其言岁终人功之成。①

郑玄在笺《毛诗》时又有三分《七月》之说:

> 春女感阳气而思男,秋士感阴气而思女,是其物化,所以悲也。悲则始有与公子同归之志,欲嫁焉。女感事苦而生此志,是谓《豳风》。……既以郁下及枣助男功,又获稻而酿酒以助其养老之具,是谓豳雅。……于飨而正齿位,故因时而誓焉。饮酒既乐,欲大寿无竟,是谓豳颂。②

郑玄的上述两段话都是从诗歌所反映的内容的角度来解释"豳诗""豳雅""豳颂"的,两次说法稍有差异,因而更引起了后世学者的争论。既有反对者,如欧阳修、范处义,又有支持者,如胡承珙。胡承珙《毛诗后笺》补充云:"所谓三分《七月》者,皆疏家之误,而郑氏实未尝有是也。"③ 他认为:"《七月》全篇备《风》、《雅》、《颂》之义,《籥章》龡之以一时而共三用。"④

王质从不同乐器与不同和声的角度来解释"豳诗""豳雅""豳颂"与《七月》的关系,认为《七月》一篇随事变其音节,其《诗总闻》云:

---

① 郑玄注,陆德明音义,贾公彦疏《周礼注疏》卷二十四,《文渊阁四库全书》本。
② 毛亨撰,郑玄笺,陆德明音义,孔颖达疏,阮元校勘《附释音毛诗注疏》卷十五,清嘉庆南昌府学重刊宋《十三经注疏》本。
③ 胡承珙《毛诗后笺》卷十五,清光绪十四年南菁书院刊《皇清经解续编》本。
④ 胡承珙《毛诗后笺》卷十五,清光绪十四年南菁书院刊《皇清经解续编》本。

《籥章》所谓"豳诗"，以鼓中琴瑟之声合籥也。……《籥章》所谓"豳雅"以雅器之声合籥也。……《籥章》所谓"豳颂"以颂器之声合籥也。……故逆暑、迎寒、祈年、祭蜡皆全用《七月》，特以器和声有不同耳。……豳诗，豳歌曲也。豳雅、豳颂皆豳乐器也，合籥而吹之不同，击鼓而节之则同也。①

　　梁益《诗传旁通》、范家相《诗瀋》与王质《诗总闻》观点相同。

　　郝敬从使用场合的角度来说明"豳诗""豳雅""豳颂"与《七月》的关系，其《毛诗原解》云："此诗（笔者按，指《七月》）歌于朝廷可为雅；歌于祭祀可为颂。"② 此观点与郑玄观点相近。

　　方玉润则以为《七月》是"一诗而兼三体"，其《诗经原始》云："夫《诗》之分风、雅、颂，三体本不相混，而《七月》一诗，实兼风、雅、颂三体而无或遗，但非截然判而为三之谓，乃浑然合而成一之谓也。……此一诗而兼三体之说，在《风》诗中实为变体，故又曰变风。"③

　　第二类观点认为"豳诗"指《七月》，"豳雅"和"豳颂"另有篇章。

　　朱熹认为"《雅》《颂》之中凡为农事而作者，皆可冠以豳号"④，因此，他以《豳诗》为《七月》；以"《楚茨》《信南山》《甫田》《大田》四篇即为《豳雅》"⑤；以"《思文》《臣工》《噫嘻》《丰年》《载芟》《良耜》等篇即所谓《豳颂》"。⑥ 后又云："亦未知其是否也"⑦，可见他也不能确定。李光地《诗所》同意此观点。

---

① 王质：《诗总闻》卷八，清道光二十六年钱氏刊本。
② 郝敬：《毛诗原解》卷十六，《续修四库全书》本。
③ 方玉润：《诗经原始》卷八，民国十三年泰东图书局影印《云南丛书》本。
④ 朱熹：《诗集传》卷八，民国二十四年至二十五年上海商务印书馆《四部丛刊三编》影宋本。
⑤ 朱熹：《诗集传》卷十三，民国二十四年至二十五年上海商务印书馆《四部丛刊三编》影宋本。
⑥ 朱熹：《诗集传》卷十九，民国二十四年至二十五年上海商务印书馆《四部丛刊三编》影宋本。
⑦ 朱熹：《诗集传》卷十九，民国二十四年至二十五年上海商务印书馆《四部丛刊三编》影宋本。

何楷《诗经世本古义》以《甫田》《大田》为"豳雅"，以《丰年》《良耜》《载芟》为"豳颂"。① 王志长《周礼注疏删翼》以《生民》诸篇为豳雅，《思文》《噫嘻》《丰年》《载芟》为"豳颂"。②

第三类观点认为"豳诗""豳雅""豳颂"亡佚了。

王安石认为除《七月》外，"豳雅"和"豳颂"皆已亡佚。其《周官新义》云："《豳雅》《豳颂》谓之雅、颂，则非《七月》之诗。盖若九夏亡之矣。"③ 而欧阳修则以为"豳诗""豳雅"和"豳颂""皆已亡佚"。其《诗本义》言："《周礼》所谓'豳雅''豳颂'者，岂不为《七月》，而自有'豳诗'，而今亡者乎！至于《七月》亦尝亡矣，故齐鲁韩三家之诗皆无之。"④

第四类观点认为"豳诗"不仅《七月》一篇。

季本《诗说解颐》云："但特以豳名，则必举一国所存之风而录之，当不止《七月》一篇而已。窃意《笃公刘》《丰年》《载芟》诸篇皆为'豳诗'。……但其中有为祭祀而作者，则豳之颂也。有为劝戒而作者，则豳之雅也。本有'雅''颂'而并目为'风'，则所重在备一国之风矣。"⑤

第五类观点以为《周礼》"豳诗""豳雅""豳颂"之说不可信，"豳雅""豳颂"根本就不存在。

牟应震《诗问》云："《豳》之为诗亦犹《邶》、《鄘》耳。所云'吹豳'亦犹歌邶、歌鄘耳。如有'豳雅''豳颂'，则亦当有'卫雅''卫颂'，'齐雅''齐颂'矣。曰：'豳雅''豳颂'之名，见于《周礼》，曰：推其见于《周礼》乃愈不足信矣。"⑥

以上几类观点，说者各有自己的道理，到底哪种观点更具有合理性呢？

---

① 何楷：《诗经世本古义》卷一，《文渊阁四库全书》本。
② 王志长：《周礼注疏删翼》卷十五，《文渊阁四库全书》本。
③ 王安石：《周官新义》卷十，《文渊阁四库全书》本。
④ 欧阳修《诗本义》卷十四，民国二十四年至二十五年上海商务印书馆《四部丛刊三编》影宋本。
⑤ 季本：《诗说解颐》正释卷十四，《文渊阁四库全书》本。
⑥ 牟应震：《诗问》卷三，清嘉庆间牟氏刻道咸间朱氏补修《毛诗质疑》本。

二 《周礼·籥章》"豳诗"、"豳雅"、"豳颂" 众说辨析

首先来看第五类观点。

牟应震认为"豳雅""豳颂"根本就不存在,这一观点值得商榷。牟应震不相信"豳雅""豳颂"的存在,是由于其怀疑《周礼·籥章》一篇的真实性。《周礼·籥章》一篇是否可信关系到它的产生年代问题。虽然由于缺乏直接证据,我们无法直接确定《周礼·籥章》的产生年代,但我们可以试着进行比较合理的推测。

以《诗经》作为参照的话,《周礼·籥章》的大致产生年代有三种可能:产生在《诗经》以前、产生于《诗经》同时和产生于《诗经》之后。如果产生在《诗经》同时或之后,《诗经》中并无"豳雅"和"豳颂"[①],《周礼·籥章》中的"豳雅""豳颂"从何而来?如果是虚构的话,为何不虚构"卫雅""卫颂""齐雅""齐颂",而偏偏是"豳雅""豳颂"呢?可见,《周礼·籥章》产生在《诗经》同时和《诗经》之后的可能性不大。既然《周礼·籥章》不大可能产生在《诗经》同时和《诗经》之后,那么其就有可能是产生在《诗经》之前。然而,如果"豳雅"和"豳颂"在《诗经》产生之前就已经存在,为何《诗经》中没有记录?若如王安石等人所说"豳雅"和"豳颂"皆已亡佚,那么为何《左传·襄公二十九年》记载了吴公子札观乐时只提到《豳》(风)、《小雅》和《大雅》,而无"豳雅"和"豳颂"呢?且豳是侯国,怎会有《雅》《颂》呢?诚如陈启源所说:"夫豳,侯国耳。方自奋戎狄间安得有《雅》《颂》?假令有之,则诗有三雅、四颂矣。"[②] 可见,"豳雅"和"豳颂"亡佚的可能性很小。既没有亡佚,《诗经》中又没有记录,这说明"豳雅""豳颂"没有单独的文字记载,且和"豳风"关系密切。

由此可知,牟应震的"豳雅""豳颂"不存在之说缺乏合理性。此外,上述论述和推理也说明王安石等人的"豳诗""豳雅""豳颂"亡佚说也

---

① 王安石等学者以为"豳雅"和"豳颂"亡佚了,亡佚的可能性存在与否,将会在下面谈到。

② 陈启源:《毛诗稽古编》卷八,清道光九年广东学海堂刊《皇清经解》本。

不具备合理性。

其次看第四类观点。

季本将《公刘》《丰年》《载芟》等诗归入"豳诗"，并认为其中有些为劝戒而作的是"豳雅"，为祭祀而作的是"豳颂"，其说不可信。其一，《公刘》《丰年》《载芟》等诗各自属于《雅》和《颂》，不应人为地将其归入"豳诗"一类。其二，"雅"和"颂"与"风"在诗歌分类方面具有并列的关系，不应人为地将它们"并目为'风'"。因此，季本之说过于牵强。

再次看第二类观点。

朱熹首先将《雅》和《颂》中与农事有关的几首诗称为"豳雅"和"豳颂"，这源于他将为农事而作的诗都称为"豳"。其做法和说法有欠稳妥。其一，朱熹强加"豳"号给农事诗，并给部分农事诗强加以"豳雅"和"豳颂"之名，缺乏根据，如陈启源所云："实遂取《雅》《颂》诸篇强别之以豳也。"① 并且连他自己也不能确定，他说："亦未知其是否也。"② 其二，从诗歌所反映的内容来看，《楚茨》描写的是天子祭祀祖先的仪式和过程，与祭祀田祖毫不相关。《思文》所写为后稷配天也与"息老物"毫不相关。所以，《楚茨》等四篇并非"豳雅"，《思文》等六篇也不应是"豳颂"。可见，朱熹的观点不能令人信服。至于何楷和王志长的观点，因其受朱熹影响较大，且缺乏有力的证据，故也同样不能令人信服。

最后看第一类观点。

以郑玄为代表的学者认为"豳诗""豳雅""豳颂"仅与《豳风·七月》有关。

郑玄将《七月》按照内容分为"豳风""豳雅"和"豳颂"三个部分，这种做法招致了后代学者的批评。范处义《诗补传》驳斥曰："郑氏分风、雅、颂于一篇，穿凿之甚，就如其说，不知乐工如何分歔邪？今不取。"③ 王

---

① 陈启源：《毛诗稽古编》卷八，清道光九年广东学海堂刊《皇清经解》本。
② 朱熹：《诗集传》卷十九，民国二十四年至二十五年上海商务印书馆《四部丛刊三编》影宋本。
③ 范处义：《诗补传》卷十五，清同治十二年粤东书局刊《通志堂经解》本。

质《诗总闻》则云："不知如何分一诗作三种。"① 二者所说有一定道理。

王质的不同乐器与不同和声的观点，虽看似合理，但也存在一定问题。诚如陈启源所言："考之《周礼》全不相合，'豳风''豳雅''豳颂'皆《籥章》所掌，不应与《笙师》《眂瞭》分吹之也。《籥章》之文止云：'击土鼓''吹豳籥耳'，并无'鼓钟''琴瑟'四器，王岂因《甫田》诗'琴瑟击鼓'而附会之邪？《甫田》'以御田祖'乃始耕之祭，'吹豳诗''以迎寒暑'，非始耕也。且《甫田》亦不言钟也。又此四器何以但可歌'风'，不可歌'雅''颂'也？况乐器安得有风、雅、颂之别哉？彼徒见《笙师》有雅，《眂瞭》有颂磬，故妄生此说耳。殊不知《笙师》之雅，即《乐记》所谓'迅疾以雅'，而注中状如漆筩中有椎者也，与风雅之雅，名偶相同，义不相涉。又《笙师》所掌十一器，非十二器也。笙竽等八者，则吹之牍应雅三者，则舂之舂者，筑之于地，以为声，乃奏乐之名，岂乐器之名乎？又此三者以'奏祴夏'经有明文，与'豳雅'无预也。至颂乃磬，名音容字，亦作镛，非三颂之颂。又鞉及颂笙、两磬止三器，非四器也。《眂瞭》之职亦不云奏'豳颂'也，且《笙师》十一器，《眂瞭》三器各止一器，蒙雅颂之名，安得既彼诸器悉为雅颂哉？"② 陈启源所言极是，在此不再赘述。

郝敬与方玉润所持"歌于朝廷可为雅；歌于祭祀可为颂"和"一诗而兼三体"说相对比较合理，本书同意其观点，见下文论述。

三　《周礼·籥章》"豳诗""豳雅""豳颂"与《豳风·七月》的关系

《周礼·籥章》"豳诗""豳雅""豳颂"皆指《豳风·七月》，且根据其使用场合的不同而称谓不同。

第一，从《周礼·籥章》"豳诗""豳雅""豳颂"所用的"豳"字来看，应当只与《豳风》中的诗有关，而与《豳风》之外的诗歌无关。那么，在《豳风》中，能同时被称为"豳诗""豳雅""豳颂"，且具备《籥

---

① 王质：《诗总闻》卷八，清道光二十六年钱氏刊本。

② 陈启源：《毛诗稽古编》卷八，清道光九年广东学海堂刊《皇清经解》本。

章》所言的功能的诗歌，除《七月》之外，其他诗歌皆不能担此重任。如姜炳璋《诗序补义》所言："《周礼》言《豳诗》《豳雅》《豳颂》，自当于豳求之。逆暑、迎寒、祈年、祭蜡，皆民间之事，自当于民间风俗求之，则舍《七月》一篇其又谁属也。"①

第二，从《周礼·籥章》和《豳风·七月》内容的对应程度看，"豳诗""豳雅""豳颂"皆指《七月》。

《周礼·籥章》载：

> 籥章掌土鼓豳籥。中春昼击土鼓，吹《豳诗》以逆暑。中秋夜迎寒，亦如之。凡国祈年于田祖，吹《豳雅》，击土鼓，以乐田畯。国祭蜡，则吹《豳颂》，击土鼓，以息老物。

《籥章》云："中春昼击土鼓，吹《豳诗》以逆暑。中秋夜迎寒，亦如之。"《豳诗》也即《豳风》，当指《七月》。因《七月》如同月令一样记载了一年的农事劳动和生活情况，逆暑迎寒时吹之，能够符合实际情况。《籥章》云："凡国祈年于田祖，吹《豳雅》，击土鼓，以乐田畯。"《七月》也云："同我妇子，馌彼南亩，田畯至喜"在本书的第四章第二节，笔者已经阐述了"同我妇子，馌彼南亩，田畯至喜"句描写的实为祭祀田祖之事，在祭祀田祖时，作为田官的田畯，临时充当了田祖的尸，这就是"以乐田畯"和"田畯至喜"的原因。由此看来，《七月》也可称为《豳雅》。《籥章》又云："国祭蜡，则吹《豳颂》，击土鼓，以息老物。"《七月》也有祭祀的内容"朋酒斯飨，曰杀羔羊。跻彼公堂，称彼兕觥，万寿无疆！"可见，称《七月》为《豳颂》也是可以的。诚如胡承珙《毛诗后笺》所说："细绎注意，盖《籥章》于每祭皆吹《七月》全诗，而其取义名异。取迎寒暑，则曰《豳诗》；取言耕作，则曰《豳雅》。故注云'谓之'者，言因此义而谓之雅，因彼义而谓之颂耳。……《籥章》言《豳诗》者，正谓《豳风》，以其诗固《风》体也。其曰《豳雅》《豳颂》

---

① 姜炳璋：《诗序补义》卷十三，《文渊阁四库全书》本。

者，则又以诗入乐，各歌其类，合乎《雅》《颂》故也。"①

第三，从《七月》可能产生的年代来看，应当比较久远，当时应没有明确的风、雅、颂之分。关于《七月》的产生年代，主要有作于西周之前、西周初期、西周中期和春秋时代几种说法。传统的观点认为此诗作于周成王之时，其来源于《豳谱》和《毛诗序》的记载。《豳谱》载："成王之时，周公避流言之难，出居东都二年。"《毛诗序》说："周公遭变故，陈后稷先公风化之所由，致王业之艰难也。"②后世大多数学者都遵从此说，如鲁洪生从史实的角度来证明，其《诗经学概论》："由于豳地在西周末已被猃狁侵占，春秋时归属秦国，故《七月》以及《豳风》中其他诗篇都是西周初期豳地未沦陷时的作品。"③按照《毛诗序》所说，此诗是周公所作，目的是用周族的创业历史来教育成王。虽然很可能作于西周初期，但也不能排除周公用"豳之旧诗也"④或将旧诗加以改造来"陈王业"。因为从《七月》所使用两种历法和反应民风淳朴来看，此诗产生年代应当比较久远。若是这样的话，很可能在当时还没有明确的风、雅、颂之分，在一首诗中也存在同时具备风、雅、颂功能的情况，所以《七月》一诗就可以用于不同的场合而被称为"豳诗""豳雅""豳颂"了。如胡承珙所言："且风诗义兼《雅》《颂》，犹《雅》诗亦兼《风》与《颂》，《大雅·崧高》云'其风肆好'，又云'吉甫作颂'。"⑤

第四，从《周礼·籥章》中"吹《豳诗》""吹《豳雅》"和"吹《豳颂》"来看，《豳诗》《豳雅》和《豳颂》都是"吹"的对象，很可能是因使用不同的乐器而形成的不同曲调。《诗经》中的风、雅、颂本就有不同曲调之义。王国维认为："风、雅、颂之别，当于声求之。"⑥诚如陈子展先生《诗经直解》所言："他若《周礼·春官·籥章》，说及名

① 胡承珙：《毛诗后笺》卷十五，清光绪十四年南菁书院刊《皇清经解续编》本。
② 毛亨撰，郑玄笺，陆德明音义，孔颖达疏，阮元校勘《附释音毛诗注疏》卷八，清嘉庆南昌府学重刊宋《十三经注疏》本。
③ 鲁洪生：《诗经学概论》，辽海出版社，1998，第233页。
④ 金履祥：《资治通鉴前编》卷三，《文渊阁四库全书》本。
⑤ 胡承珙：《毛诗后笺》卷十五，清光绪十四年南菁书院刊《皇清经解续编》本。
⑥ 王国维：《说周颂》，《观堂集林》第一册，中华书局，1999，第111页。

《豳诗》、《豳雅》、《豳颂》，实同指《豳风》。盖因其为礼之不同，歌《豳》而或异其乐器与曲调，姑异其名目。"①

综上所述，《周礼·籥章》中的"豳诗""豳雅""豳颂"皆指《豳风·七月》，且以不同演奏方式应用于不同的场合。

第二节　祭司寒礼与《豳风·七月》

《豳风·七月》是一篇著名的农事诗，它描写了当时农夫们一年四季的劳动生活，也记录了当时的一些生活习俗和礼仪，如祭司寒礼和乡饮酒礼。因前人对乡饮酒礼研究较多，而对祭司寒礼相对关注较少，所以，本节重点讨论祭司寒礼的相关问题。

一　"四之日其蚤，献羔祭韭"所祭为司寒神

《七月》末章"四之日其蚤，献羔祭韭"句描写的是祭祀之事，对此大部分学者都无异议。但是，所祭对象为谁，各家说法不一。

郑玄认为是祭祀司寒神，他根据《左传·昭公四年》载"古者，日在北陆而藏冰，西陆朝觌而出之。其藏冰也，深山穷谷，固阴冱寒，于是乎取之。其出之也，朝之禄位，宾食丧祭，于是乎用之。其藏之也，黑牡秬黍，以享司寒"一段文字，指出"四之日其蚤，献羔祭韭"描写的是"祭司寒而藏之，献羔而启之"②之事。

曹粹中《放斋诗说》则说："献羔，祭司寒也。祭韭，荐寝庙也。"③认为"献羔祭韭"既祭司寒神又祭祀祖先。

朱谋㙔认为"献羔祭韭"的祭祀对象是祖先，其《诗故》言："献羔祭韭，是仲春之禴祭，非为开冰也。冰以去暑，仲春犹寒，何得便用

---

① 陈子展：《诗经直解》，复旦大学出版社，1997，第487页。
② 毛亨撰，郑玄笺，陆德明音义，孔颖达疏，阮元校勘《附释音毛诗注疏》卷八，清嘉庆南昌府学重刊宋《十三经注疏》本。
③ 曹粹中：《放斋诗说》卷一，《续修四库全书》本。

冰乎？"①

曹粹中和朱谋㙔的观点很可能来源于他们对《礼记·月令》"仲春之月……天子乃鲜羔开冰，先荐寝庙"句的理解，以为献羔的对象是祖先。其实并非如此。"天子乃鲜羔开冰，先荐寝庙。""鲜当为献，声之误也。"②"鲜羔开冰"表明为开冰、祭司寒神而献羔。"先荐寝庙"是指用所取的冰荐新寝庙。诚如郑玄所说："献羔，谓祭司寒也。祭司寒而出冰，荐于宗庙，乃后赋之。"③ 由此可知，"献羔祭韭"是为了祭祀司寒神。

二　司寒神身份略论

所谓"司寒"，服虔云："司阴之神玄冥也。将藏冰，致寒气，故祀其神。"④ 据此可知，"司寒"为"玄冥"。那么"玄冥"又是谁呢？历来主要有以下三种说法。

1. 玄冥是昧。此说出于《左传·昭公元年》："昔金天氏有裔子曰昧，为玄冥师，生允格、台骀。"杜预注："金天氏，帝少皞。裔，远也。玄冥，水官。昧为水官之长。"⑤ 按照杜预之说，玄冥是水官，是帝少皞的子孙昧。

2. 玄冥是脩和熙。此说出于《左传·昭公二十九年》，"少皞氏有四叔，曰重、曰该、曰脩、曰熙，实能金、木及水。……脩及熙为玄冥"。孔颖达疏："少皞氏有四叔，四叔是少皞之子孙，非一时也，未知于少皞远近也。"⑥ 据此可知，玄冥为帝少皞之子脩和熙。

3. 玄冥是商契的六代孙冥。《礼记·祭法》云："冥勤其官而水死"，孔颖达疏："冥，契六世之孙也，其官玄冥，水官也。"⑦

从上述三种说法可以看出：第一，"玄冥"是水官，主管与水有关之

① 朱谋㙔：《诗故》卷五，民国四年南昌豫章丛书编刻局刊《豫章丛书》本。

② 郑玄注，陆德明音义，孔颖达疏《礼记注疏》卷十五，《文渊阁四库全书》本。

③ 郑玄注，陆德明音义，孔颖达疏《礼记注疏》卷十五，《文渊阁四库全书》本。

④ 引自毛亨撰，郑玄笺，陆德明音义，孔颖达疏，阮元校勘《附释音毛诗注疏》卷八，清嘉庆南昌府学重刊宋《十三经注疏》本。

⑤ 杜预注，陆德明音义，孔颖达疏《春秋左传注疏》卷四十一，《文渊阁四库全书》本。

⑥ 杜预注，陆德明音义，孔颖达疏《春秋左传注疏》卷四十一，《文渊阁四库全书》本。

⑦ 郑玄注，陆德明音义，孔颖达疏《礼记注疏》卷二十三，《文渊阁四库全书》本。

事。第二，作为水官，"玄冥"的身份并不固定。因为，不仅《礼记》与《左传》对"玄冥"的身份记载不同，即使是同一部《左传》，书中对"玄冥"身份的解释也不相同，或以为是"昧"，或以为是"脩和熙"。这说明"玄冥"只是水官之名，其身份并不固定。或者说，在《左传》成书之时，"玄冥"的身份还不能确定。第三，"玄冥"是阴阳五行出现后的产物。《左传·昭公二十九年》载："少皞氏有四叔，曰重、曰该、曰脩、曰熙，实能金、木及水。"即可证明这一点。

既然，"玄冥"的身份无法确定，且又是阴阳五行出现后的产物，那么，《七月》中所祭"司寒神"的身份也不能确定。

三　祭祀司寒神的时间与祭品

在周人看来，司寒神主管冰事，所以，周代祭祀司寒神的时间多在藏冰和取冰之时，即每年的夏历十二月和二月。

《左传·昭公四年》载："古者，日在北陆而藏冰，西陆朝觌而出之。……其藏之也，黑牡秬黍，以享司寒。其出之也，桃弧棘矢，以除其灾。……祭寒而藏之，献羔而启之。"表明在藏冰和取冰之时皆祭司寒神。关于藏冰的时间，《左传》云："日在北陆而藏冰"，杜预注："谓夏十二月，日在虚危，冰坚而藏之。"① 可知是在夏历十二月。又《七月》载"二之日凿冰冲冲"（笔者按，"二之日"为夏历十二月）。《周官·天官·凌人》云："岁十有二月，令斩冰，三其凌。"《礼记·月令》："季冬之月……冰方盛，水泽腹坚，命取冰。"都说明在每年夏历十二月要藏冰。藏冰时，要举行祭祀司寒的仪式。据《左传》"其藏之也，黑牡秬黍，以享司寒"可知，藏冰时，祭祀司寒的祭品是黑色的羊和黑色的黍。②

取冰的时间，《七月》云："四之日其蚤，献羔祭韭。""四之日"为夏历的二月。《礼记·月令》言："仲春之月，……天子乃鲜羔开冰，先荐寝庙。"仲春，即夏历二月。《左传·昭公四年》载："西陆朝觌而出之"

---

① 杜预注，陆德明音义，孔颖达疏《春秋左传注疏》卷四十二，《文渊阁四库全书》本。

② 据孔颖达《春秋左传疏》："杜言'黑牡、黑牲'，当是'黑牡'，羊也。'秬，黑黍'，《释草》文也。"

杜预注："谓夏三月，日在昴毕，蛰虫出而用冰。春分之中，奎星朝见东方。"① 因三月要用冰，故在二月就需要将冰取出来。可知，取冰的时间在夏历二月。取冰时，要用黑羊和韭菜祭祀司寒神。如"四之日其蚤，献羔祭韭"（《七月》）、"鲜羔开冰"（《礼记·月令》）、"献羔而启之"（《左传》）。虽然《七月》和《礼记》并没有记载取冰时祭祀司寒神是否用黑色的羊，但根据《左传》"其藏之也，黑牡秬黍，以享司寒"句可推测，取冰时仍用黑羊祭祀司寒神。

从上述分析可以看出，《七月》末章"二之日凿冰冲冲，三之日纳于凌阴。四之日其蚤，献羔祭韭"描写的是祭祀司寒神的礼仪。与藏冰和取冰的时间相同，祭祀司寒神的时间也为夏历每年的十二月和二月。祭品以黑羊和黑黍为主。

---

① 杜预注，陆德明音义，孔颖达疏《春秋左传注疏》卷四十二，《文渊阁四库全书》本。

结　语

　　《诗经》是我国第一部充分体现了中国农业文化精神的诗集。《诗经》中的农事诗更是这种精神的集中体现。然而，由于年代久远，缺乏第一手资料，对农事诗的本义和所反映的文化精神的解读就变得比较困难。历代的注家和研究者多以历代接受为主，将关注点大多放在诗的文本上，对诗文本进行了大量的脱离其时代背景的注释和阐释，这就使得认识诗歌的本义变得更加困难。而要想真正探寻诗歌的本义，就必须将诗的研究与周代礼乐制度的背景结合起来，通过考辨与农事相关的周代礼乐制度，然后再根据周代礼乐制度来考证《诗经》农事诗的主旨。

　　首先，本书借助甲骨文、金文等出土文献，在钩稽、分析资料的基础上考察了周代郊祀配天礼、籍田礼、祭祖礼和祭方社田祖礼的基本情况，这是《诗经》农事诗产生和存在的礼乐制度背景。

　　关于郊祀配天礼，本书认为郊与丘相同。周有冬至郊和孟春郊。郊祀的时间在启蛰前后和冬至郊天两个时段。祈谷也名郊。郊祀配天之礼来源于殷人的"宾帝"。郊祀配天的目的和意义在于"报本反始""严父配天"以及具有保护周人的实际作用。

　　关于籍田礼，本书认为天子"籍田"的方位在南郊。早春始耕典籍的时间是在立春至二月初吉这段时间的元辰之日。籍田礼所祭为社稷。

　　关于祭祖礼，本书以为西周时，祠、礿并不具有时祭之义。烝祭和尝祭经常出现在西周至战国时期的文献中，尝祭在春秋时已具有秋祭之义，至战国时期，尝为秋祭、烝为冬祭的含义就已经比较固定了。"祠"训为"食"，"礿"义不明，"尝"为品味和"烝"训"进品物"皆与四个季节无必然的联系。

关于祭方社田祖礼，本书认为社祀、方祀和祭田祖礼与农事关系非常密切。与农事相关的社祀有春季、秋季和冬季社祀。方祀有春季、秋季方祀。祭祀田祖的目的是祈求五谷丰登。地点是在"南亩"。祭祀田祖同时也有祈雨的功能。祭祀田祖的过程中，有琴瑟和鼓的音乐伴奏。《诗经》和《周礼》中的"田祖"是叔均，"田畯"是田官，在祭祀田祖时，田畯临时充当为田祖的尸。

其次，结合周代礼乐制度考证了重要的几首《诗经》农事诗的主旨。《思文》的主旨是春季祈谷郊天祀后稷、颂其功德并祈求农业丰收的诗。《载芟》描写的是天子孟春时节带领百官亲耕籍田之事。《噫嘻》是籍田礼时，主管农事的农官稷发布的训词。《臣工》是天子祈麦实时戒农官之诗。《丰年》是籍田收获后告祭先祖的诗。《良耜》是秋报社稷之诗。《楚茨》是描写天子祭祖仪式和过程的诗。《信南山》描写的是天子宗庙祭祀之事。从二诗所描写的内容来看，均无法确定其祭祖的时间。《甫田》是诸侯公卿为祈年而祭祀方社田祖之诗。《大田》是为秋报而祭祀田祖和四方神之诗。

最后，考察了《周礼·籥章》中的"豳诗""豳雅""豳颂"与《豳风·七月》的关系，指出"豳诗""豳雅""豳颂"皆与《豳风·七月》有关，且以不同演奏方式应用于不同的场合。

本书的研究虽然希望结合周代礼乐制度来考证《诗经》农事诗的主旨和功用，但由于时间、精力和学力有限，研究中尚有不少问题有待解决。如《豳风·七月》的主旨与历法问题，周代礼乐制度与《诗经》农事诗的渊源问题等。这些问题虽然只能留待将来，但却成为笔者将来学术研究努力的目标。

参考文献

（一）古代文献

经

申培：《鲁诗故》三卷，清马国翰《玉函山房辑佚书》本。

韩婴撰，薛汉章句《韩婴诗内传》，民国二十三年江都朱长圻据甘泉黄氏原版补刊《黄氏遗书考·汉学堂经解》本。

韩婴撰，程荣校《韩诗外传》十卷，明万历年间新安程氏刊《汉魏丛书》本。

毛亨撰，郑玄笺，陆德明音义，孔颖达疏，阮元校勘《附释音毛诗注疏》二十卷，附校勘二十卷，清嘉庆南昌府学重刊宋《十三经注疏》本。

欧阳修：《诗本义》十五卷，民国二十四年至二十五年上海商务印书馆《四部丛刊三编》影宋本。

苏辙：《诗集传》十九卷，《文渊阁四库全书》本。

曹粹中：《放斋诗说》四卷，《续修四库全书》本。

范处义：《诗补传》三十卷，清同治十二年粤东书局刊《通志堂经解》本。

王质：《诗总闻》二十卷，清道光二十六年钱氏刊本。

朱熹：《诗集传》二十卷，民国二十四年至二十五年上海商务印书馆《四部丛刊三编》影宋本。

杨简：《慈湖诗传》二十卷，民国二十四年四明张氏约园刊《四明丛书》本。

辅广：《诗童子问》八卷，《文渊阁四库全书》本。

严粲：《诗缉》三十六卷，明味经堂刊本。

刘克：《诗说》十二卷，总说一卷，《续修四库全书》本。

朱鉴：《诗传遗说》六卷，清同治十二年粤东书局刊《通志堂经解》本。

李樗、黄櫄：《毛诗集解》四十二卷，《文渊阁四库全书》本。

许谦：《诗集传名物钞》八卷，清同治十二年粤东书局刊《通志堂经解》本。

刘瑾：《诗传通释》二十卷，《文渊阁四库全书》本。

朱倬、赵惠等撰，刘锦文编《诗经疑问》七卷附编一卷，清同治十二年粤东书局刊《通志堂经解》本。

刘玉汝：《诗缵绪》十八卷，《文渊阁四库全书》本。

梁益：《诗传旁通》十五卷，《文渊阁四库全书》本。

朱公迁：《诗经疏义会通》二十卷，《文渊阁四库全书》本。

梁寅：《诗演义》十五卷，《文渊阁四库全书》本。

朱善：《诗解颐》四卷，清同治十二年粤东书局刊《通志堂经解》本。

季本：《诗说解颐》四十卷，《文渊阁四库全书》本。

丰坊：《诗说》，民国二十四至二十六年上海商务印书馆影《百陵学山》本。

朱谋㙔：《诗故》十卷，民国四年南昌豫章丛书编刻局刊《豫章丛书》本。

李先芳：《读诗私记》五卷，民国十二年沔阳卢氏慎始基斋《湖北先生遗书》影印本。

姚舜牧：《重订诗经疑问》十二卷，《文渊阁四库全书》本。

张次仲：《待轩诗记》八卷 首一卷，《文渊阁四库全书》本。

万时华：《诗经偶笺》十三卷，明崇祯六年李泰刊本。

何楷：《诗经世本古义》二十八卷，《文渊阁四库全书》本。

冯复京：《六家诗名物疏》五十五卷，《文渊阁四库全书》本。

胡广：《诗传大全》二十卷，《文渊阁四库全书》本。

郝敬：《毛诗原解》三十六卷，《续修四库全书》本。

沈守正：《诗经说通》十三卷，明万历四十三年刻本。

陆化熙：《诗通》四卷，明书林李少泉刻本。

朱朝瑛：《读诗略记》六卷，《文渊阁四库全书》本。

曹学佺：《诗经剖疑》二十四卷，《续修四库全书》本。

王夫之：《诗经稗疏》四卷，清光绪十四年南菁书院刊《皇清经解续编》本。

李光地：《诗所》八卷，清道光九年李维迪刊《榕村全书》本。

朱鹤龄：《诗经通义》十二卷，《文渊阁四库全书》本。

陈启源：《毛诗稽古编》三十卷，清道光九年广东学海堂刊《皇清经解》本。

严虞惇：《读诗质疑》三十一卷，《文渊阁四库全书》本。

毛奇龄：《诗传诗说驳议》五卷，清萧山书留草堂刊《西河合集》本。

钱澄之：《田间诗学》十二卷首一卷，《文渊阁四库全书》本。

杨名时：《诗经札记》不分卷，《文渊阁四库全书》本。

王鸿绪：《钦定诗经传说汇纂》二十一卷首二卷诗序二卷，清雍正五年内
　　府刊《御纂七经》本。

方苞：《朱子诗义补正》八卷，《续修四库全书》本。

刘始兴：《诗益》二十卷，《续修四库全书》本。

顾栋高：《毛诗类释》二十一卷续编三卷，《文渊阁四库全书》本。

黄中松：《诗疑辨证》六卷《文渊阁四库全书》本。

姚际恒：《诗经通论》十八卷，成都书局据道光十七年韩城王笃刻本重刊本，
　　1927。

陆奎勋：《陆堂诗学》十二卷，《四库全书存目丛书》本。

陈大章：《诗传名物集览》十二卷，《文渊阁四库全书》本。

戴震：《毛郑诗考正》四卷，清道光九年广东学海堂刊《皇清经解》本。

庄述祖：《毛诗考证》四卷，清光绪十四年南菁书院刊《皇清经解续编》本。

徐华岳：《诗故考异》三十二卷，清道光十二年咫闻斋刊本。

焦循：《毛诗补疏》五卷，清道光九年广东学海堂刊《皇清经解》本。

傅恒：《御纂诗义折中》二十卷，《文渊阁四库全书》本。

汪梧凤：《诗学女为》二十六卷，《续修四库全书》本。

顾镇：《虞东学诗》十二卷，《文渊阁四库全书》本。

车庭：《诗切》不分卷，清嘉庆二十一年《雪泥屋遗书》抄本。

庄述祖：《周颂口义》三卷，清光绪十四年南菁书院刊《皇清经解续编》本。

姜炳璋：《诗序补义》二十四卷，《文渊阁四库全书》本。

庄有可：《毛诗说》六卷，《续修四库全书》本。

夏味堂：《诗疑笔记》七卷后说一卷，《续修四库全书》本。

车应震：《诗问》六卷，清嘉庆间车氏刻道咸间朱氏补修《毛诗质疑》本。

胡承珙：《毛诗后笺》三十卷，清光绪十四年南菁书院刊《皇清经解续编》本。

李黼平：《毛诗紬义》二十四卷，《续修四库全书》本。

尹继美：《诗管见》七卷卷首一卷，《续修四库全书》本。

马瑞辰：《毛诗传笺通释》三十二卷，清光绪十四年南菁书院刊《皇清经解续编》本。

陈奂：《诗毛氏传疏》三十卷，清道光年间武林爱日轩刊本。

龚橙：《诗本谊》一卷，清光绪年间仁和谭氏刊《半厂丛书初编》本。

魏源：《诗古微》十七卷，清光绪十四年南菁书院刊《皇清经解续编》本。

顾广誉：《学诗详说》三十卷，《续修四库全书》本。

方玉润：《诗经原始》十八卷首二卷，民国十三年泰东图书局影印《云南丛书》本。

范家相：《三家诗拾遗》十卷，民国十一年上海博古斋影清钱氏《守山阁丛书》本。

王先谦：《诗三家义集疏》二十八卷，民国四年虚受堂刻本。

郑玄注，陆德明音义，贾公彦疏《周礼注疏》四十二卷，《文渊阁四库全书》本。

王安石：《周官新义》十六卷，《文渊阁四库全书》本。

王昭禹：《周礼详解》四十卷，《文渊阁四库全书》本。

王志长：《周礼注疏删翼》三十卷，《文渊阁四库全书》本。

郑玄注，陆德明音义，贾公彦疏《仪礼注疏》十七卷，《文渊阁四库全书》本。

郑玄注，陆德明音义，孔颖达疏《礼记注疏》六十卷，《文渊阁四库全书》本。

戴德：《大戴礼记》十三卷，《文渊阁四库全书》本。

张虙：《月令解》十二卷，《文渊阁四库全书》本。

卫湜：《礼记集说》一百六十卷，《文渊阁四库全书》本。

陈澔：《陈氏礼记集说》十卷，《文渊阁四库全书》本。

黄道周：《月令明义》四卷，《文渊阁四库全书》本。

《钦定礼记义疏》八十二卷，《文渊阁四库全书》本。

万斯大：《学礼质疑》二卷，《文渊阁四库全书》本。

陈祥道：《礼书》一百五十卷，《文渊阁四库全书》本。

秦蕙田：《五礼通考》二百六十二卷，《文渊阁四库全书》本。

黄宗炎：《周易象辞》二十二卷，《文渊阁四库全书》本。

孔安国传，陆德明音义，孔颖达疏《尚书注疏》十九卷，《文渊阁四库全书》本。

杜预注，陆德明音义，孔颖达疏《春秋左传注疏》六十卷，《文渊阁四库全书》本。

何休注，陆德明音义，徐彦疏《春秋公羊传注疏》二十八卷，《文渊阁四库全书》本。

范宁集解，陆德明音义，杨士勋疏《春秋穀梁传注疏》，二十卷《文渊阁四库全书》本。

董仲舒：《春秋繁露》十七卷，《文渊阁四库全书》本。

郑方坤：《经稗》十二卷，《文渊阁四库全书》本。

赵岐注，孙奭音义并疏《孟子注疏》十四卷，《文渊阁四库全书》本。

郭璞注，陆德明音义，邢昺疏《尔雅注疏》十一卷，《文渊阁四库全书》本。

戴侗：《六书故》三十三卷，《文渊阁四库全书》本。

史

韦昭注《国语》二十一卷，《文渊阁四库全书》本。

高诱注，姚宏续注《战国策》三十三卷，《文渊阁四库全书》本。

孔晁注《逸周书》十卷，《文渊阁四库全书》本。

郑樵：《通志》卷四十二，《文渊阁四库全书》本。

金履祥：《资治通鉴前编》十八卷，《文渊阁四库全书》本。

《御定月令辑要》三十四卷，《文渊阁四库全书》本。

杜佑：《通典》二百卷，《文渊阁四库全书》本。

马端临：《文献通考》三百四十八卷，《文渊阁四库全书》本。

子

高诱注《吕氏春秋》二十六卷，《文渊阁四库全书》本。

白居易原本，孔传续撰《白孔六帖》一百卷，《文渊阁四库全书》本。

（二）近现代著作

张西堂：《诗经六论》，商务印书馆，1957。

皮锡瑞著，周予同注释《经学历史》，中华书局，1959。

王国维：《观堂集林》，中华书局，1961。

杨宽：《古史新探》，中华书局，1965。

孙作云：《诗经与周代社会研究》，中华书局，1966。

周法高主编《金文诂林》，香港中文大学出版社，1974。

钱钟书：《管锥编》，中华书局，1979。

余冠英：《诗经选》，人民文学出版社，1979。

高亨：《诗经今注》，上海古籍出版社，1980。

夏纬英：《〈诗经〉中有关农事章句的解释》，农业出版社，1981。

蒋立甫：《诗经选注》，北京出版社，1981。

阮元：《经籍籑诂》，中华书局，1982。

祝敏彻：《诗经译注》，甘肃人民出版社，1984。

黄焯：《毛诗传笺平议》，上海古籍出版社，1985。

黄焯撰《诗疏平议》，上海古籍出版社，1985。

容庚：《金文编》，中华书局，1985。

〔匈〕乔治·卢卡契著，徐恒醇译《审美特性》第一卷，中国社会科学出版
　　社，1986。

陈初生：《金文常用字典》，陕西人民出版社，1987。

陈梦家：《殷虚卜辞综述》，中华书局，1988。

马承源主编《商周青铜器铭文选》，文物出版社，1988。

姚孝遂：《殷墟甲骨刻辞类纂》，中华书局，1989。

徐中舒主编《甲骨文字典》，四川辞书出版社，1989。

郝志达：《国风诗旨纂解》，南开大学出版社，1990。

程俊英、蒋见元：《诗经注析》，中华书局，1991。

陈戍国：《先秦礼制研究》，湖南教育出版社，1991。

孙树波：《国风集说》，河北人民出版社，1993。

吕大吉、何耀华主编《中国原始宗教资料丛编》，上海人民出版社，1993。

郭杰、李炳海、张庆利：《先秦诗歌史论》，吉林教育出版社，1995。

戴家祥主编《金文大字典》，学林出版社，1995。

唐兰：《唐兰先生金文论集》，紫禁城出版社，1995。

陈戌国：《诗经刍议》，岳麓书社，1997。

李山：《诗经的文化精神》，东方出版社，1997。

杨向奎：《宗周社会与礼乐文明》，人民出版社，1997。

鲁洪生：《诗经学概论》，辽海出版社，1998。

雒江生：《诗经通诂》，三秦出版社，1998。

吕大吉：《宗教学通论新编》，中国社会科学出版社，1998。

尹黎云：《汉字字源系统研究》，中国人民大学出版社，1998。

于省吾：《双剑誃吉金文选》，中华书局，1998。

郑振铎：《插图本中国文学史》，北京出版社 1999。

袁梅：《诗经译注》，青岛出版社，1999。

胡厚宣：《甲骨文合集释文》，中国社会科学出版社，1999。

聂石樵：《诗经新注》，齐鲁书社，2000。

姚小鸥：《诗经三颂与先秦礼乐文化》，北京广播学院出版社，2000。

牟钟鉴、张践：《中国宗教通史》，社会科学文献出版社，2000。

陈子展：《诗三百解题》，复旦大学出版社，2001。

季旭昇：《诗经古义新证》，学苑出版社，2001。

中国社会科学院考古研究所编《殷周金文集成释文》，香港中文大学出版社，
　　2001。

杨合鸣：《〈诗经〉疑难词语辨析》，崇文书局，2002。

雒启坤：《诗经散论》，商务印书馆，2002。

赵敏俐：《周汉诗歌综论》，学苑出版社，2002。

洪湛侯：《诗经学史》：中华书局，2002。

闻一多：《诗经研究》，巴蜀出版社，2002。

于省吾：《泽螺居诗经新证》，中华书局，2003。

傅斯年：《诗经讲义稿》，中国人民大学出版社，2004。

于茀：《金石简帛诗经研究》，北京大学出版社，2004。

程俊英：《诗经译注》，上海古籍出版社，2004。

张建军：《诗经与周文化考论》，齐鲁书社，2004。

刘源：《商周祭祖礼研究》，商务印书馆，2004。

陈戍国：《诗经校注》，岳麓书社，2004。

唐莫尧：《诗经新注全译》，巴蜀书社，2004。

〔美〕M. H. 艾布拉姆斯著，郦稚牛、张照进、童庆生译《镜与灯——浪漫主义文论及批评传统》，北京大学出版社，2004。

郭沫若：《青铜时代》，中国人民大学出版社，2005。

傅亚庶：《中国上古祭祀文化》，高等教育出版社，2005。

陈梦家：《西周年代考 六国纪年》，中华书局，2005。

陈梦家：《西周铜器断代》，中华书局，2006。

郭晋稀：《诗经蠡测》，巴蜀书社，2006。

周振甫：《诗经译注》，江苏教育出版社，2006。

郭伟川：《两周史论》，北京图书馆出版社，2006。

马银琴：《两周诗史》，社会科学文献出版社，2006。

赵沛霖：《现代学术文化思潮与诗经研究——二十世纪诗经研究史》，学院出版社，2006。

〔日〕岛邦男著，濮茅左、顾伟良译《殷墟卜辞研究》，上海古籍出版社，2006。

扬之水：《诗经名物新证》，天津教育出版社，2007。

朱东润：《诗三百篇探故》，云南人民出版社，2007。

夏传才：《诗经讲座》，广西师范大学出版社，2007。

张树国：《宗教伦理与中国上古祭歌形态研究》，人民出版社，2007。

〔法〕H·丹纳著，曹园英编译《艺术哲学》，陕西人民出版社，2007。

郑继娥：《甲骨文祭祀卜辞语言研究》，巴蜀书社，2007。

陈文华：《中国农业通史》，中国农业出版社，2007。

黄节：《诗旨纂辞、变雅》，中华书局，2008。

刘毓庆、杨文娟：《诗经讲读》，华东师范大学出版社，2008。

魏建震：《先秦社祀研究》，人民出版社，2008。

刘雨：《金文论集》，紫禁城出版社，2008。

（三）单篇论文

憩之：《关于周颂噫嘻篇的解释》，《文学遗产选集》（二辑），作家出版社，1957。

郭沫若：《读了〈关于周颂噫嘻篇的解释〉》，《文学遗产选集》（二辑），作家出版社，1957。

梁园东：《关于诗经噫嘻篇的解释问题——周代史料解释问题之一》，《山西师范学院学报》1957年第1期。

憩之：《"周颂臣工"篇发微》，《文学遗产增刊》（四辑），作家出版社，1957年。

胡毓寰：《从"诗经"噫嘻篇的一些词义说到西周社会性质》，《学术月刊》1957年第10期。

胡毓寰：《关于诗经噫嘻篇"昭假"一词意义的问题》，《文学遗产选集》（二辑），作家出版社，1957。

徐喜辰：《"籍田"即"国"中"公田"说》，《吉林师大学报》1964年第2期。

晁福林：《"骏发尔私"新解》，《中国古代史论丛》1981年第3辑，福建人民出版社，1982。

钱剑夫：《〈诗〉"中田有庐"解新探》，《中华文史论丛》增刊"语言文学研究专辑"，上海古籍出版社，1982。

周学根：《从〈诗经〉的农事诗看周代社会》，《华中师院学报》（哲学社会科学版）1983第4期。

幼英：《"既昭假尔"亦说》，《华中师院学报》（哲学社会科学版）1983年第6期。

聂本立：《"田畯至喜"新解》，《河北大学学报》（哲学社会科学版）1984年4期。

马开樑：《"遂及我私"、"骏发尔私"解》，《思想战线》1986年3期。

袁长江：《浅谈〈噫嘻〉之"私"——兼与孙作云先生商榷》，《渤海学刊》

1987 年第 2 期。

刘成德：《诗经"昭假"辨释》，《兰州大学学报》（社会科学版）1988 年第
1 期。

杨琳：《"昭假"新解》，《四川大学学报》（哲学社会科学版）1988 年第 4
期。

李运元：《西周农事诗〈噫嘻〉篇解》，《农业考古》1991 年 3 期。

杨天宇：《关于周代郊天的地点、时间与用牲——与张鹤泉同志商榷》，
《史学月刊》1991 年第 5 期。

张希峰：《"田畯""后稷"考》，《古籍整理研究学刊》1994 年 3 期。

高光晶：《"骏发尔私"新解》，《湖南师范大学社会科学学报》1998 年
4 期。

赵小刚：《〈诗经·周颂〉"来牟"解》，《古汉语研究》2003 年第 1 期。

韩高年：《周初藉田礼仪乐歌考》，《诗经研究丛刊》（第九辑），学苑出版
社，2005。

刘茜：《〈诗·豳·七月〉与〈周礼〉"豳诗、豳雅、豳颂"之关系考述》，
《中华文化论坛》2006 年第 3 期。

罗莹：《古代的藉田礼和〈藉田赋〉》，《殷都学刊》2007 年第 1 期。

杨庆鹏：《〈诗经〉之"田畯至喜"句再考》，《贵州文史丛刊》2007 年第
3 期。

后　记

本书是在我的博士学位论文基础上修改完善而成的。回首求学之路，感慨良多。

攻读博士学位期间，在导师鲁洪生教授的悉心指导下，我逐渐将研究方向聚焦于周代礼乐制度与《诗经》农事诗的关系。这一选题既源于我对《诗经》的热爱，也得益于导师高屋建瓴的学术眼光。

《诗经》是中国最早的一部诗歌总集，是中国文学史上的光辉起点，它广泛而真实地展现了周代社会生活的方方面面，同时也深受周代礼乐制度的影响。其中的农事诗以其质朴的语言、生动的描写，不仅展现了先民们的生产生活场景，充满了浓郁的乡土气息，更展现了周代社会与农事相关的政治、文化和宗教等。它为我们了解中华民族的礼乐文化和农业文化精神提供了宝贵的资料。

然而，由于年代久远，缺乏第一手资料，对农事诗的本义和所反映的文化精神的解读就变得比较困难。于是，将《诗经》农事诗本义探求与周代礼乐制度的背景结合起来，通过考辨与农事相关的周代礼乐制度，然后再根据周代礼乐制度来考证《诗经》农事诗的主旨，便成为我的研究选题。

研究之路并非一帆风顺，其间充满了艰辛与挫折。周代礼乐制度的研究，涉及古代政治、伦理、宗教等诸多领域，文献浩如烟海，还需结合古奥难懂的甲骨文、金文，解读难度极大。《诗经》自产生至今已有两千多年，历代无数学者对其进行注释、评点，形成的文献资料不计其数。而且农事诗的研究，又需要结合古代农业生产技术、民俗文化等多方面知识，跨学科的研究方法要求我不断拓展知识边界。在研究过程中，我常常陷入困境，面对复杂的文献资料与难以解决的问题，感到迷茫与无助。

然而，正是这些困难与挑战，促使我不断成长。在导师的鼓励与指导下，我用了一年的时间，搜集整理了自汉代以来一百余位著名的《诗经》研究者研究《诗经》的著作，将十一首农事诗做了集校、集注和集评，形成了近十八万字的基础文献资料，这为我的研究奠定了坚实的基础。我系统地研读周代礼乐制度的相关文献和出土资料，从《周礼》《仪礼》《礼记》等经典著作和甲骨文、金文中，逐步梳理出礼乐制度的脉络；同时，深入剖析《诗经》农事诗，从语言、文化、社会等多个维度进行解读。在这个过程中，我逐渐积累起丰富的研究经验，也对周代礼乐制度与《诗经》农事诗之间的关系有了更深刻的理解。在写作过程中，我力求做到史料翔实、论证严密、观点新颖。

经过不懈的努力，我终于完成了这部专著。这本专著试图从多个维度揭示周代礼乐制度与《诗经》农事诗的内在关联。一方面，探讨礼乐制度如何在农事诗中得以体现，从祭祀礼仪到农事活动的规范，都在诗中留下了印记；另一方面，分析农事诗对礼乐制度的传承与反映，它们不仅是文学作品，更是社会文化的生动记录。

本书的完成，离不开众多师友的关心和帮助。首先，我要衷心感谢我的恩师鲁洪生教授。恩师渊博的学识、严谨的治学态度和高尚的人格魅力，深深影响着我，激励着我不断前行。其次，我要感谢我的同学们，他们的陪伴与鼓励让我倍感温暖。我还要感谢学界同人，你们的观点与研究为我提供了宝贵的借鉴。最后，我要感谢我的家人，是他们的支持和鼓励伴随着我走过多年漫长而艰难的求学路和学术研究之路！他们的理解与包容是我前行的最大动力！

当然，我也深知这部专著还存在诸多不足与局限。学术研究是一个永无止境的过程，我期待着在未来的研究中能够不断地探索和完善。

李　白

2025 年 2 月

图书在版编目（CIP）数据

周代礼乐制度与《诗经》农事诗 / 李白著 . --北京：
社会科学文献出版社，2025.6. --ISBN 978-7-5228
-5403-8

Ⅰ. K892.9；I207.222

中国国家版本馆 CIP 数据核字第 202544ZM23 号

周代礼乐制度与《诗经》农事诗

著　　者／李　白

出 版 人／冀祥德
责任编辑／王霄蛟
责任印制／岳　阳

出　　版／社会科学文献出版社·人文分社（010）59367215
　　　　　地址：北京市北三环中路甲 29 号院华龙大厦　邮编：100029
　　　　　网址：www.ssap.com.cn
发　　行／社会科学文献出版社（010）59367028
印　　装／三河市龙林印务有限公司

规　　格／开本：787mm×1092mm　1/16
　　　　　印张：14.75　字数：225 千字
版　　次／2025 年 6 月第 1 版　2025 年 6 月第 1 次印刷
书　　号／ISBN 978-7-5228-5403-8
定　　价／128.00 元

读者服务电话：4008918866